Brennpunkt Kundenwert

Springer

Berlin
Heidelberg
New York
Barcelona
Hongkong
London
Mailand
Paris
Singapur
Tokio

W. Smidt · S. H. Marzian

Brennpunkt Kundenwert

Mit dem Costumer Equity Kundenpotenziale
erhellen, erweitern und ausschöpfen

Mit 103 Abbildungen

 Springer

Wolfhart Smidt

Mühlenweg 31
30826 Garbsen

Sieghard H. Marzian

Dahlerdyk 168a
47803 Krefeld

Dieses Buch wurde erstellt unter Mitwirkung von Dorothée Brinkmann (Grafiken und Layout,
Andrea Marzian (Texterfassung) und Kai Wille (Recherche und Grundlagenforschung)

ISBN-13:978-3-642-63983-8 Springer-Verlag Berlin Heidelberg New York

Die Deutsche Bibliothek-CIP-Einheitsaufnahme
Smidt, Wolfhart: Brennpunkt Kundenwert: mit dem Costumer Equity Kundenpotentiale erhellen,
erweitern und ausschöpfen / Wolfhard Smidt; Sieghard H. Marzian
Berlin; Heidelberg; New York; Barcelona; Hongkong; London; Mailand; Paris; Singapur;
Tokio: Springer, 2001
ISBN-13:978-3-642-63983-8   e-ISBN-13:978-3-642-59460-1
DOI: 10.1007/978-3-642-59460-1

Springer-Verlag Berlin Heidelberg New York
ein Unternehmen der BertelsmannSpringer Science+Business Media GmbH
http://www.springer.de
©Springer-Verlag Berlin Heidelberg 2001
Softcover reprint of the hardcover 1st edition 2001

Reproduktionsfertige Vorlagen der Autoren
Einbandgestaltung: de'blik, Berlin
Gedruckt auf säurefreiem Papier SPIN: 10778867 68/3020hu - 5 4 3 2 1 0 -

Vorwort

In einem Beitrag zur Fusion von AOL/Time Warner stellt die FAZ fest: „Das Geschäft mit Inhalten im Internet hat sich als schwierig erwiesen. Die Preise für digitale Güter lassen sich nicht mehr nach den durchschnittlichen Produktionskosten berechnen. Anbieter müssen für ihre digitalen Güter Preise finden, die sich an der Zahlungsbereitschaft der Nutzer orientieren."

Die wenigsten Manager wissen, welche Werte ihr Unternehmen für die Kunden schafft und welchen Wert umgekehrt die Kunden bereit sind, dem Lieferanten zurück zu geben.

Forrester Research geht davon aus, dass zum Beispiel die „UMTS-Betreiber in Europa ihre Prognosen revidieren müssen". Im Gegensatz zu den Annahmen der Lizenzinhaber, die von einem um 25 % höheren ARPU (Average Revenue per User) im Jahre 2005 ausgehen, rechnet Forrester damit, dass der durchschnittliche Erlös pro Nutzer um 15 % niedriger liegen wird als heute.

Keine Frage: Die Durchdringung und Gestaltung von Kundenbeziehungen ist eine Herkulesaufgabe. Sie zu lösen, setzt ein transparentes und systematisch betriebenes Marktmanagement – mit dem Kunden im Fokus – voraus.

Dass dies immer noch nicht so gesehen wird, belegt eine Studie der Beratungsgesellschaft CSC Ploenzke. Sie kommt zu dem Ergebnis, dass die befragten Unternehmen nur wenig geneigt sind, auch „weiche" Kundendaten in ihren CRM-Systemen zu erheben und somit zu wirklich vollständigen Kundenprofilen zu gelangen.

Auch die vordergründig simple Frage, warum Kunden eigentlich beim eigenen Unternehmen kaufen, konnten die meisten Befragten wegen fehlender Daten nicht beantworten.

Das gleiche gilt für die Bewertung der Kundenbasis. Sie erfolgt immer noch stark vergangenheitsorientiert, wobei finanzielle Ergebnisgrößen überwiegen, so die Studie.

Dennoch gibt fast die Hälfte aller Befragten an, künftig das Ertragspotenzial der Kunden („Customer Lifetime Value") zu bewerten und zu berücksichtigen. Nur wie sie dieses Ziel erreichen wollen, darüber haben die wenigsten Manager konkrete Vorstellungen.

Wie lassen sich die Ziele erreichen? Zu allererst gilt es, „die strategische Identität zu entwickeln und die Orientierung im Wandel vorzunehmen" (W. F. Große-Oetringhaus, Springer 1996) und einen ganzheitlichen Transformationsprozess zu initiieren. Ziel ist die Fähigkeit aller Beteiligten, sich auf den „Wertbeitrag" für den Kunden auszurichten und als „Value Creators" dafür zu sorgen, dass die „Rechnung" in der Zusammenarbeit zwischen Kunden und Lieferanten stimmt.

Hierfür wird das Customer Equity-System, das Markt-Managementsystem zur Ermittlung, Bewertung, Steuerung und Realisierung der „Ertragswertsteigerung der Kundenbeziehung", das wir im vorliegenden Buch vorstellen, zukünftig einen wesentlichen Beitrag leisten.

Insbesondere die Nutzung des CE-Modells im Rahmen der Balanced Scorecard, sowie eines wert- und risikobasierten Managements und die Anwendung in der Praxis sind Gegenstand der Betrachtung.

Das Customer Equity-Modell ist kein Werk eines Einzelnen, sondern Ergebnis der mehrjährigen Arbeit einer Gruppe engagierter Unternehmer, Wissenschaftler und Mitarbeiter unseres Unternehmens. Sie alle haben sich der betriebswirtschaftlich fundierten Durchdringung und ertragswertorientierten Gestaltung des Customer Relationship Management verschrieben.

Unseren Mitstreitern gilt unser herzlichster Dank für Engagement, Ideen und konstruktive Kritik.

Wir möchten sie auffordern, mit uns in einen Dialog über das Customer Equity-Modell einzutreten. Wir hoffen, dass Ihnen das CE-Modell helfen wird, Ihre Unternehmensziele zu erreichen.

Krefeld, im Februar 2001   Wolfhart Smidt
                                            Sieghard H. Marzian

Inhaltsverzeichnis

Einführung

„Wie von unsichtbaren Geistern gepeitscht, gehen die Sonnenpferde der Zeit mit unsers Schicksals leichtem Wagen durch; und uns bleibt nichts, als mutig gefasst die Zügel festzuhalten, und bald rechts, bald links, vom Steine hier, vom Sturze da, die Räder wegzulenken. Wohin es geht, wer weiß es? Erinnert er sich doch kaum, woher er kam!"

Aus Goethes Egmont

Goethe legte diese Zeilen seiner Hauptfigur Egmont vor bald 250 Jahren in den Mund, und doch scheint es, als sei das beschriebene Verständnis von der Geschwindigkeit und Dynamik des Wandels und seiner Folgen aktueller denn je.

Wird nicht die Wirtschaft auch von unsichtbaren Geistern wie „Verdrängungswettbewerb", „Innovationsdruck", „Kapitalrendite", „Globalisierung" und „Internet" gepeitscht? Sind uns nicht die „Sonnenpferde der Zeit" z.B. in Gestalt der Kunden, der Wettbewerber, aber auch der eigenen Vertriebs- und Marketingorganisation nur allzu bekannt? Und ist nicht die Feststellung, dass Internet-Entwicklungsjahre „Hundejahre" sind, Ausdruck einer sich beschleunigenden Zeitdimension?

Auch das Verhalten der Unternehmensführer als „Wagenlenker" orientiert sich häufig an situativen und improvisierten „Überlebensstrategien". Den Steinen, die da plötzlich vor einem liegen, gilt es auszuweichen – mal links, mal rechts, um Stürze zu vermeiden.

Dazu muss man allerdings, so empfiehlt Egmont, mutig gefasst die Zügel festhalten, nur welche, angesichts der wechselnden Forderungen an das Markt-Management? Mal Umsatz, mal Ergebnis, mal Shareholder Value, mal Marktanteil – wie ein Geschäftsführer es formulierte.

Egmont stellt auch den Sinn von Strategien und Zielvorgaben in Frage, fehlt es den Wagenlenkern doch an gesichertem Wissen, welche Erfahrungen zukünftig Gültigkeit haben, bzw. wohin es geht.

Ein starkes Stück, wird doch von internen und externen Experten und Beratern die Notwendigkeit von perspektivisch angelegten Strategien und umfangreichen Analysen herausgestellt!

Was also tun mit „Balanced Scorecard" und „Business Intelligence", bzw. wertbasierten-, Risiko- und anderen Managementkonzepten?

Mit Goethe: Das Markt-Management braucht ein „Zügelsystem", vergleichbar dem einer Kutsche mit mehreren Pferden, die „gelenkt" werden muss.

Keine Sorge, verehrter Leser, wir wollen Ihnen den Kopf nicht unnötig schwer machen. Dieses Buch soll praktischen „Nährwert" liefern und leicht lesbar sein. Außerdem findet es sich in einer Buchreihe wieder, deren Ausrichtung Vergleiche zu literarischen Vorlagen eher verbietet.

Andererseits wird Goethe für seine Fähigkeit gerühmt, in wenigen Sätzen all das auszudrücken, wofür andere viele Seiten benötigen. Und so lässt sich in unserem Eingangszitat vieles von dem wiederfinden, was dieses Buch thematisch behandelt.

Glücklicherweise wissen wir, wohin die Reise geht!

Deswegen steht das ertragswertorientierte Management der Kundenbeziehung im Mittelpunkt dieses Buches. Es wird das unternehmerische Denken und Handeln der nächsten Jahre entscheidend bestimmen.

Der Grund ist naheliegend: Die Summe aller Kundenbeziehungen ist so zu gestalten, dass die „Einzahlungen" der Kunden, womit die Erlöse gemeint sind, dauerhaft die „Auszahlungen", d.h. die Kosten und Investitionen in die Kundenbeziehungen, übersteigen. Denn sie sind letztlich die wesentliche Voraussetzung, im Wettbewerb zu bestehen.

Die Anteilseigner der Unternehmen fordern darüber hinaus, dass die erzielten Überschüsse sogar die Kapitalkosten deutlich übersteigen müssen, denn nur dann ist es dem Unternehmen gelungen, Wert zu schaffen, statt zu vernichten.

Je stürmischer die Zeiten sind, je mehr Hindernisse sich entlang des Weges aufbauen, desto schwieriger ist es, ein Unternehmen auf

Kurs zu halten. Um so wichtiger wird es, die Gestaltungs-, Füh-
rungs- und Steuerungsmöglichkeiten der Kundenbeziehung, das
„Zügelsystem", zu erweitern, es fest in den Griff zu bekommen und
zu behalten.

Viele Steine lassen sich aus dem Weg räumen, viele Stürze vermeiden – um in Goethes Analogie zu bleiben – beispielsweise durch
Reorganisationsmaßnahmen, Produktinnovationen etc. Wird jedoch
das beschriebene Ziel nicht erreicht, verlieren viele Aktivitäten über
kurz oder lang ihren Sinn.

Woran gilt es also im wahrsten Sinne des Wortes „Maß zu nehmen"?

Am ökonomischen Wert der Kundenbeziehungen!

Folgende Fragen sind bei seiner Ermittlung zu beantworten:

- Welche Kundenbeziehungen sind im Unternehmen vorhanden,
  welche sind zu erschließen?
- Welche Ressourcen (z.B. neue Mitarbeiter), und welche Investitionen (z.B. in neue Produkte), sind erforderlich, um die einen dauerhaft abzusichern und die anderen gegen Wettbewerb und Widerstände erfolgreich im Markt zu platzieren?
- Und welche Ertragspotenziale stehen den notwendigen Investitionen zur Erschließung und Ausschöpfung gegenüber?

Die Beantwortung dieser Fragen wird dringlicher, um das, was auf
der operativen wie auf der strategischen Ebene geplant und umgesetzt werden muss, weitergehender als bisher bewertbar und steuerbar zu machen. Dies gilt in erster Linie für die kundennahen bzw.
kundenverantwortlichen Bereiche, allen voran den Vertriebs- und
Marketingbereich.

Eine zufriedenstellende Antwort ist allerdings nur auf der Grundlage eines wertorientierten Kennzahlensystems möglich, dem eine
zentrale Steuergröße bisher fehlt: Der **Customer Equity**.

In der Unternehmensbewertung ist der Equity-Begriff nichts
grundsätzlich Neues. Mit dem Brand Equity wird eine Aussage über
den Markenwert getroffen. Insofern erweitert der Customer Equity
das betriebswirtschaftliche Kennzahlensystem um den **Ertragswert
der Kundenbeziehungen.**

Während unserer Arbeit in Kundenprojekten stießen wir in den letzten Jahren vermehrt auf ein Phänomen, über das wir berichten wollen, und das gleichzeitig Ausgangspunkt und Motiv war, dieses Buch zu schreiben.

Zur Erläuterung ist es erforderlich, einige Jahre zurück zu gehen.

Anfang der neunziger Jahre steckte die Wirtschaft in der Rezession. Folgerichtig lag das Augenmerk der Unternehmen vor allem darauf, kurzfristig Kosten zu senken und Umsätze zu erhöhen. Die Zielsetzung vieler vertriebsbezogener Projekte lautete damals „Auftragseingang steigern". Pragmatismus war gefragt, die Praktiker übernahmen das Ruder. Konkrete Ziele wurden mit mehr oder minder erfolgreichen Umsetzungskonzepten verfolgt, die meisten von ihnen auf Erfahrungen aufbauend und mit kurzfristigem Ergebnisfokus.

Dies rief nach einigen Jahren erneut die Strategen auf den Plan. Sie erkannten, dass die Vielzahl von Einzelmaßnahmen zwar durchaus Ergebnisse erzielte, der Positionierung und Unternehmensstrategie aber häufig keine nachhaltige Richtung gab. Es entstanden in dieser „Fraktion" neue Entwürfe, um dem Management wieder klare Orientierung und Ausrichtung zu ermöglichen. Besonders herausgehobene Ansätze waren dabei das wertbasierte (Value based) Management sowie das Risiko- (Risk) Management, mit dem Strategiemodell der Balanced Scorecard umgesetzt.

- Die **Balanced Scorecard** ermöglicht eine Top-Down-Strategieentwicklung, die das Unternehmen aus vier Perspektiven betrachtet: Der Finanz-, Kunden-, Prozess- und Potenzialperspektive. Sie hat vor allem zum Ziel, sicherzustellen, dass strategisch ausgerichtete Aktivitäten und Messgrößen nicht nur selektiv und situativ Teilebenen abdecken. Sie verhindert potenziell ein einseitiges Entwickeln von Maßnahmen und synchronisiert den strategischen „Masterplan". Eine pragmatische Herangehensweise erleichtert den Planungsprozess und die Umsetzung. Zur Harmonisierung von Einzelmaßnahmen mit übergeordneten strategischen Zielen in arbeitsteiligen Organisationen scheint sie gut geeignet.

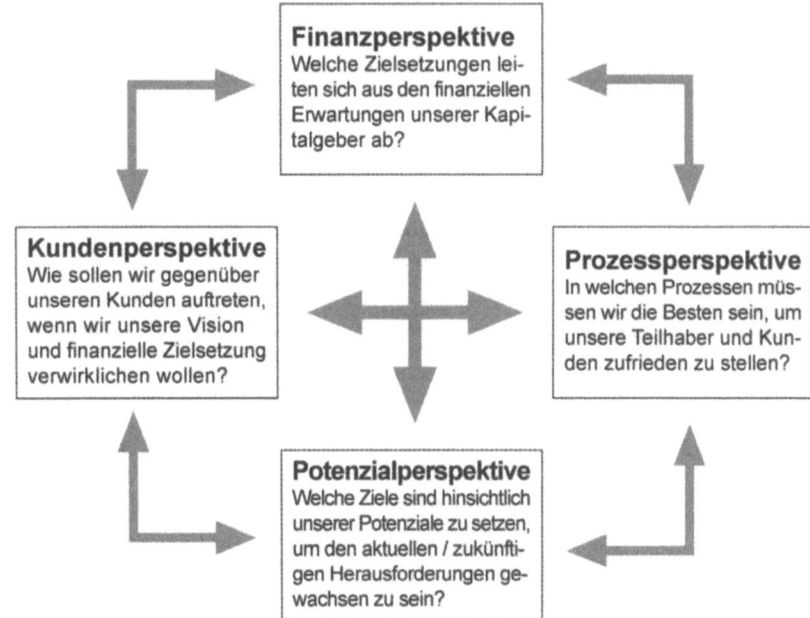

Abb. 1 Überblick Balanced Scorecard

- Der Ansatz des **wertbasierten Managements**, Ergebnis mehrerer paralleler Entwicklungen (Rappaport, EVA u.a.), ist so neu nicht. Die Steigerung des Unternehmenswertes und damit des Shareholder Values (der Wert der Gesellschafteranteile, z.B. der Aktie) soll durch die Realisierung dieses Modells sichergestellt werden. Hierzu werden Werttreiber und Wertvernichter im Unternehmen identifiziert, gestärkt oder eliminiert. Was sich in der Theorie einfach anhört, fällt in der praktischen Umsetzung schwer, denn die Interdependenzen zwischen den einzelnen Faktoren sind vielfältig und komplex. Schon mancher beendete zufrieden eine „Wertvernichter Eliminierungs"-Maßnahme, um sich kurze Zeit später verwundert die Augen zu reiben, weil auch einige Werttreiber „verschwunden" waren.

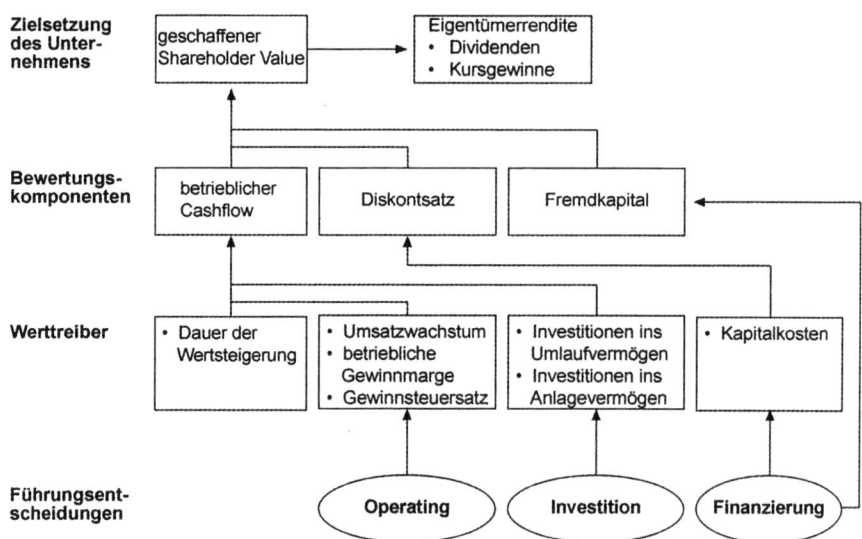

Abb. 2 Überblick Value Based Management

- Auch das **Risikomanagement** ist zunächst einmal ein „alter Hut". Schon die Grundidee von Versicherungen, die im 19. Jahrhundert an einem Stammtisch Londoner Reeder und Kaufmannsleute entstand, basiert auf dem Prinzip der Risikovermeidung und -absicherung. Aktualität und Brisanz erhielt das Risikomanagement, als unerwartete und spektakuläre Firmenpleiten Aufsichtsorgane und den Gesetzgeber alarmierten. Ihre Forderung, sich für das Unternehmen abzeichnende Risiken durch ein Frühwarnsystem zu detektieren, um noch rechtzeitig Gegenmaßnahmen einleiten zu können, mündete in Regelungen zur „Corporate Governance" und einem Kontroll- und Transparenz-Gesetz (KonTraG) im Unternehmensbereich. Den Unternehmensverantwortlichen (zunächst im Wesentlichen den Vorständen börsennotierter Aktiengesellschaften, in der Folge aber auch Geschäftsführern von GmbHs) wird mit der persönlichen Haftung für Versäumtes gedroht. Der daraus entstehende Handlungsdruck wird genutzt, um ein chancen- und risikoorientiertes Frühwarnsystem zu fordern und für das Führungssystem verfügbar zu machen. Dieser Entwicklung folgt auch die Überarbeitung bzw. Weiterentwicklung der ISO-Normierung.

Abb. 3 Überblick Risikomanagement

Die genannten Ansätze sind eng verwandt und verzahnt. Allen gemeinsam ist, dass sie zunächst einmal top-down initiiert sind. In allen drei Modellen gilt der Kunde überdies als eine erfolgsentscheidende Größe. Liegt nicht eines der größten Risiken für Unternehmen darin begründet, plötzlich keine Kunden mehr zu haben? Oder sich nur noch in ertragsschwachen Märkten zu bewegen? Und kann nicht ein Kunde sowohl den größten Werttreiber, als auch den größten Wertvernichter für ein Unternehmen darstellen?

Nicht ohne Grund haben die Balanced Scorecard-Entwickler dem Kunden eine ihrer vier Perspektiven gewidmet.

Was sie schlussendlich aber endgültig eint, ist die Tatsache, dass nahezu alle Versuche, die oben beschriebenen drei Strategie- und Managementmodelle in die Praxis umzusetzen, genau an dieser Erfolgsdimension „Kunde" scheitern. Und zwar regelmäßig dann, wenn man bei der Umsetzung der „großen Entwürfe" auf die Arbeitsebene gelangt. Hier drei Beispiele für den „Kulturschock", den Projektteams erfahren, wenn sie mit der rauen Wirklichkeit des Vertriebs konfrontiert werden:

- Hilflos stößt das Projektteam „Risikomanagement" früher oder später auf die Unmöglichkeit, aus Vertriebs- und Marketingprozessen im Zusammenhang und organisiert die erforderlichen Daten zur Risikofrüherkennung und -bewertung des Risikofeldes „Kunde" zu gewinnen. Traktiert man dann den Vertrieb mit – natürlich auf die Schnelle entwickelten – Reportingtools und endlosen Listen, geht auch das letzte bisschen Akzeptanz der Mitarbeiter verloren. Frei nach dem Motto „Was die sich da oben wieder für einen Unsinn ausgedacht haben".

- Ratlos kehren Vertriebsleiter von VBM (Value based Management)-Workshops zurück, in denen Ihnen von Experten geraten wird, den Werttreiber „Marge" doch mehr im Fokus zu haben. Auf die Frage, wie man denn dies erreichen solle angesichts sinkender Preise, steigender Überproduktion im Markt und wachsendem Wettbewerbsdruck, erhielten sie die Antwort, dass man dies mit seinen Mitarbeitern „in einem Brainstorming erarbeiten müsse".

- Wie ein Keulenschlag trifft die Manager die Erkenntnis, dass die im Balanced Scorecard-Projekt kreativ entwickelten und so herrlich transparent erscheinenden Messgrößen häufig im Unternehmen gar nicht, noch nicht oder nur mit riesigem Aufwand zu erheben sind. Nur ein Beispiel ist der Kundenzufriedenheitsindex. Natürlich ist es wichtig, die Kundenzufriedenheit zu messen, keine Frage. Wer jedoch die dazu notwendige Sensorik nicht oder nicht in ausreichender Qualität zur Verfügung hat, wird einiges zu tun haben, um tatsächlich differenziert die Zufriedenheit der einzelnen Kunden regelmäßig und vollständig messen zu können. Gleiches gilt für daraus abzuleitende Maßnahmen und Aktivitäten. Auch diese lesen sich auf dem Papier ganz leicht und flüssig, lassen sich aber in der Praxis häufig nicht realisieren. So standen auf einer einzigen, uns vorgelegten Balanced Scorecard, in einem von einem namhaften Beratungsunternehmen begleiteten Projekt Aktionen, wie: *„Neue Außendienstsoftware, ... Call-Center Einführung, ... gezieltes Personalentwicklungsprogramm, ... neues Entlohnungssystem, ... Entwicklung neuer Medien (Internet), ... Marketingabteilung outsourcen, ... Aufbau neuer Vertriebswege, usw."* Praktiker wissen, dass jedes einzelne Ansinnen für sich schon ein Großprojekt ist, die parallele Realisierung schlicht und ergreifend unmöglich ist. Man kann sich des Eindrucks nicht erwehren, das man hier einen tiefen Griff in die große Pauschalrezeptsammlung getan hat.

Sind solche Friktionen in Projekten, die ja häufig auch mit großen Investitionen verbunden sind, erkennbar, sollte man schnellstens die Ursachen analysieren. Es sind häufig die gleichen:

- Fehlende Darlegung der Vertriebs- und Kundenprozesse („Wenn Du nicht weißt, was Du tust, kannst Du nicht tun, was Du willst").
- Ungeeignete, inkonsistente Kennzahlensysteme und damit fehlendes Controlling („If you can't measure it, you can't manage it").
- Keine einheitliche Wissensversorgung der Mitarbeiter, keine hinreichende Informationsgrundlage, sowie mangelnde Qualität der Daten („Garbage in - garbage out").

Interessanterweise wird häufig auch die „Widerspenstigkeit", d.h. die mangelnde Akzeptanz und Kooperationsbereitschaft der Vertriebsmitarbeiter als wesentliche Ursache beklagt. Dies ist jedoch in aller Regel ein Trugschluss, denn das Mitarbeiterverhalten ist Folge, nicht Ursache der Probleme.

Hat man erkannt, warum es nicht gelingt, anspruchsvolle Managementkonzepte in die Praxis umzusetzen, hilft das den meisten Projektteams zunächst auch nicht weiter. Denn die Ursachen bearbeiten, hieße ja, in die konkrete Reorganisation der kundenbezogenen Prozesse einzusteigen. Doch nach welchem Konzept soll man da vorgehen? Balanced Scorecard, Value Based Management und Risikomanagement liefern hierfür keine praxisgerechte Hilfestellung.

Benötigt wird ein Wirksystem, das alle Ansätze so verbindet, dass sich Methode, Arbeitsorganisation und Mitarbeiterqualifizierung für die Verbesserung des Markt-Managements zu einem kompakten Maßnahmenpaket schnüren lassen. Das Customer Equity-Modell liefert die Grundlage für ein solches Maßnahmenpaket. Damit gewinnt es eine herausragende Bedeutung für die Unternehmensführung.

- Erstmalig wird es möglich, die vertriebliche „Produktion" genauso aufzufassen und darzulegen wie jeden anderen Produktionsprozess im Unternehmen auch! Der Vertriebsprozess wird in einer bisher ungeahnten Art und Weise transparent, plan- und steuerbar.
- Die Verknüpfung von Customer Value (den Wertbeitrag, den der Lieferant für den Kunden leistet) und Customer Equity (den Wertbeitrag, den der Kunde für das liefernde Unternehmen leisten kann) bringt endlich Kunden- und Lieferantenziele in Einklang.

- Das Customer Equity-Modell liefert ein konsistentes Kennzahlen-
  und Managementsystem für die Mitarbeiter – wie für die Füh-
  rungs- und Unternehmensebene – und kann damit die Lücke zwischen Strategieentwicklung und operativem Geschäft schließen.
  Damit wird „Strategie zum Tagesgeschäft"!

Von unseren Kunden und Partnern sind wir aufgefordert worden,
diese Erkenntnis in die Öffentlichkeit zu tragen. „Dass sich mit dem
Customer Equity-Modell endlich Balanced Scorecard, Value-
Management und Risikomanagement in Übereinstimmung zur Anwendung bringen lassen, muss den Unternehmensverantwortlichen
schnellstens gesagt und demonstriert werden", brachte es einer unserer Kunden auf den Punkt – die Idee zum vorliegenden Buch war
geboren.

Unsere Zielsetzung, Ihnen den Customer Equity-Ansatz sowie die
Verknüpfung zu den angesprochenen Managementmodellen in der
praktischen Anwendung vorzustellen, bildet gleichzeitig die Grund-
struktur des Buches.

Im ersten Teil geben wir zunächst einen Überblick über die theoretischen Grundlagen. Im zweiten Abschnitt wird der „rote Faden"
zwischen den einzelnen Ansätzen gesponnen. Im dritten Teil
schließlich beschäftigen wir uns mit den notwendigen Schritten zur
Implementierung des Customer Equity.

1 Das Customer Equity-Modell

Wie so häufig stand am Anfang der Entwicklung des Customer Equity-Modells eine gute Idee. Genaugenommen sogar zwei!

Die erste bestand darin, die Deckungsbeitragsrechnung um die prozessorientierte Kundenerfolgsrechnung zu erweitern. Hierunter ist zu verstehen, dass nicht nur die Produktentstehungskosten oder die Verpackungs- und Frachtkosten, sondern auch die durch kundenbezogene Prozesse entstehenden sogenannten Beziehungskosten, also z.B. auch Kundenbesuche durch Vertriebs- und Servicemitarbeiter, dem Kundenergebnis zugeordnet werden.

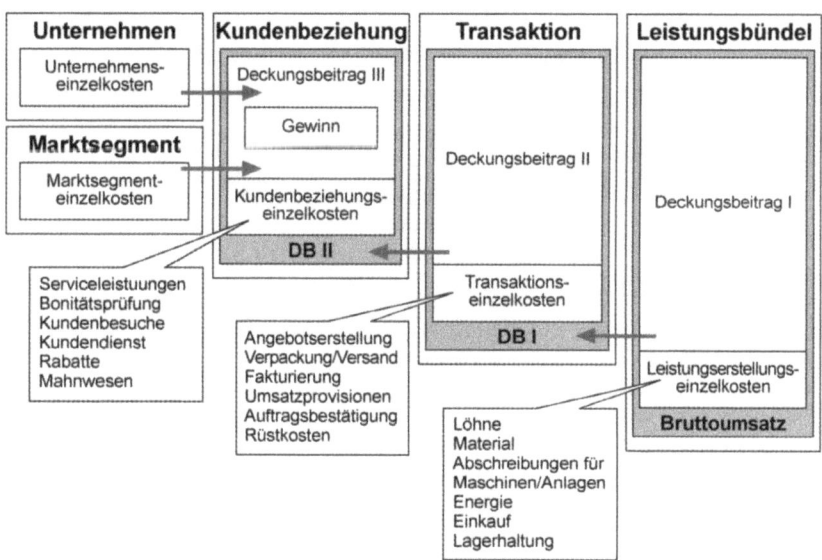

Abb. 1.1 Prozessorientierte Kundenerfolgsrechnung

Die eher vergangenheitsorientierte Analyse wurde also um den Zukunftsaspekt erweitert. Die Überlegung war dabei, dass sich die durch den Kunden verursachten Aufwendungen, die zukünftig möglichen Erlöse und die vom Kunden wahrgenommene Qualität der

Leistung, ausgedrückt durch seine Zufriedenheit, in Beziehung setzen lassen.

So gibt es Kunden, die zum Beispiel im Rahmen eines Interviews (einer sogenannten Zufriedenheits-Bedürfnisanalyse), zum Ausdruck bringen, dass sie momentan durchaus zufrieden sind, zukünftig aber umfassendere Serviceleistungen in Anspruch nehmen wollten oder müssen. Da diese wahrscheinlich höhere Aufwendungen verursachen werden, benötigt der Lieferant für eine Investitionsentscheidung Klarheit darüber, welches Wertdelta (Zusatzerlöse minus Zusatzinvestition und Zusatzkosten) dabei unter dem Strich zu realisieren ist. Naheliegend ist eine Recherche, mit welchen zusätzlichen Erlöspotenzialen diese Zusatzinvestitionen zu rechtfertigen sind.

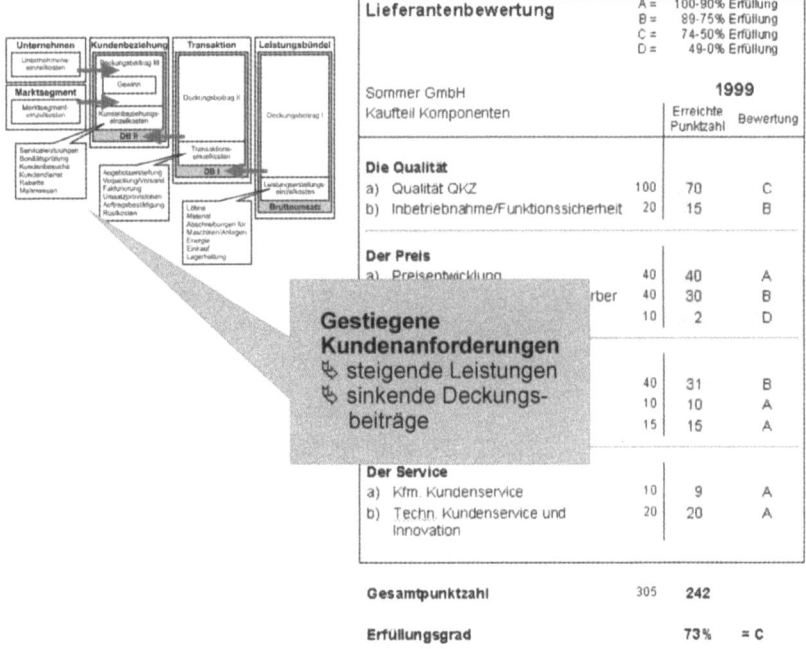

Abb. 1.2 Kundenerfolgsrechnung unter Berücksichtigung artikulierter Anforderungen

Werden diese Vorgehensweise und Inhalte in einer mehrperiodig angelegten Erfolgsrechnung, in der zu erwartende Anforderungen und Bedürfnisse des Kunden integriert werden, abgebildet, lässt sich bewerten, ob sich ein solches Investment in zusätzliche Beziehungs-, Dienst- oder Produktleistungen überhaupt lohnt.

Zwei Dinge verdienen es, dabei hervorgehoben zu werden:

Implizit wurde bei der Entwicklung des Modells der Ansatz der Balanced Scorecard vorweggenommen, indem ihren Perspektiven entsprochen wird.

- Der monetäre Wert bedient die Finanzperspektive;
- die Einbeziehung der Kundenzufriedenheit erfasst die Kundenperspektive;
- die Erfassung und Verarbeitung der Aktivitäten und Kosten auf der Ebene der Beziehungs- und Leistungsprozesse berücksichtigt die Prozessperspektive;
- und der konkrete Abgleich von Ist und Soll, Gestern, Heute und Morgen gibt Aufschluss über die Potenzialperspektive und die Entwicklungsmöglichkeiten.

Hiermit wurde ein großer Schritt in Richtung eines markt- und kundenorientierten Controllings getan!

Und zweitens ist hervorzuheben, dass das Modell darauf ausgerichtet war, in den Dialogen zwischen Kunde und Lieferant einen kontinuierlichen Klärungsprozess darüber zu führen, welchen Wertbeitrag der eine dem anderen und vice versa leistet. Eine solche Betrachtung ermöglicht über kurz oder lang eine dauerhafte Partnerschaft und führt zu dem, was man eine beidseitige Gewinnsituation nennt, dem sogenannten Win/Win-Prinzip.

Die nächste Evolutionsstufe des Customer Equity-Modells begründete die Untersuchung der in Vertrieb und Marketing hinlänglich bekannten Unterscheidung in die transaktionale und relationale Beziehungsebene zu einem Kunden. Was ist darunter zu verstehen?

Die Kunden-Lieferantenbeziehung kann aus einer Vielzahl von konkreten und in sich abgeschlossenen Transaktionen bestehen. Eine einzelne Transaktion ist beispielsweise die Handlungskette von der Anfrage eines Kunden über die Angebotslegung bis hin zum Abschluss eines Kaufvertrages, der daraus resultierenden Leistungserstellung und Abwicklung des Auftrages. Der Vertrieb und seine Mitarbeiter sind aufgabenbezogen darauf ausgerichtet, möglichst erfolgreich die Transaktion „Auftragserlangung" beim Kunden durchzuführen.

Allgemein, und dies gilt insbesondere für das Geschäft zwischen zwei Unternehmen, lässt sich eine Kundenbeziehung nur sehr unzureichend mit einer Ansammlung einzelner, voneinander unabhängiger Transaktionen beschreiben. Darunter liegt nämlich, gleichsam als roter Teppich, die eigentliche Kundenbeziehung. Sie besteht aus einer Vielzahl von Faktoren, unter anderem psychischer und sozialer Art, aber auch aus Kundenzufriedenheit und Kundennähe. Eine Kundenbeziehung muss entwickelt werden, der „rote Teppich" auf dem dann die Transaktionen reibungslos laufen können, ist meist erst noch auszurollen. Neben der Arbeit am konkreten Auftrag ist die Gestaltung der Kundenbeziehung eine wichtige Tätigkeit der Vertriebs- und Marketingmitarbeiter.

Hierunter fallen z.B. Aktivitäten wie Kundenveranstaltungen, After Sales Service, Kundenzeitschriften, Incentives, „Werbung", Messebesuche, aber auch das Geschäftsessen oder die Weihnachtskarte.

Auf dem VIP (Vertriebs-Informations-Panel) Campus `99 an der WHU in Vallendar führten zwei Profis ein vielbeachtetes Streitgespräch über die „Berechenbarkeit" des Vertriebs, insbesondere bezogen auf Investitionen. Der eine, der Fraktion des Controlling angehörend, forderte von seinem Gegenspieler, einem Vertriebsleiter, doch endlich zu sagen, wie sich Investitionen in einem gestiegenen Auftragseingang bzw. Umsatz und Ergebnis widerspiegeln würden. Zur Untermauerung seiner Forderung beschrieb er transparente und nachvollziehbare Investitionsanträge aus anderen Unternehmensbereichen, mit denen die Anforderungen aus dem Vertrieb konkurrieren.

❝❝ Der Vertrieb konkurriert um die verfügbaren Investitionsbudgets mit den anderen Unternehmensbereichen und muss sich daher an die gleichen Spielregeln halten ...

Mir fehlt eine Amortisationsrechnung durch den Vertrieb ...

Wie kann ich den Nutzen einer Vertriebsinvestition, z.B. einer Messe, nachrechnen?

Wann erhalte ich vom Vertrieb einmal Zahlen, die sich auch im Nachhinein als richtig erweisen? ❞❞

Abb. 1.3 Argumente des Controllers, VIP '99

Der Vertriebsleiter entgegnete, dass dies für eine Reihe von Aufwendungen im Vertrieb nicht möglich sei, weil sie nicht immer einem konkreten Verkaufsabschluss zuzuordnen seien, mitunter nicht einmal einem einzelnen Kunden, sondern vielleicht nur pauschal einem ganzen Kundensegment.

❝❝ Der Vertrieb sorgt für Erlöse - kein anderer Bereich!

In der Kundenbeziehung gibt es Soft-Factors, die sich nicht eindeutig beschreiben lassen ...

Soft-Factors lassen sich nicht in Mark und Pfennig berechnen ...

Das Controlling hat eine einseitig zahlenorientierte Sicht auf die Dinge. Es gibt aber Ebenen, die sich nicht in Zahlen ausdrücken lassen - z.B. das Vertrauen des Kunden in uns! ❞❞

Abb. 1.4 Argumente des Vertriebsleiters, VIP '99

Einig wurden die beiden sich auf dieser Veranstaltung nicht.

Klar wurde aber im Verlaufe der Diskussion, dass man bei der Ermittlung von Kundenertragswerten der Unternehmenspraxis nur dann gerecht werden würde, wenn man Transaktion und Relation gleichermaßen und miteinander verzahnt betrachten und in einer an gängige Investitions- und Kapitalkostenmodelle angelehnten Berechnung abbilden könnte.

Auf diese „Ergebnisse" aufbauend wurde damit begonnen, den Transaktionsprozess und den Beziehungsprozess in den einzelnen

Phasen sowie den dazugehörenden moderierenden Variablen zu beschreiben. Hier ließ sich auf eine Vielzahl von wissenschaftlichen Untersuchungen und Arbeiten zurückgreifen, denen allerdings zu eigen war, dass immer nur Teilaspekte beleuchtet wurden.

Nach der Prozessanalyse lag der nächste Schritt nahe, ein geeignetes, dynamisches Kennzahlensystem zu entwickeln. Die Anforderung war, Transaktions- und Beziehungsprozesse in ihren wechselseitigen Abhängigkeiten und Vernetzungen zusammenzuführen sowie qualitative und quantitative Bewertungskriterien abzubilden. Alle erhobenen Kennzahlen sollten sich zum Customer Equity verdichten lassen und gleichzeitig in umgekehrter Richtung die Möglichkeit der Steuerung über die Kennzahlen beeinflussende Maßnahmen und Aktivitäten bieten. Das so entstandene Kennzahlensystem lässt sich auf vier Ebenen abbilden.

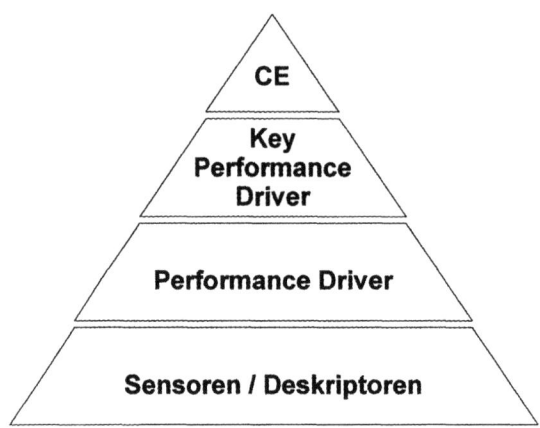

Abb. 1.5 Das Customer Equity-Kennzahlensystem

Die Spitze bildet der Customer Equity.

Darunter stehen die sogenannten Key Performance Driver (KPD). Sie liefern die entscheidenden Parameter zur Beurteilung der Qualität der Transaktionsprozesse sowie der Kundenbeziehung und ihrer monetären Bedeutung. Mittels eines Algorithmus lässt sich aus diesen KPD der Customer Equity berechnen.

Den Key Performance Drivern liegen auf der dritten Ebene die Performance Driver (PD) zugrunde, die auf der vierten Ebene mit

Deskriptoren (D) beschrieben werden und die Sensorik für die Erfassung der Prozessergebnisse darstellen.

Diese Deskriptoren systematisieren gleichzeitig die vorhandenen und zur Konkretisierung notwendigen Informationen. Hierbei ist insbesondere von Bedeutung, dass die Datengrundlage direkt aus den Prozessen, also auf der Arbeitsebene der funktionalen Einheiten entsteht.

Auf den nächsten Seiten möchten wir Ihnen die Architektur und Konstruktion des Customer Equity-Systems auf den einzelnen Ebenen detailliert vorstellen, wobei wir mit den zugrundeliegenden Arbeitsprozessen beginnen möchten.

1.1 Der Transaktionsprozess

Der Transaktionsprozess besteht aus drei Subprozessen: Der Potenzialkonfiguration, der Akquisition sowie der Leistungserstellung.

Je nachdem, ob es sich um einen Erstkauf, einen Wiederholungs- oder Serienkauf handelt, unterscheiden sich die inhaltliche Ausgestaltung, der Aufwand und die einzelnen Arbeitsschritte in diesen Phasen.

Abb. 1.6 Der Transaktionsprozess

1.1.1 Die Potenzialkonfiguration

Unterstellen wir zunächst, dass sowohl auf Kunden- wie auf Lieferantenseite die grundsätzliche Bereitschaft besteht, in einem Markt zu agieren. Unter dieser Voraussetzung wird es in der Regel so sein, dass beide Partner unterschiedliche Handlungsoptionen haben, mit wem sie eine Geschäftsbeziehung aufbauen bzw. unterhalten wollen. Idealerweise wird man sich den Partner suchen, der am besten zu einem „passt".

Um dies beurteilen zu können, wird in dem Subprozess Potenzialkonfiguration analysiert, welche Potenziale auf Seiten des Kunden und auf Seiten des Lieferanten vorhanden sind. Potenziale beim Kunden sind z.B. die Bedarfspotenziale der Gegenwart und Zukunft, aber auch Know-how-, Entwicklungs- und Referenzpotenziale sind zu beachten.

Die Bedarfspotenziale des Kunden im Industriegeschäft sind häufig eng verknüpft mit den Anforderungen und Bedarfen der nachgelagerten Kundengruppe, den sogenannten Kundeskunden. Wächst beispielsweise der Kundeskunden-Markt, so wird das auch Auswirkungen auf das Absatzpotenzial des Kunden haben, was wiederum das Absatzpotenzial für den Lieferanten erhöhen kann. Dieses Merkmal des „derivativen Bedarfs" in Wertschöpfungsketten wird uns in der Folge noch beschäftigen.

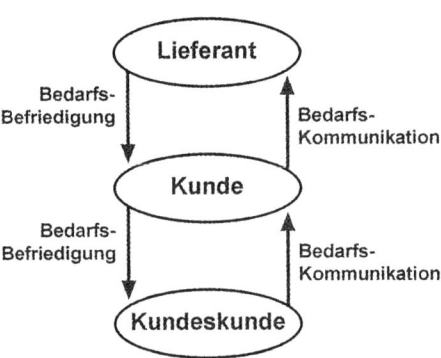

Abb. 1.7 Die Wertschöpfungskette als Erzeuger derivativen Bedarfs

Die Potenziale des Lieferanten lassen sich am besten beschreiben mit seinen Fähigkeiten und Fertigkeiten, die aktuellen und potenziellen Probleme und Aufgabenstellungen des Kunden zu lösen. Hierzu gehören spezifische Produktleistungen, aber auch Service- und Innovationsleistungen.

Typisch für das Industriegeschäft ist die Zielsetzung, Leistungen zu bündeln, die in der kundenbezogenen Zusammenstellung Möglichkeiten der Wettbewerbsdifferenzierung bieten und über die engere Produktleistung hinausgehen. Diese spezifische Zusammenstellung der Leistungsbestandteile wird Leistungsbündel genannt.

Unter Lieferantenpotenzial sind auch die sekundären Potenziale wie Mitarbeiterqualifikation, Kapitalausstattung, Produktionsanlagen und Entwicklungskapazitäten zu verstehen, die ja die Voraussetzung für die Erstellung der Leistungsbündel schaffen.

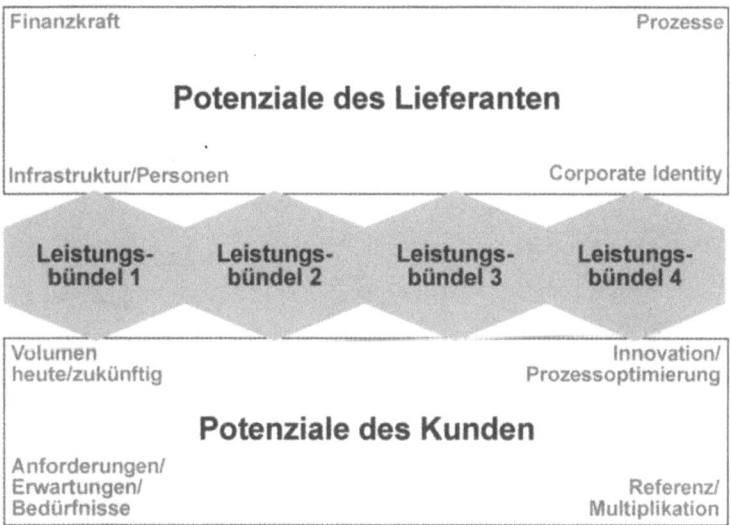

Abb. 1.8 Variablen der Potenzialkonfiguration

Im Rahmen der Potenzialkonfiguration wird der Lieferant folgerichtig überprüfen, inwieweit sich vorhandene Leistungen und Fähigkeiten so zusammenstellen lassen, dass sich ein bestmöglicher Kundennutzen („Customer Benefit") erzielen lässt. Im Zweifelsfall hat der Lieferant auch zu prüfen, welche Leistungen und Fähigkeiten ihm zur Erreichung dieses Zieles noch fehlen und ob er sie selbst oder mit Hilfe eines Wertschöpfungspartners zur Verfügung stellen kann.

Hervorzuheben ist dabei der vergleichende Maßstab „Wettbewerb" bei der Beurteilung der Zielerreichung „bester Customer Benefit". Zur Beurteilung der eigenen Leistungsfähigkeit ist es daher
erforderlich, auch die Potenziale des Wettbewerbs zu analysieren
und im Sinne eines Benchmarks den eigenen gegenüberzustellen.

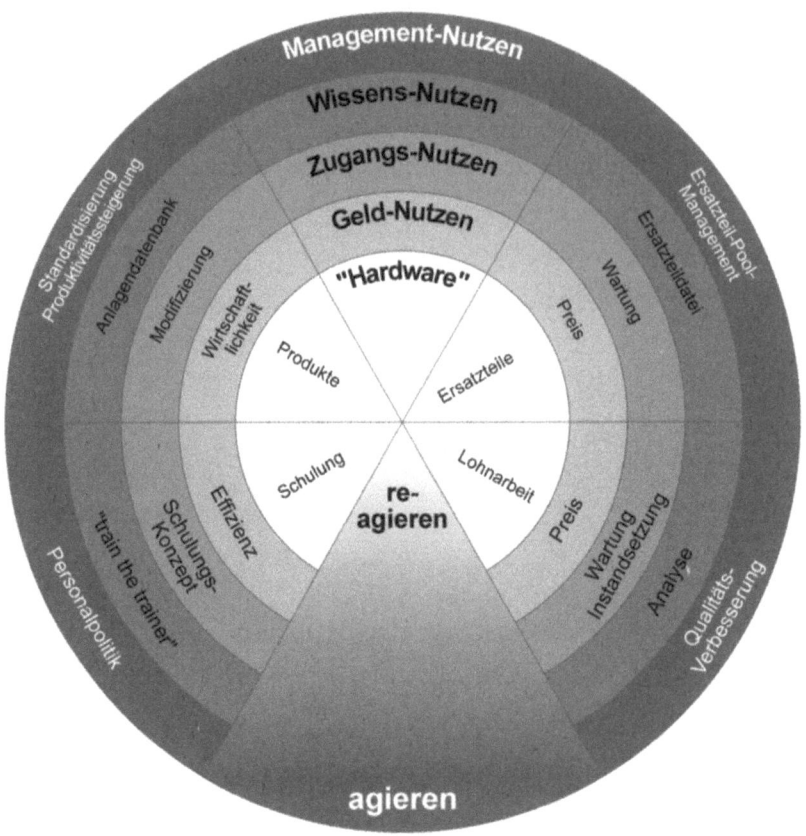

Abb. 1.9 Die verschiedenen Ebenen des Kundennutzen

Auch reicht es aus Kundensicht oft nicht aus, nur auf den
„Customer Benefit" zu schauen. Vielmehr sind noch die beim Kun-
den entstehenden Beschaffungs- und ggf. Verarbeitungskosten im
Zusammenhang mit der Nutzung der Lieferantenleistung in Abzug
zu bringen, um den tatsächlichen „Customer Value" zu erhalten.
Wenn wir, wie bereits vorgestellt, auch noch den Kundeskunden mit

ins Spiel bringen, lässt sich der Kundennutzen auch als derivativer Nutzen, abgeleitet vom Customer Value des Kundeskunden, auffassen.

Oder anders gesagt: Customer Value generieren zu können, beschreibt die Fähigkeit des Lieferanten, durch seinen Wertbeitrag seinen Kunden einen Wettbewerbsvorsprung zu verschaffen!

Zusammenfassend lässt sich sagen, dass als wesentliches Ergebnis des Subprozesses „Potenzialkonfiguration" eine klare und bewertete Vorstellung darüber entsteht, womit und wie ein bestmöglicher Customer Value realisiert werden kann.

Erst auf dieser Basis kann der Subprozess der Akquisition sinnvoll konzipiert und erfolgreich gestaltet werden.

Doch die vertriebliche Praxis sieht häufig anders aus. Typischerweise wird eine Potenzialkonfiguration entweder gar nicht oder auf der betrieblich/technischen und einer allgemeinen, marktbezogenen Ebene (die Gesamtheit aller Kunden) vorgenommen, was meistens zu einem standardisierten Leistungsbündel und einer allgemeinen kommunikativen Darstellung im Akquisitionsprozess führt. Vertriebsmitarbeiter verstehen sich häufig als Exekutive der Akquisitionsphase, kennen den Begriff und die Bedeutung der Potenzialkonfiguration gar nicht oder schieben die Verantwortung hierfür in den Bereich Marktforschung beziehungsweise in das Marketing oder die Unternehmensführung ab.

1.1.2 Die Akquisition

Der Subprozess „Akquisition" folgt der Potenzialkonfiguration und ist vor allem dadurch charakterisiert, dass er den Vertriebsprozess (das „Verkaufen") des Lieferanten und den Beschaffungsprozess des Kunden (das „Einkaufen") synchronisiert. Kunde und Lieferant treten in der Regel während der Akquisition in eine Phase der wechselseitigen Interaktion ein. Vorsorglich sei bereits an dieser Stelle darauf hingewiesen, dass es Ansätze in der Praxis gibt, in denen bereits in der Phase der Potenzialkonfiguration Kunde und Lieferant interagieren. Dies hat sich vor allem dann als nützlich erwiesen, wenn der Kunde mit seinem Bedarf, aber auch der Lieferant mit seinem Leistungsangebot Neuland betreten.

Der Akquisitionsprozess ist vor allem ein kommunikativer Prozess. Im Industriegeschäft findet dieser Austausch von Informationen nicht nur zwischen „dem Verkäufer" und „dem Einkäufer" statt, sondern zwischen den jeweiligen Prozessteams. Im „Buying-Center" auf Kunden- und „Selling-Center" auf Lieferantenseite werden Mitarbeiter auf unterschiedlichen Ebenen zusammengeführt, was große Anforderungen an die Gestaltung dieses Prozesses stellt.

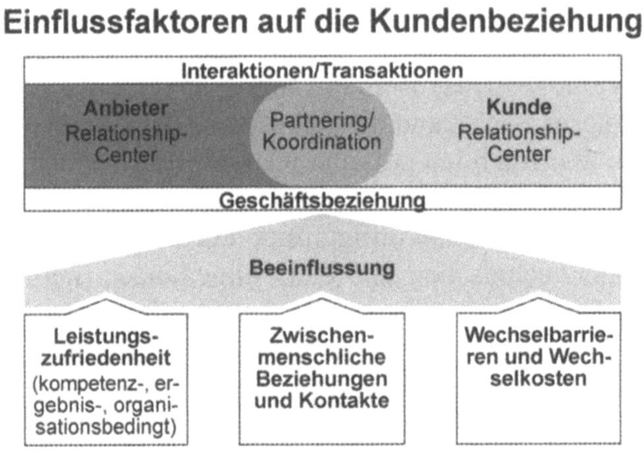

Abb. 1.10 Buying- und Selling-Center als Interaktions-Drehscheiben im Akquiprozess

Aufgrund des kommunikativen Charakters des Akquisitionsprozesses macht es Sinn, auf einen Ansatz zur Strukturierung zurückzugreifen, die sogenannte AIDA-Formel. Die vier Buchstaben stehen für **A**ufmerksamkeit erreichen (Attraction), **I**nteresse aufbauen (Interest), **D**rang zum Kaufen wecken (Desire) und **A**bschluss durchführen (Action). Bezogen auf das Industriegeschäft haben wir festgestellt, dass es zweckmäßig ist, die AIDA-Formel zu modifizieren und Phasen zu definieren, die gleichzeitig auch die kommunikative Aufgabenstellung für den Lieferanten beschreiben:

1. Wir interessieren uns für den Kunden
2. Der Kunde beginnt sich für uns zu interessieren
3. Überzeugung wird auf-, Kritik wird abgebaut
4. Der Kunde entscheidet sich für uns
5. Der Kunde erlebt die Realisierung

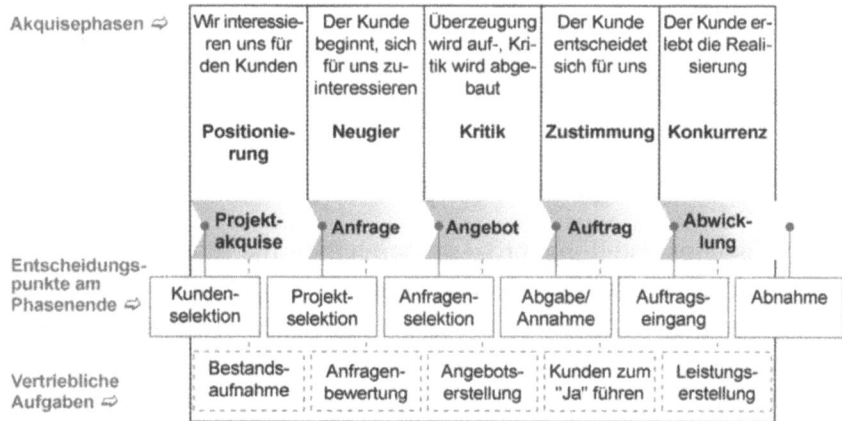

Abb. 1.11 Der Akquisitionsprozess

Diese Einteilung macht deutlich, dass die Akquisition sich bis zur Leistungserbringung erstreckt, vor allem aber, dass die kommunikative Verantwortung des Vertriebs nicht bei der Auftragsbestätigung aufhört. Ebenso wie der Potenzialkonfigurationsprozess noch in die Phase 1 hineinreicht, findet in den Phasen 4 und 5 eine Überlappung zwischen dem Akquisitionsprozess und dem Leistungserstellungsprozess statt.

Im Akquisitionsprozess wird das Leistungsversprechen aufgebaut, welches wesentlichen Einfluss auf die Bildung der Soll-Komponente bei der Kundenzufriedenheitsentstehung hat.

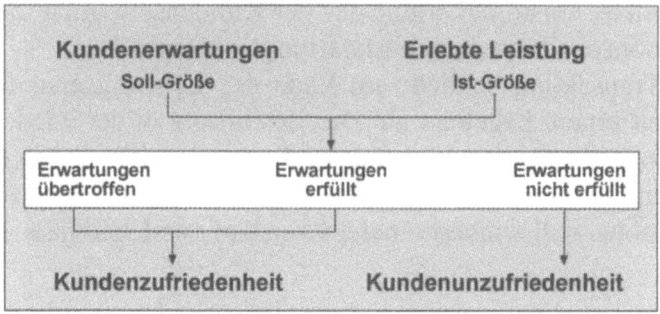

Abb. 1.12 Die Entstehung von Kundenzufriedenheit aus dem Soll-/Ist-Abgleich

Die Bildung der Ist-Komponente findet im Leistungserstellungsprozess statt. Die Überprüfung der Einhaltung des Leistungsversprechens, also der Abgleich zwischen Soll und Ist, und ihre Bedeutung für die Kundenzufriedenheit – und damit auch für die Beziehungsqualität – machen es erforderlich, dass die Phase 5 vom Vertrieb aktiv begleitet und abgesichert wird.

1.1.3 Die Leistungserstellung

Der Leistungserstellungsprozess beinhaltet die Phasen Leistungsvorbereitung, Produktion, Versand, gegebenenfalls die Montage des Produktes und die zum Produkt gehörenden Serviceleistungen. F&E, Rechnungswesen und Materialwirtschaft arbeiten den einzelnen Phasen zu. Im Leistungserstellungsprozess werden die zwischen Kunde und Lieferant vereinbarten „immateriellen" Vertragsinhalte in für den Kunden erlebbare, meist „materielle" und damit „greifbare" Produkte und Produkteigenschaften umgesetzt.

Der Potenzialkonfigurationsprozess ist in hohem Maße **informationskritisch**, während der Akquisitionsprozess vor allem **erfolgskritisch** ist. Dagegen ist der Leistungserstellungsprozess hauptsächlich **ergebniskritisch**. Störgrößen sind ungenaue vertragliche Vereinbarungen, unzureichende Vorkalkulationen, nicht vorhergesehene Veränderungen der Ausgangssituation, Störungen des Prozessablaufs, technische Mängel und nicht artikulierte, sowie vom Lieferanten nicht erspürte Kundenerwartungen.

Sie alle – in unterschiedlichen Kombinationen – führen häufig dazu, dass die tatsächlichen Deckungsbeiträge für den Lieferanten und der realisierte Customer Value auf der Kundenseite nicht den in der Akquisitionsphase erzeugten Erwartungen entsprechen.

Jede Transaktion schließt am Ende des Leistungserstellungsprozesses mit einem Ergebnis ab. Die Bewertung bildet wiederum den Ausgangspunkt für den Potenzialkonfigurationsprozess, so dass sich insgesamt der Transaktionsprozess mit seinen drei Subprozessen als ein sich potenziell wiederholbarer Kreislauf verstehen lässt.

Abb. 1.13 Der Kreislauf des Transaktionsprozesses

Die kritischen Größen, wie angeführt, verändern sich im Verlaufe des Transaktionsprozesses. Entsprechend ändert sich auch der Fokus des Controllings von Transaktionsprozessen. Die Potenzialkonfiguration ist stark von der Informationsgüte und -vollständigkeit abhängig. Sie zu überprüfen ist also ein wesentliches Kriterium in dieser Phase.

Im Akquisitionsprozess sind vor allem die Erfolgswahrscheinlichkeiten und -aussichten in jeder einzelnen Prozessphase zu ermitteln. Besonders dann, wenn in der Bearbeitung der einzelnen Prozessphase nennenswerte Aufwendungen anfallen.

Wir halten die Darlegung des Akquisitionsprozesses, seiner einzelnen Phasen und das Geschehen innerhalb einer Prozessphase, sowie die Fixierung des Prozessstatus und Vorausschau auf den Abschluss, für die am meisten vernachlässigten, gleichwohl aber bedeutendsten Erfolgsfaktoren des Transaktionsprozesses.

Das Controlling des Leistungserstellungsprozesses hat zwei Ausrichtungen. Zum einen sollte im Sinne einer kundenbezogenen Erfolgsrechnung der Deckungsbeitrag der Transaktion ermittelt werden. Hier interessiert vor allem eine mögliche Abweichung zur Vorkalkulation.

Zum anderen sollte der Grad der wahrgenommenen Zufriedenheit des Kunden im Zusammenhang mit der erbrachten Leistung beurteilt werden.

Ein Wort bereits an dieser Stelle zur Deckungsbeitragsrechnung der gesamten Kundenbeziehung, die im Sinne einer Cashflow-Analyse in der Folge noch ausführlich behandelt wird.

Bereits bei der Betrachtung eines Transaktionsprozesses wird deutlich, dass weit mehr Kostenpositionen den Erlösen gegenüberzustellen sind, als nur die der Leistungserstellung.

So sind auch die Kosten der Potenzialkonfiguration und Akquisition einem Kunden zuzuordnen, denn sie tragen nennenswert zu den Gesamtkosten der Transaktion bei. Da der Aufwandsanteil dieser beiden Subprozesse bei einem Erstgeschäft am größten ist (aufwändige Recherchen, Aufbau von Kontakten, umfangreiche Maßnahmen zum Aufbau von Überzeugung und Abbau von Kritik), ist es bei gleichbleibender Leistungserstellung sehr wichtig, diesen Aufwand in zukünftigen Transaktionen zurück verdienen zu können, zumal er in der Vorkalkulation häufig nicht berücksichtigt werden kann, beziehungsweise Aufwendungen aus vergleichbaren Transaktionen nicht herangezogen werden.

Nachdenklich stimmen in diesem Zusammenhang die Ergebnisse des Vertriebs-Informations-Panels 2000 (VIP 2000), in denen deutlich wird, dass die Unternehmen die Kosten, die in den der Leistungserstellung vorgelagerten Prozessphasen anfallen, nur schlecht oder gar nicht erfassen können.

1.2 Der Beziehungsprozess

Auch die Entwicklung und der Aufbau einer Kundenbeziehung ist ein Prozess, der sich in drei Subprozesse unterteilen lässt.

Dabei beschreibt die erste Phase die Fähigkeit des Unternehmens, Kundennähe aufzubauen. Sie schafft die Grundlage für die zweite Phase, die Erzeugung von Kundenzufriedenheit, die wiederum die Voraussetzung für die Bereitschaft des Kunden darstellt, sich an den Lieferanten zu binden. Der Aufbau von Kundenloyalität und Kundenbindung ist damit die wesentliche Zielsetzung der dritten und letzten Phase.

Alle drei Subprozesse sind miteinander vernetzt und laufen in einer etablierten Kundenbeziehung, insbesondere wenn es sich um Wiederholungs- und Seriengeschäft handelt, parallel ab.

Abb. 1.14 Der Beziehungsprozess

1.2.1 Kundennähe

Zu Beginn einer Kundenbeziehung, also noch vor der Durchführung der Transaktion „Erstgeschäft", gilt es zunächst, Kundennähe aufzubauen. Wer weder geeignete Produkte, Image, noch Infrastruktur besitzt, die zu dem Kunden und seiner spezifischen Situation „passen", also kundennah sind, wird wenig Chancen haben, überhaupt in eine Geschäftsbeziehung mit dem Kunden eintreten zu können. Daher stellt die Kundennähe die Basisgröße einer Kundenbeziehung dar.

Die Kundennähe lässt sich nach Homburg in zwei Dimensionen abbilden: In die Nähe des Leistungsangebotes und die Nähe des Interaktionsverhaltens.

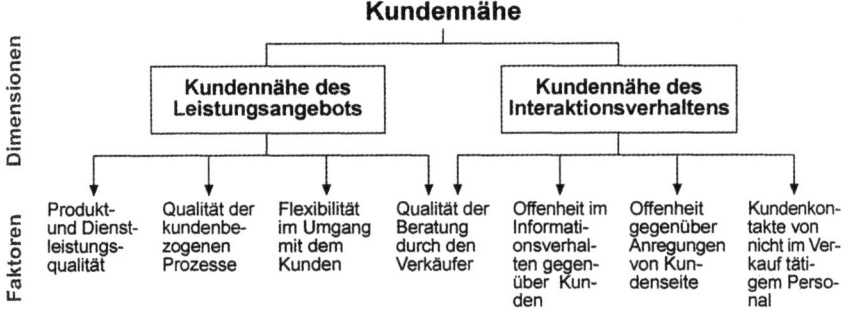

Abb. 1.15 Die zwei Dimensionen der Kundennähe – Überblick

Die Nähe des Leistungsangebotes wird bestimmt durch die Faktoren Produkt- und Dienstleistungsqualität, Qualität der kundenbezogenen Prozesse und die Flexibilität im Umgang mit den Kunden.

Abb. 1.16 Die Kundennähe des Leistungsangebots

Die Nähe des Interaktionsverhaltens wird unterteilt in die Offenheit gegenüber Kundeninformationen und Anregungen und die Kundenkontakte von nicht im Verkauf tätigem Personal. Die Qualität der Beratung durch den Verkäufer hat für beide Dimensionen Relevanz.

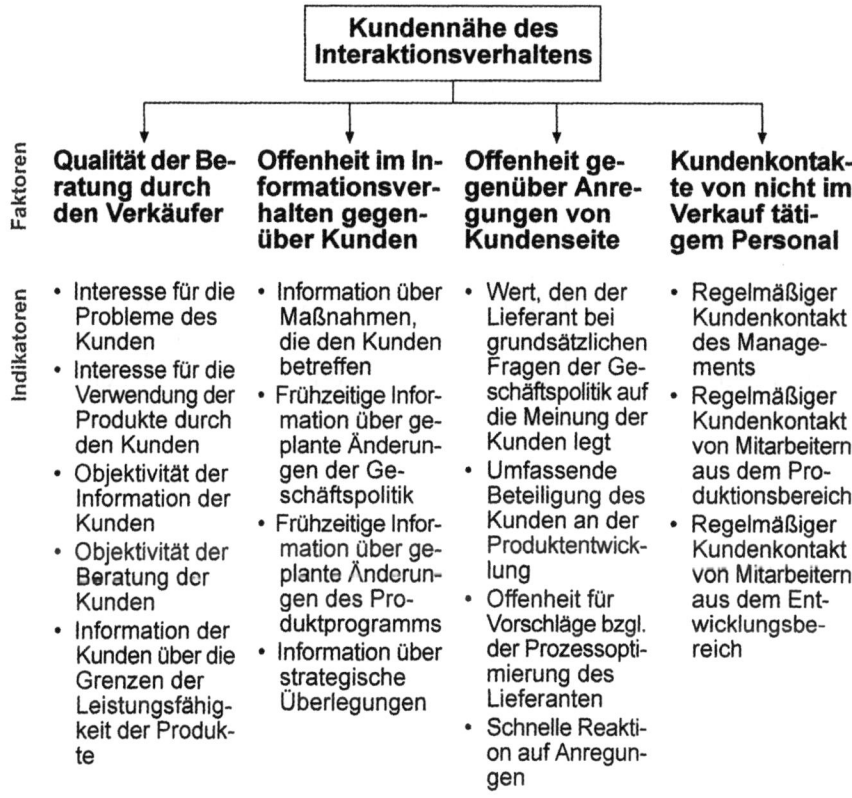

Abb. 1.17 Die Kundennähe des Interaktionsverhaltens

Interessanterweise konnte Homburg empirisch belegen, dass die geographische Nähe als Faktor im Business-to-Business-Geschäft keine eigenständige Bedeutung hat. Zwar wird die Flexibilität im Umgang mit dem Kunden durch die geographische Nähe häufig positiv beeinflusst. Die vom Kunden erlebte Nähe durch Flexibilität lässt sich aber auch vor dem Hintergrund der modernen Informationstechnologie und flexibler Ablaufprozesse anders sicherstellen.

1.2.2 Kundenzufriedenheit

Einmal unterstellt, dass eine hinreichende Kundennähe gegeben ist und die ersten Transaktionen erfolgen, wird sich beim Kunden ein von ihm subjektiv wahrgenommener Grad von Zufriedenheit einstellen. Wie im Transaktionsprozess bereits beschrieben, ist die Kundenzufriedenheit das Ergebnis eines Soll- und Ist-Vergleiches.

Die Sollkomponente unterliegt dabei verschiedenen Einflussgrößen. So beeinflussen die vorhandenen und bewussten Bedürfnisse ebenso wie bereits gemachte Erfahrungen mit diesem oder einem anderen Lieferanten die Kundenerwartungen grundlegend. Aber auch die Mund-zu-Mund-Propaganda verändert Kundenerwartungen. Und schließlich ist die Art und Weise, wie ein Lieferantenunternehmen seine Leistungen, aber auch seine Kundenorientierung kommuniziert, mitbestimmend für die Kundenerwartungen. Werden Kundenerwartungen und erlebte Leistung in Beziehung gesetzt, entsteht abhängig vom Ausmaß und der Richtung des wahrgenommenen Deltas Kundenunzufriedenheit oder Kundenzufriedenheit.

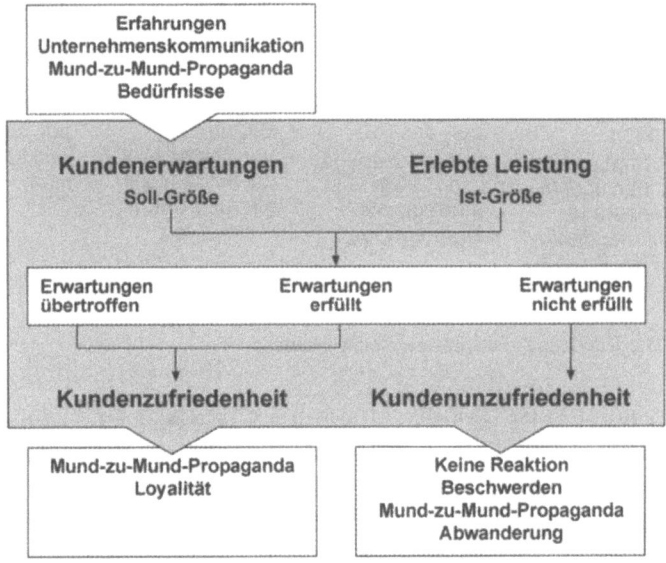

Abb. 1.18 Entstehung und Wirkung von Kundenzufriedenheit

Es ist an dieser Stelle Wert darauf zu legen, konsequent von der vom Kunden wahrgenommenen Zufriedenheit („Perceived Customer Satisfaction") beziehungsweise Unzufriedenheit zu sprechen, denn diese kann von der vom Lieferanten als angemessen angesehenen Kundenzufriedenheit abweichen. So kann es sein, dass der Lieferant beispielsweise Zusatz- und Serviceleistungen erbringt, die vom Kunden überhaupt nicht registriert werden, quasi unerlebt verpuffen, und somit keinen Beitrag zur wahrgenommenen Kundenzufriedenheit leisten.

Die Kundenerwartungen werden von den genannten Faktoren geprägt. Sie lassen sich aber auch hinsichtlich unterschiedlicher Qualitäten differenzieren. So wird im KANO-Modell in drei Kategorien unterschieden.

- Die **Basisanforderungen** umfassen die Faktoren, die der Kunde als selbstverständlich und damit implizit voraussetzt. Über Basisanforderungen wird meist auch nicht mehr geredet, der Lieferant hat sie stillschweigend zu erfüllen. Niemand würde z.B. heute bei einem Autokauf nachfragen, ob das Auto Sicherheitsgurte hat. Die Erfüllung von Basisanforderungen bringt daher auch keine Zufriedenheit, die Nichterfüllung dagegen große Unzufriedenheit.
- Die **Leistungsanforderungen** dagegen sind expliziter Natur. Sie werden vom Kunden ausdrücklich verlangt. Proportional zum Erfüllungsgrad entstehen daher Zufriedenheit beziehungsweise Unzufriedenheit. Häufig sind die Leistungsanforderungen auch die, die sich in Pflichtenheften und als Vertragsbestandteile wiederfinden. In unserem „Auto-Beispiel" wäre dies eine bestimmte Sicherheitsausstattung (Gurtstraffer, Seitenairbags etc.) oder eine definierte Motorenleistung.
- Die **Begeisterungsanforderungen** sind Faktoren, die der Kunde zunächst gar nicht erwartet. Daher kann ihre Abwesenheit auch keine Unzufriedenheit auslösen. Umgekehrt bewirken realisierte Begeisterungsanforderungen beim Kunden aber überproportionale Zuwächse in der Zufriedenheit und stellen damit einen Schlüssel zur Wettbewerbsdifferenzierung dar. Ein solches Element könnte im Auto der im Sitz integrierte und versenkbare Kindersitz sein.

Das folgende Beispiel macht auch deutlich, dass eine Begeisterungsanforderung auch nur bei demjenigen Begeisterung auslöst, auf den sie zugeschnitten ist und dem sie nutzt. Ein kinderloser Single würde sich wahrscheinlich kaum für den Kindersitz interessieren, er wird diese Funktion als überflüssig bezeichnen.

Begeisterungsanforderungen müssen daher auf Kunden beziehungsweise Kundengruppen passgenau ausgerichtet sein.

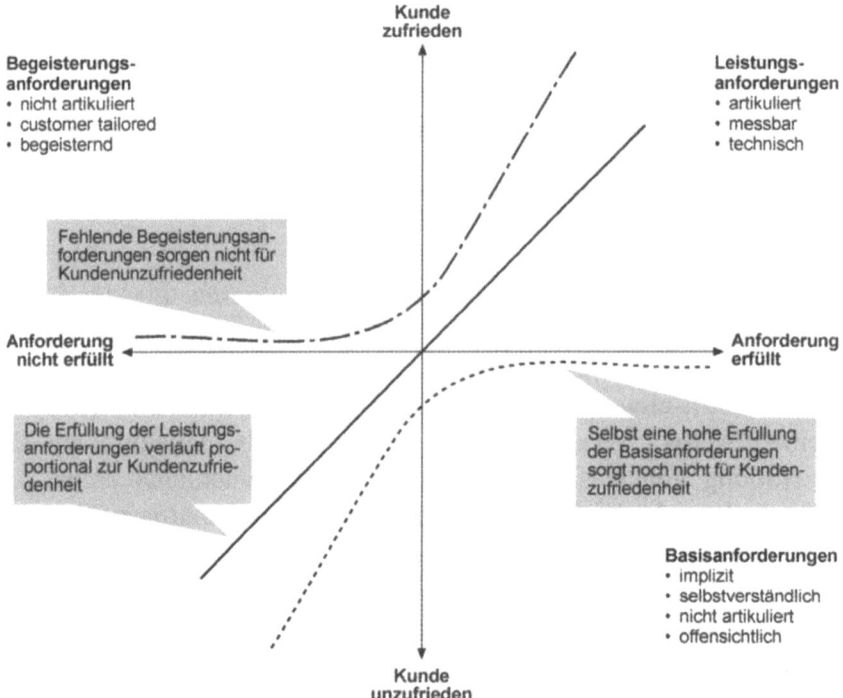

Abb. 1.19 Das KANO-Modell der Kundenzufriedenheit

Um noch einmal kurz beim Beispiel Auto zu bleiben: Die Anforderung „Airbag" zeigt sehr schön, wie sich die Leistungsmerkmale über die Zeitachse gesehen von einer Kategorie zur anderen bewegen können. War vor einigen Jahren ein Airbag noch eine Begeisterungsanforderung, so rutschte der Fahrerairbag mittlerweile über die Leistungsanforderung in die Kategorie Basisanforderung. Viele Kunden gehen heute bereits bei einem Kleinwagen stillschweigend davon aus, dass ein Airbag zur Mindestausstattung gehört. Die Dynamik der Veränderungen von Kundenerwartungen ist folglich ebenfalls etwas, was die Zufriedenheit stark beeinflussen kann.

Die Kategorisierung der Anforderungen führt zu der Erkenntnis, dass Basisanforderungen einen hohen Einfluss auf die Unzufriedenheit, Begeisterungsanforderungen umgekehrt einen großen Einfluss auf die Zufriedenheit eines Kunden haben.

Beiden ist unglücklicherweise jedoch zu Eigen, dass sie vom Kunden in der Regel nicht artikuliert werden, was die Ermittlung und Bewertung im Rahmen von Kundenbefragungen erschwert.

1.2.3 Kundenbindung

Die Kundenzufriedenheit, die auf der Kundennähe aufbaut, ist die Basisgröße für die Kundenloyalität und Kundenbindung. Dabei darf man sich keine Illusionen machen: Kein Kunde bindet sich freiwillig an einen Lieferanten, wenn er nicht mit ihm zufrieden ist! Ausnahmen wären eine Monopolstellung des Lieferanten, oder für den Kunden auf Sicht unüberwindbare Wechselbarrieren.

Der Lieferant muss zum Aufbau einer dauerhaften und tragfähigen Kundenbindung einen überragenden Wertbeitrag leisten, der wahrgenommen und erlebt wird (Perceived Customer Value). Die alte These, dass der Kunde bereit ist, für eine Leistung jeden geforderten Preis zu bezahlen, solange ihm der Wert der Leistung einen noch höheren Vorteil bei seinen eigenen Kunden verschafft, sollte somit modifiziert werden zu der Aussage, „dass der Kunde bereit ist, sich dauerhaft zu binden, solange ihm die Nutzung der Leistungen eines Lieferanten einen noch höheren Vorteil und eine dauerhafte Bindung bei seinen eigenen Kunden verschafft".

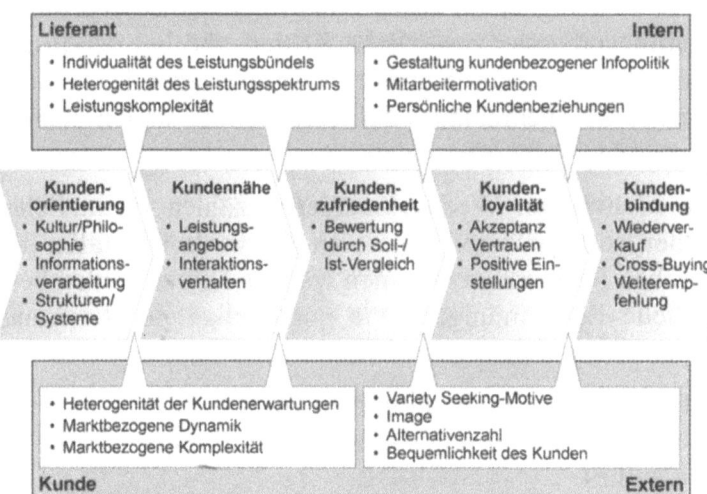

Abb. 1.20 Die Determinanten der Kundenbindung

Wesentliche Determinanten der Kundenbindung sind bestehende Wechselbarrieren, die Attraktivität des Konkurrenzangebotes sowie ein mit „Variety Seeking" umschriebenes Verhaltensmuster von Kunden. Mit Wechselbarrieren sind Hemmnisse verschiedenster Art bezeichnet, die den Anbieterwechsel aus Kundensicht erschweren. Wechselbarrieren können psychischer/sozialer, ökonomischer oder rechtlicher Natur sein.

Psychische und soziale Wechselbarrieren sind beispielsweise gewachsene persönliche Beziehungen, Sympathie, Vertrauen oder das erlebte Risiko eines Wechsels. In diesem Punkt spiegelt sich auch die von Vertriebsmitarbeitern empfundene hohe Bedeutung von persönlichen Kontakten und Beziehungen zwischen ihnen und den Mitarbeitern des Kundenunternehmens wieder.

Ökonomische Wechselbarrieren entstehen z.B. durch die spezifische Anpassung von Maschinen und Werkzeugen des Kunden an die Betriebsmittel des Lieferanten bzw. an seine Produkte. Auch durch spezielle IT-Strukturen (z.B. geschlossene Kommunikationsnetze zwischen Kunde und Lieferant wie das Electronic Data Interchange) und arbeitsteilige Ablaufprozesse (z.B. Logistik- oder gemeinsame Entwicklungsprozesse) werden Barrieren gegen den Wechsel errichtet. Darüber hinaus entstehen auch durch die Suche nach alternativ geeigneten Partnern und folgende Beschaffungs- und Qualifizierungsprozesse zusätzliche Kosten, die bei der Ermittlung des Customer Values vom Kunden in Ansatz gebracht werden müssen. Spezielle Mengenrabatte oder „Treueboni" stellen ebenfalls ökonomische Wechselbarrieren dar.

Zu den **rechtlichen Wechselbarrieren** zählen vertragliche Bindungen oder Bestimmungen bis hin zu Konventionalstrafen (die den ökonomischen Faktoren zuzuordnen wären). Hierzu zählen besondere gesetzliche Bestimmungen, wie notwendige Zertifizierungsvorschriften und Genehmigungsverfahren.

Die **Attraktivität des Konkurrenzangebotes** ergibt sich im direkten Vergleich der Leistungsbündel und des daraus resultierenden Customer Values.

Unter **Variety Seeking** verstehen wir ein Kundenverhalten, das dazu führt, dass mehr oder weniger organisiert nach Alternativen zu bestehenden Lieferanten Ausschau gehalten wird. Das Suchen und Nutzen von verfügbaren Alternativen kann zwei Ursachen haben.

Zum einen kann es rational begründet sein und den Einkaufs- und Beschaffungsrichtlinien des Kundenunternehmens entsprechen, die fordern, sich nicht auf einen Lieferanten zu verlassen, sondern gezielt Zweit- oder Drittquellen zu erschließen.

Zum anderen begegnen wir dem Phänomen, dass Menschen aus einem emotionalen Antrieb heraus nach Abwechslung suchen. Auch im privaten Bereich wird dieses Verhalten praktiziert. Es führt dazu, dass beispielsweise Partner, Automarke, Versicherung oder Bank gewechselt werden.

Ein klärendes Wort noch zu den häufig synonym verwandten Begriffen Kundenloyalität und Kundenbindung. Streng genommen muss zwischen diesen beiden Begriffen unterschieden werden, denn die Loyalität ist die Verhaltensabsicht, z.B. die Wiederkaufsabsicht oder die Weiterempfehlungsabsicht, während die Kundenbindung das tatsächlich praktizierte Verhalten, also den Wiederkauf oder die Weiterempfehlung beschreibt. Daher bildet die Kundenloyalität das Bindeglied zwischen Kundenzufriedenheit und Kundenbindung. Zusammenhang und Wirkungsweise der drei Performance Driver Kundennähe, -zufriedenheit und -bindung veranschaulicht die Grafik.

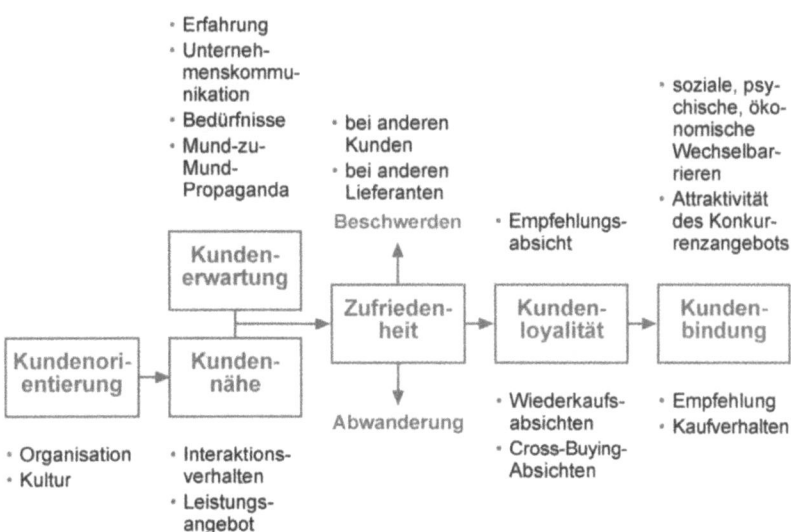

Abb. 1.21 Das Gesamtkonstrukt des Beziehungsprozesses

1.3 Die KPD (Key Performance Driver)

Wir erinnern uns: Zunächst haben wir uns mit der Tatsache beschäftigt, dass die Geschäftsbeziehung zwischen Kunde und Lieferant in zwei Prozessen gestaltet wird: dem Transaktionsprozess und dem Beziehungsprozess.
Die Erfolgsfaktoren des Transaktionsprozesses:

- Die Potenzialkonfiguration
- Die Akquisition
- Die Leistungserstellung

Die Erfolgsfaktoren des Beziehungsprozesses:

- Die Kundennähe
- Die Kundenzufriedenheit
- Die Kundenbindung

Wesentliche Zielsetzung der Customer Equity-Optimierung ist die Steigerung der Produktivität des Markt-Managements und die Verbesserung der „Performance" von Vertrieb und Marketing, aber auch des Unternehmens insgesamt. Um die Performance messbar zu machen, wird das Wissen um die wichtigsten „Treiber", werden die „Key Performance Driver" benötigt.

- Das **Kundenpotenzial** ist das Ergebnis des Potenzialkonfigurationsprozesses. Das theoretisch mögliche, aktuelle und zukünftige Erlöspotenzial, aber auch das qualitative Potenzial (KP) wird in Kennzahlen zusammengefasst.
- Die **Prozessqualität,** ausgedrückt durch die vertriebliche Erfolgsquote (EQ). Die Erfolgsquote im Transaktionsprozess beschreibt das Verhältnis von bearbeiteten Akquisitionsprozessen zu daraus generierten Aufträgen.
- Die **Beziehungsqualität**, gemessen im Customer Asset Index (CAI) als Kennzahl für die Qualität der Kundenbeziehung und bestehenden Bindung und Belastbarkeit des durch Investitionen in die Kundenbeziehung geschaffenen Wertes, des Assets „Kunde".
- Das **Kundenergebnis** (DNCF), das durch den diskontierten Netto-Cashflow aller Perioden beschrieben wird.

Das Kundenpotenzial

Das Kundenpotenzial bezeichnet das gesamte periodisierte potenzielle Auftragsvolumen des Planungszeitraums, das der Lieferant bedienen könnte. Es ergibt sich im Rahmen des Potenzialkonfigurationsprozesses als Schnittmenge des Problemlösungsbedarfes und des Problemlösungsangebotes.

Begrenzung für die Bedienung des Kundenpotenzials bilden die Kompetenzen und Kapazitäten des Lieferanten, denn nur in diesen Grenzen können Leistungen erbracht und Umsätze erzielt werden. Das gesamte Auftragsvolumen, das aus der Schnittmenge hervorgeht, bildet eine weitere Begrenzung.

Die Höhe der kundenbezogenen Einzahlungen einer Periode ergibt sich aus dem Ausschöpfungsgrad des Potenzials und wird durch die transaktionale Erfolgsquote und den relationalen Customer Asset Index bestimmt.

Des weiteren wird das Kundenpotenzial beschrieben durch qualitative Merkmale wie Image, Bekanntheitsgrad, Referenzwert, Chancen des Co-Marketings und Möglichkeiten gemeinsamer Innovationen.

Die Prozessqualität

In der Beschreibung des Transaktionsprozesses wurde die Akquisition in fünf Phasen unterteilt. Jede Phase ist im Rahmen von Kundenprojekten zu durchlaufen. Vertriebsmitarbeiter gestalten die einzelnen Phasen mit unterschiedlichen Aktivitäten, vom Erstbesuch über das Einholen einer Anfrage bis hin zur Angebotsausarbeitung und -verhandlung.

Es liegt in der Natur der Sache, dass dieser Prozess nicht immer und nicht mit jedem Kunden gelingt. Im Laufe des Prozessfortschritts tauchen Hindernisse auf, die nicht immer überwunden werden können und dazu führen, dass in jeder Prozessphase Projekte wieder beendet werden müssen. Produkte und Preise entsprechen nicht den Kundenerwartungen, der Wettbewerb hat in entscheidenden Bereichen die Nase vorn, manchmal fehlt es schlicht an gemeinsamer Wellenlänge zwischen den handelnden Personen.

Der „Verlust" von Vertriebsprojekten führt dazu, dass sowohl die Anzahl als auch der potenzielle Auftragswert von Phase zu Phase abnehmen. Bildet man die Phasen des Akquisitionsprozesses als Trichter ab und ermittelt die „Verlustquoten" von der einen zur anderen Phase, erhält man für den jeweiligen Akquisitionsprozess einen typischen Profilverlauf. Dieser ermöglicht eine Aussage über die Übergangswahrscheinlichkeiten vorhandener Auftragseingangspotenziale in den jeweiligen Phasen. Werden diese Übergangswahrscheinlichkeiten kumuliert, erhält man eine Gesamterfolgsquote (der reziproke Wert wäre die Verlustquote) für den Akquisitionsprozess.

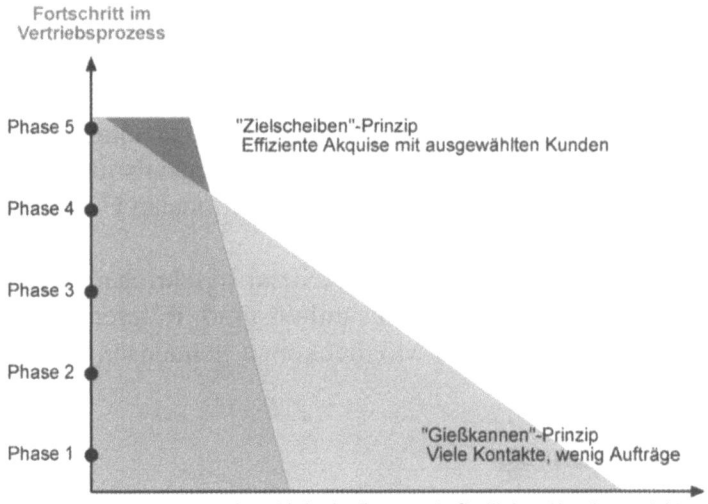

Abb. 1.22 Produktivität im Vertriebsprozess

Voraussetzung für die Ermittlung des „Erfolgs- oder Misserfolgsprofils" im Akquisitionstrichter ist die phasenbezogene Erfassung des aktuellen Status aller Vertriebsprojekte, die sich im Akquisitionsprozess befinden. Unternehmen, die kein Prozesssystem zur Verfügung haben, bestimmen die Erfolgsquote z.B. durch die Ermittlung der Ratio von erstellten Angeboten zu erhaltenen Aufträgen.

Die Beziehungsqualität

Der Customer Asset Index ist die aus dem Beziehungsprozess abgeleitete konsolidierte Kennzahl aus dem Gesamtkonstrukt von Kundennähe, Kundenzufriedenheit und Kundenbindung. Die Kundennähe fließt als Determinante in die Kundenzufriedenheit ein, die ihrerseits eine Vorsteuergröße für die Kundenbindung darstellt.

Der CAI hat eine direkte Auswirkung auf die beim Kunden zu erzielenden Erlöse und Lieferanteile. Der CAI beeinflusst damit zusammen mit der Erfolgsquote und dem Potenzial den zukünftig möglichen Cashflow. Gleichermaßen ist der Customer Asset Index eine Funktionsgleichung, die die Kundenbeziehung gestaltenden Performance Driver dynamisch miteinander verbindet. Er wird in einem Wertebereich zwischen 0 und 1 abgebildet. Die Einfluss-Stärke des jeweiligen Performance Driver ist in der nachstehenden Abbildung durch die Pfeilstärke abgebildet.

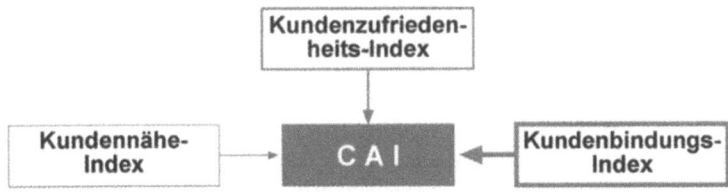

Abb. 1.23 Die Einfluss-Stärke der einzelnen PD auf den CAI

Das Kundenergebnis

Die Cashflow-Berechnung ist inzwischen in vielen Unternehmen geübte Praxis, insbesondere, wie wir später sehen werden, in Unternehmen, die wertbasiertes Management betreiben. Die Ermittlung des kundenbezogenen Cashflows ist dagegen ein noch häufig unbekanntes, bzw. bisher eher selten praktiziertes Verfahren.

Der **Operating Cashflow (OCF)** bildet eine spezifische Ergebniskonstellation ab und stellt die kundenbezogene Erlös-Kosten-Relation dar.

Die Ausgangsgröße zur Berechnung des Cashflows sind die Einzahlungen (Umsätze) aus einer Kundenbeziehung.

Abzuziehen sind Auszahlungen, wie z.B. für Personal, betriebliche Aufwendungen, Investitionen und Steuerzahlungen.

Der verbleibende Restwert wird als Operating Cashflow bezeichnet, der z.B. für die Finanzierung der Erweiterung des Potenzials eingesetzt wird. Zieht man vom Operating Cashflow diese „Investitionen in die Zukunft" ab, erhält man den Netto-Cashflow. Bringt man ggf. erforderliche Zinszahlungen in Ansatz, ergibt sich der Free Cashflow.

Der Netto-Cashflow lässt sich damit als zentrale Größe in der Berechnung des Customer Equity einsetzen.

Zur Berechnung der kundenbezogenen Erfolge bietet sich eine
Kombination aus Deckungsbeitrags- und Prozesskostenrechnung an.

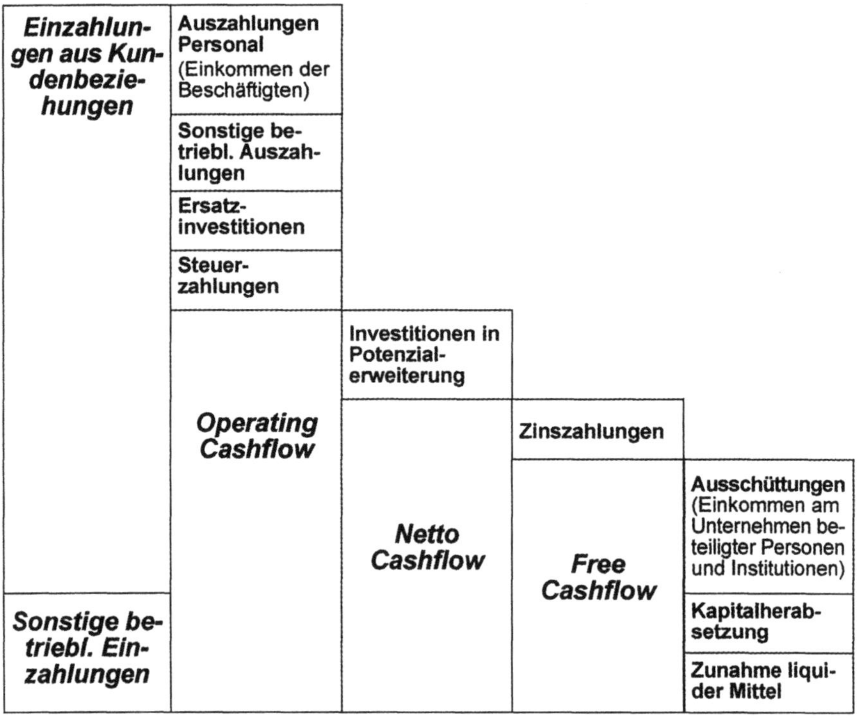

Einzahlun-gen aus Kun-denbezie-hungen	Auszahlungen Personal (Einkommen der Beschäftigten)			
	Sonstige be-triebl. Auszah-lungen			
	Ersatz-investitionen			
	Steuer-zahlungen			
	Operating Cashflow	Investitionen in Potenzial-erweiterung		
		Netto Cashflow	Zinszahlungen	
Sonstige be-triebl. Ein-zahlungen			*Free Cashflow*	Ausschüttungen (Einkommen am Unternehmen be-teiligter Personen und Institutionen)
				Kapitalherab-setzung
				Zunahme liqui-der Mittel

Abb. 1.24 Herkunft und Verwendung des Cashflows

Wie später im Kapitel zum „Werttreiber Kunde" noch ausführlich
behandelt, ermöglicht die kundenbezogene Erfolgsrechnung eine
Differenzierung nach ertragreichen und weniger ertragreichen Kunden. Den Ertragswert einer Kundenbeziehung bestimmen zu können,
ist für das wertbasierte Management eine wichtige Voraussetzung.
Auch ohne die im Customer Equity-Ansatz integrierte Zukunftsperspektive ist die Betrachtung des bisherigen Geschehens eine wichtige und notwendige Analysemöglichkeit.

Um Prognosen momentaner und zukünftig zu erzielender Cashflows zu erstellen, muss zunächst geklärt werden, welcher Zeitraum

betrachtet werden soll. Es ist anzustreben, einen möglichst langen Zeitraum zu wählen, um dem Gedanken einer Ertragswertberechnung über den gesamten Lebenszyklus eines Kunden möglichst nahe zu kommen. Andererseits nimmt die Prognosezuverlässigkeit, zum Beispiel die Ermittlung des Kundenpotenzials, bzw. Auftragsvolumens der kommenden Jahre, bei langen Betrachtungszeiträumen deutlich ab.

Zunächst sollte eine Zweiteilung in einen definierten Planungszeitraum, z.B. zwischen drei und zehn Jahren, und einen sogenannten Restwert vorgenommen werden.

Da eine definierte Unternehmensstrategie für einen begrenzten Zeitraum gilt, erscheint es sinnvoll, den Planungszeitraum mit der Lebensdauer der Strategie gleichzusetzen.

Bis zu ihrem Ende muss der kumulierte und diskontierte Netto-Cashflow die Wertsteigerung abbilden, und alle aus der Strategie entstehenden Erlöse und Kosten müssen in ihr berücksichtigt sein.

Geht man davon aus, dass der Wettbewerb die durch eine erfolgreiche Strategie entstandenen Wettbewerbsvorteile innerhalb der Strategielebensdauer zügig aufholt, wird zum Ende der Lebensdauer die Verzinsung (Wertsteigerung) des eingesetzten Kapitals wieder auf das Niveau der durchschnittlichen Kapitalkosten sinken.

Das bedeutet, dass für den Restwert keine Cashflow-Schwankungen berücksichtigt werden müssen. Es bedeutet aber auch, dass sich Wertsteigerungen nur innerhalb der Lebensdauer einer Strategie realisieren lassen.

Zur Bestimmung des Restwertes stehen zwei alternative Modelle zur Verfügung. Zum einen kann man den Restwert mit einem theoretischen Liquidationswert zum Ende der Strategielebensdauer gleichsetzen. Dies erscheint insbesondere dann sinnvoll, wenn die Strategie durch ein gezieltes Deinvestment und Abschöpfen von in der Vergangenheit erarbeiteten Wettbewerbsvorteilen gekennzeichnet ist. Dieses Verfahren bietet sich aber auch an, wenn man vor sehr instabilen Marktverhältnissen auszugehen hat.

Zum anderen besteht die Möglichkeit, von stabilen Marktverhältnissen am Ende des Planungszeitraums auszugehen und im Sinne einer ewigen Rente einen bestimmten Cashflow für den Restwertzeitraum anzusetzen.

Da die Zukunftsbetrachtung den Planungszeitraum der Strategie umfassen sollte, ist es notwendig, für die jeweiligen periodenbezogenen Cashflow-Forecasts einen Diskontierungszins anzusetzen. Er entspricht den Kapitalkosten der Kundenbeziehung und ergibt sich aus den Rendite-Risikoüberlegungen der Anteilseigner und Führungskräfte. Hier spielt die spezifische Risikosituation von Märkten, aber auch von Kunden eine große Rolle. Auf diesen Punkt werden wir ausführlich im Kapitel zum Risikomanagement eingehen.

Um die Kundenpotenziale zu erschließen bzw. die Cashflows zukünftiger Perioden abzusichern, sind unter Umständen zusätzliche Investitionen nötig.

Unter Investition sind dabei die zukunftsgerichteten Aufwendungen für den Beziehungsprozess zu bezeichnen, während die dem Transaktionsprozess zugeordneten „Auszahlungen" betriebliche Kosten des **Operating** sind. Diese Zuordnung findet sich auch im abgebildeten Customer Equity-Netzwerk wieder.

Investitionen können beispielsweise ein in Kundennähe errichtetes Versandlager, die Einrichtung eines Ersatzteilpools für den Kunden oder die Bevorratung von speziellen, für den Kunden relevante Werkzeuge sein.

Betriebliche Kosten entstehen z.B. durch Kundenbesuche, Angebotskonzepte, Projektentwicklungen. Der Abzug der zukunftsgerichteten Investitionen vom Operating Cashflow führt zum Netto-Cashflow.

Ein weiterer Aspekt macht deutlich, wie wichtig die mehrperiodige, zukunftsorientierte Betrachtung des Customer Equity ist. Häufig treten gewünschte Wirkungen investiver Maßnahmen nicht direkt ein. Wahrscheinlich ist, dass sie erst mit deutlicher Zeitverzögerung positive Resultate erbringen. Umgekehrt haben die Maßnahmen und Aktivitäten aber auch zur Folge, dass sie einen nachlaufenden Effekt haben.

Dies bedeutet, dass nach dem Eintreten des gewünschten Effektes, z.B. einer gesteigerten Kundenzufriedenheit und Einstellung der

Maßnahmen, dennoch für einen längeren Zeitraum die Wirkung „nachhallen" wird.

Dieses Trägheitsmoment, das sich in einem Vorlauf der Investition und einem Nachlauf der Effekte äußert, wird **Carry-Over-Effekt** genannt.

Die Aussagekraft einer nur auf die aktuelle Periode bezogenen Betrachtung des Kundenwertes als Differenz aller kundenbezogenen Ein- und Auszahlungen, ist vor dem Hintergrund des Carry-Over-Effekts nur sehr begrenzt.

Kapitalkosten, Zusatzinvestitionen, Operating Cashflow und Restwert sind die Performance Driver des „Total-Kundenergebnisses".

1.4 Der Customer Equity

Der Customer Equity bestimmt den ökonomischen Wert einer bzw. – bezogen auf den Gesamtkundenmarkt – aller verfügbaren Kundenbeziehungen. Er ist eine zukunftsgerichtete Größe und ermöglicht eine Aussage über die kunden- bzw. marktbezogene Wertentwicklung im Zusammenhang mit der Umsetzung einer Unternehmensstrategie innerhalb eines Planungszeitraums.

Er stellt die Summe aller gegenwärtigen und zukünftigen kundenbezogenen und diskontierten Netto-Cashflows im Planungszeitraum zuzüglich eines Restwertes dar.

Ausgangspunkt der Abschätzung zukünftiger Cashflows im Customer Equity-Modell ist das Kundenpotenzial. Das Kundenpotenzial wird mit dem für den Kunden typischen prozentualen Erlösanteil multipliziert. Ist in der Zukunft zu erwarten, dass er sich verändern wird, ist für jede Periode eine getrennte Ermittlung vorzunehmen. Wie weit sich das ermittelte Cashflow-Potenzial ausschöpfen lässt, wird über die Key Performance Driver Prozessqualität und Beziehungsqualität beeinflusst.

Führt man den Cashflow-Forecast, den Diskontierungssatz und den bereits dargestellten Restwert zusammen, erhält man den Customer Equity. Er bildet zusammen mit den sonstigen Erträgen, dem Wert des Fremdkapitals und dem Wert des nichtbetriebsnotwendigen Vermögens den Shareholder Value. Die direkte Verbindung zum wertbasierten Management, die damit erkennbar wird, werden wir in dem Kapitel „Werttreiber Kunde" vertiefen.

Nachstehend sehen Sie das von Barth/Wille entwickelte Customer Equity-Netzwerk, welches die Analogie zwischen dem Shareholder Value-Netzwerk (s. Kapitel „Value-Management") und dem Customer Equity herstellt.

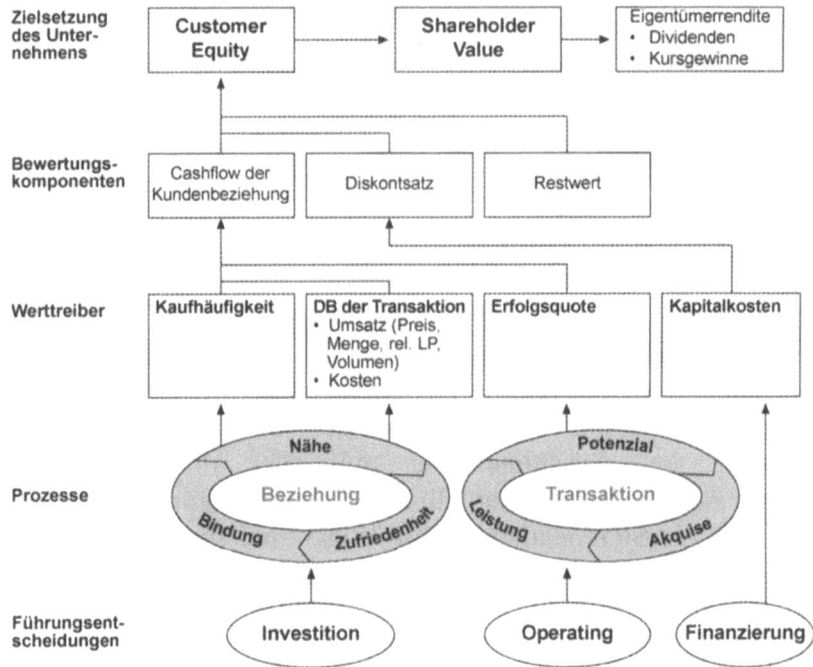

Abb. 1.25 Das CE-Netzwerk im Überblick

In der Abbildung des Customer Equity-Netzwerks wird deutlich, worin die große Gestaltungsmöglichkeit liegt.

Auf der Basis einer Ist-Analyse lassen sich Stärken und Schwächen im Bereich des Transaktionsprozesses und des Beziehungsprozesses ermitteln. Ihre Wirkungen auf den Customer Equity sind direkt nachvollziehbar. Investitionen und Maßnahmen in die Beseitigung einer Schwäche oder Ausbau einer Stärke werden kontrollier- und steuerbar.

In der Analyse sind folgende Fragen zu beantworten:

- Welchen Deskriptoren lassen sich die zu beseitigenden Schwächen zuordnen?
- Was ist zu tun, um sie zu beseitigen?
- Was muss hierfür investiert werden?
- Was bewirkt eine solche Investition bei den PD und den KPD?
- Wie wird sich der Customer Equity verändern?
- Lohnt sich eine solche Investition (steht ihr eine entsprechende Wertsteigerung gegenüber)?

Das dynamische System des Customer Equity bietet damit z.B. für die Szenariotechnik, mit der Handlungsalternativen auf ihren Wirkungsgrad untersucht und Maßnahmen mit dem besten Wirkungsgrad bestimmt werden können, eine wichtige Ausgangsvoraussetzung.

Hätten die Diskutanten auf dem VIP Campus `99 (s. Abb. 1.6, 7) in ihrem Unternehmen das Customer Equity-System nutzen können, wäre der Vertriebsleiter sehr wohl in der Lage gewesen, dem Controller die Frage zu beantworten, wie sich Investitionen in den Vertrieb auszahlen. Auch diejenigen Maßnahmen, die in den Beziehungsprozess fließen, ließen sich bewerten und „rechnen".

2 Von der Strategie zur Aktion: Der Ansatz der Balanced Scorecard

2.1 Vier Perspektiven bringen neue Einsichten

In Balance zu sein, ist „in". Im Gesundheitsbereich boomen Wellnessprogramme, die die „innere Balance" wiederherstellen sollen, und in der Lebensmittelindustrie werden probiotische Produkte mit dem Gütesiegel „ausbalancierte Ernährung" versehen.

Auch die Wirtschaft bleibt nicht davon verschont und sieht sich mit dem Trend „Balanced Scorecard" konfrontiert.

Ausgehend von der allgemein bekannten Weisheit, dass man „auf einem Bein schlecht steht", lobt die Balanced Scorecard gleich den Vierfüßlerstand aus und fordert von den Unternehmensstrategen, zukünftig nicht nur an das liebe Geld, im klassischen Sinne der Betriebswirtschaft, zu denken, sondern drei weitere, für das Unternehmen entscheidende Erfolgsdimensionen zu berücksichtigen.

Die Integration von Kundenperspektive, Prozess- und Potenzialperspektive in das bisher eher finanzorientierte Führungssystem soll sicherstellen, dass Ziele und deren Umsetzungsaktivitäten das Unternehmen auch tatsächlich in allen vier Bereichen sinnvoll und gleichmäßig entwickeln helfen.

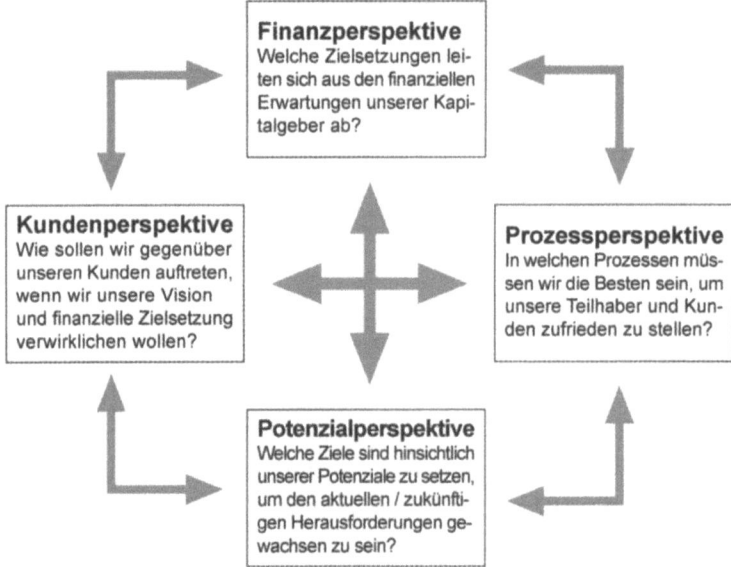

Abb. 2.1 Die vier Perspektiven der Balanced Scorecard

Naturwissenschaftlern kommen diese Überlegungen sehr bekannt vor, denn schon vor über hundert Jahren stand Justus von Liebig vor einem ähnlichen Problem, nämlich den Wuchs einer Getreidepflanze durch eine ausgewogene Düngung nachhaltig zu unterstützen und zu fördern.

Dabei entdeckte von Liebig, dass eine Pflanze neben Wasser vier existentiell notwendige Wuchsstoffe benötigt: Kalium, Natrium, Phosphor und Stickstoff. Fügte man einer Pflanze einen bestimmten Vitalstoff in ausreichender Menge zu, so konnte sie sich solange entwickeln, bis ein Mangel an einem anderen Vitalstoff entstand.

Glich man nun wiederum diesen Mangel aus, entwickelte sich die Pflanze weiter bis zu einem erneuten Mangel etc.

Justus von Liebig wies nach, dass es überhaupt nichts half, bei einer Mangelsituation anstatt des Mangelfaktors einen anderen Vitalstoff im Überfluss anzubieten. Immer war es der Engpassfaktor, der das Wachstum begrenzte.

Mit dieser Entdeckung legte von Liebig den Grundstein für die moderne Landwirtschaft. Die bis dahin vorherrschende Praxis „viel hilft viel", die häufig den Böden und Pflanzen eher schadete, konnte durch eine die Erträge erheblich steigernde, engpassorientierte und damit bedarfsgerechte Düngung ersetzt werden. Zukünftig wurde ein

Boden zunächst auf die vorhandenen beziehungsweise fehlenden Ressourcen untersucht und mit dem typischen Verbrauch einer Pflanzengattung in Beziehung gesetzt, bevor man die Inhaltsstoffe des Düngers in der richtigen Mischung zusammenstellte.

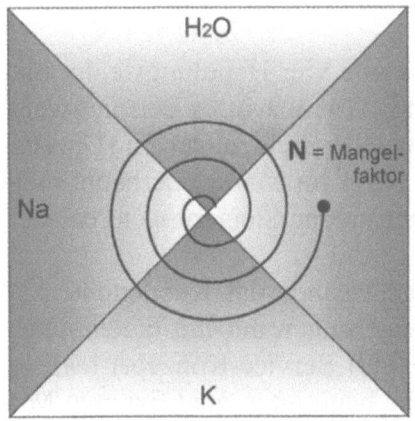
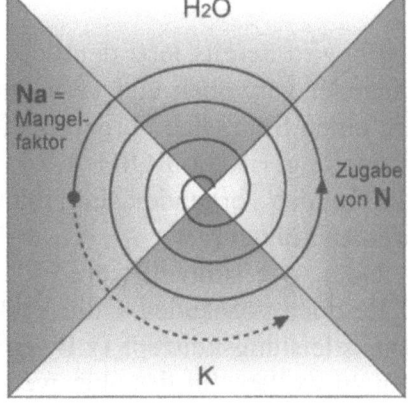

Um das Wachstum eines Organismus an-
zuregen, wird der begrenzende Faktor gesucht, ...

... und dieser dem Organismus zugeführt!

Abb. 2.2 Das durch Engpässe begrenzte Wachstumsverhalten einer Pflanze nach Liebig

Auch der Ansatz der Balanced Scorecard kann dafür sorgen, dass die „Düngung der Pflanze Unternehmen" alle vier „Vitalstoffe" ausgewogen berücksichtigt.

Kaplan und Norton haben nachgewiesen, dass es ausreichend ist, wenn der Fokus eines Unternehmens auf den bereits vorgestellten Handlungsfeldern liegt (Spätere Praxisanwendungen der BSC haben gezeigt, dass es in bestimmten Branchen sinnvoll ist, eine fünfte Perspektive hinzuzufügen bzw. einen Austausch vorzunehmen).

Die vier Perspektiven sind nicht willkürlich gewählt worden. So basiert die „Allianz Unternehmung" auf einer finanziellen Erwartungshaltung von Teilhabern, die dem Unternehmen Kapital zur Verfügung stellen.

Rendite und Wachstum wiederum sind untrennbar verknüpft mit der Fähigkeit des Unternehmens, in einem Markt Kunden von den eigenen Leistungen zu überzeugen und zum Kauf der Produkte – in Konkurrenz zum Wettbewerb – zu bewegen.

Hierzu ist es notwendig, die Kundenanforderungen und -erwartungen so gut wie möglich zu kennen und sich auf sie durch eine geeignete Arbeitsweise und Prozesse, einzustellen. Dabei muss auch darauf geachtet werden, das Reservoir an Potenzialen an die dynamischen Marktveränderungen flexibel anzupassen.

Es wird bereits jetzt deutlich, dass alle vier Handlungsfelder miteinander verwoben und vernetzt sind. Was macht es beispielsweise für einen Sinn, sich ehrgeizige finanzielle Ziele zu setzen (Umsatzsteigerung + x %, ROI + x %, ...), wenn im Markt überhaupt nicht die Kunden vorhanden sind, mit denen solche Steigerungen realisiert werden können?

Oder wie sinnvoll wäre es – angenommen das Kundenpotenzial wäre doch vorhanden – die Erlössteigerungen nur mit einem neuen Dienstleistungskonzept (z.B. einem Full Service-Konzept) realisieren zu wollen, für das aber weder die benötigten qualifizierten Mitarbeiterpotenziale (flächendeckendes Netz von ausgebildeten Serviceingenieuren), noch die notwendigen Ablaufprozesse (z.B. eine 24 Std. Ruf- und Einsatzbereitschaft) bestehen, so dass ein Serviceversprechen dem Kunden gegenüber gar nicht guten Gewissens gegeben werden könnte?

Ziele, die sich ein Unternehmen im Rahmen der Strategieentwicklung setzt, müssen aufgrund dieser Vernetzung in allen vier Perspektiven „punkten" (engl. „scoren"), wenn sie den Qualitätsansprüchen der BSC genügen sollen. Vier Standardfragen, die sich aus den Perspektiven ergeben, sind regelmäßig Ausgangspunkt in der BSC-Arbeitssystematik:

- Finanzperspektive: „Welche Zielsetzungen leiten sich aus den finanziellen Erwartungen unserer Kapitalgeber ab?"
- Kundenperspektive: „Wie sollen wir unseren Kunden gegenüber auftreten, wenn wir unsere Vision und unsere finanzielle Zielsetzung verwirklichen wollen?"
- Prozessperspektive: „In welchen Prozessen müssen wir die Besten sein, um unsere Kunden und Teilhaber zufrieden zu stellen?"

- Potenzialperspektive: „Welche Ziele sind hinsichtlich unserer Potenziale zu setzen, um den aktuellen und zukünftigen Herausforderungen gewachsen zu sein?"

Strategische Ziele, die „ausbalanciert" alle vier Zielebenen abdecken, erscheinen in der Logik der Balanced Scorecard zur Unternehmensentwicklung geeigneter zu sein als Ziele, die „unausgewogen" den einen oder anderen, oder alle Bereiche „zusammenhanglos bedienen".

Es lässt sich daher festhalten, dass ein erstes, wesentliches Merkmal der Balanced Scorecard die **Ausgewogenheit der strategischen Ziele** ist.

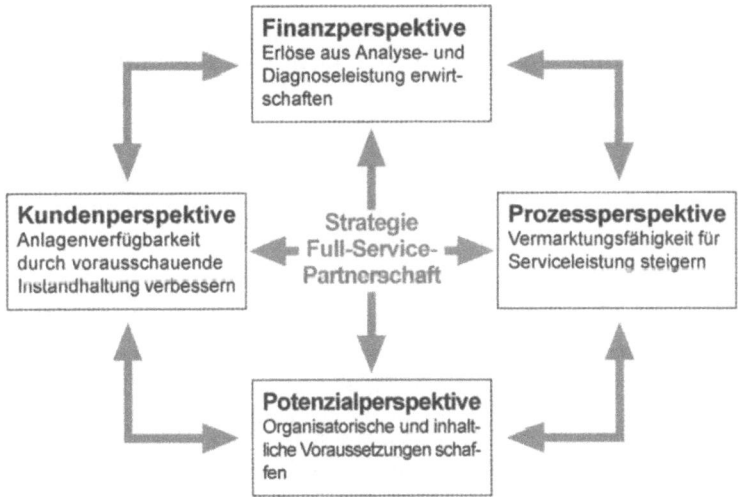

Abb. 2.3 Beispiel für Ziele, die die vier Perspektiven bedienen

Ziele gilt es nicht nur zu finden und zu beschreiben, sondern auch umzusetzen. Dabei kommt der Möglichkeit zur Erfolgskontrolle eine überragende Bedeutung zu. Der häufig gebrauchte Satz „If you can't measure it, you can't manage it", leuchtet zwar jedem ein, zwingt aber dennoch viele Unternehmen in die Knie, wenn es darum geht, für die gesetzten Ziele auch die geeigneten Messgrößen zur Verfügung zu haben, die die Zielerreichung messen und die Ergebnisse anzeigen.

Häufig ist es nämlich so, dass den Unternehmen nichts anderes übrigbleibt, als die heute verfügbaren Kennzahlen- und Reporting-Systeme zu nutzen, weil, bezogen auf die Fragestellung der BSC, andere nicht vorhanden sind, bzw. erst „erfunden" werden müssen.

Kaplan und Norton haben aufgezeigt, dass genau hier ein Circulus vitiosus existiert. Denn konventionelle Kennzahlensysteme decken in der Regel lediglich die Finanzperspektive oder betriebliche Belange, wie z.B. die Messung der Lagerumschlaggeschwindigkeit ab.

Werden sie zur Erfolgskontrolle herangezogen, lassen sich über die verfügbare Sensorik nur die vergangene und gegenwärtige Finanzsituation oder betriebliche Fragestellungen erfassen. Damit entsteht für die Unternehmen ein „blinder Fleck" in den anderen Handlungsfeldern.

Nach dem Motto „Was ich nicht weiß, macht mich nicht heiß", führt die fehlende Sensorik in der Folge zwangsläufig zu nachlassender Aufmerksamkeit für die nicht „erlebbaren" Handlungsfelder. Die Konzentration auf die „betrieblichen Belange" führt wiederum zur Verstärkung der finanzorientierten Zielbeschreibung.

Das Fatale dabei: Die finanziellen Steuergrößen sind diejenigen, die häufig erst am Ende des Prozesses Resultate anzeigen. Bevor eine Erlössteigerung messbar wird, müssen vorlaufende Maßnahmen wie Produktentwicklung, Mitarbeiterqualifikation oder die Erstellung neuer Kommunikationsmittel längst erfolgreich abgeschlossen sein und bereits eine Zeitlang im Kundenmarkt wirken. Die finanziellen Kennzahlen, so wichtig sie sind, sind wegen ihrer Ausrichtung auf das Ergebnis nur bedingt geeignet, auf den Leistungsprozess Einfluss zu nehmen. Folgt man den Gesetzen der Kybernetik, bergen nachlaufende Steuergrößen die Gefahr des permanenten über- oder unterdosierten Nachregelns.

Ein sehr einleuchtendes Beispiel – zunächst für die Schwäche von trägen Sensoren – ist die Temperaturregelung anhand der aktuellen, an einem Thermometer ablesbaren Raumtemperatur. Aktiviert man die Heizung solange, bis sich auf dem Thermometer die gewünschte Raumtemperatur eingestellt hat, drosselt dann die Heizung, wird man erleben, dass die Temperatur durch die nachwirkende Wärmekraft der Heizung kurze Zeit später deutlich über der Zieltemperatur liegt. Öffnet man nun die Fenster, um die zu hohe Temperatur wieder zu senken und wartet mit dem Schließen der Fenster, bis sich die Zieltemperatur eingestellt hat, wird die Temperatur wiederum vom gewünschten Wert abweichen, diesmal allerdings nach unten.

Wenn wir in unserem Beispiel die Zielsetzung, „ein gutes gesundes Raumklima haben" erweitern, wird deutlich, wie fahrlässig es ist, nur mit der Messgröße Raumtemperatur zu arbeiten. Benötigt man zu ihrer Erreichung doch ein Set von Messwerten und Einflussgrößen. Die Luftfeuchte, die Reinheit der Luft, die Art und Weise, wie Luft einem Raum zugeführt wird (turbulent, laminar usw.), die Berücksichtigung von Wärmequellen (PC, Personen, Maschinen etc.) im Raum usw. beeinflussen die Erreichung des Zieles. Die Messung der wesentlichen Einflussgrößen ist notwendige Voraussetzung, um Raumklima zielgerichtet steuern und optimieren zu können.

Ähnlich vergeblich erscheint es, wenn man die Qualität der Kundenbeziehung oder den Ausbildungsstand der Mitarbeiter an der Steigerung des Jahresumsatzes ablesen will.
Um verbesserte Voraussetzungen zu schaffen, sieht die Balanced Scorecard vor, dass zu jedem strategischen Ziel eine geeignete Messgröße definiert wird, die spezifisch die jeweilige Zielperspektive erfasst. Aus dem Verständnis der Balanced Scorecard heraus führt das dazu, dass mit jeder neuen Zieldefinition eine neue Balanced Scorecard entwickelt werden muss.
Die Balanced Scorecard beinhaltet also als zweites wesentliches Merkmal **die Konkretisierung der Übersetzung** von strategischen Zielen in Messgrößen, Zielwerte und Umsetzungsaktivitäten.

Als drittes, herausragendes Merkmal der Balanced Scorecard ist die **Konsistenz und Durchgängigkeit** über die verschiedenen Hierarchie- und Organisationsebenen hinweg hervorzuheben.
Damit greift die Balanced Scorecard an einem weiteren, häufig anzutreffenden Schwachpunkt an, nämlich der Veränderung und Verfremdung von Zielen im Laufe ihrer Umsetzung. Dies gilt insbesondere dann, wenn Ziele Top down, von oben nach unten durch die Hierarchieebenen durchgestellt werden. Die transparente Kommuni-

kation von Zielen ebenso wie die Herstellung von Sinnhaftigkeit und Relevanz für die operativen Einheiten und die Verknüpfung von Unternehmens- und Individualzielen, sind neben der Ausgewogenheit der Ziele, der Konkretisierung der Übersetzung, Hauptaufgaben der Balanced Scorecard.

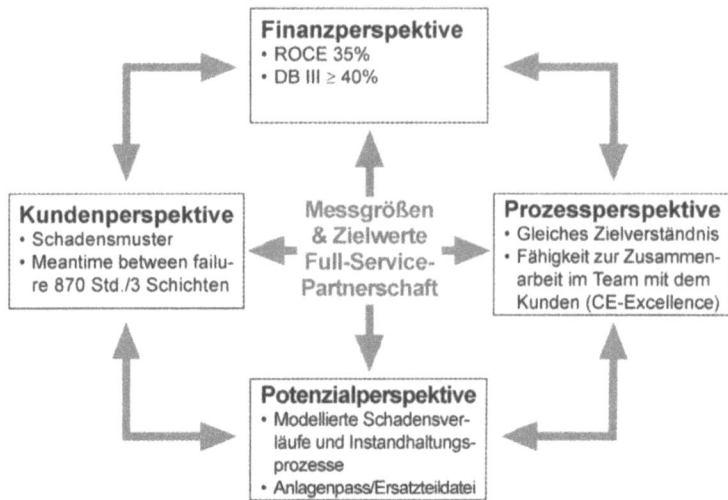

Abb. 2.4 Die Ableitung von Messgrößen und Zielwerten aus einem strategischen Ziel

Als Beispiel soll noch einmal das in den vorstehenden Grafiken vorgestellte Maschinenbau-Unternehmen mit der Strategie eines Full Service-Konzeptes herangezogen werden. Die Geschäftsführung vermittelt in einer Geschäftsleitungsrunde allen Bereichsleitern die grundsätzliche „Marschrichtung". Auch die wichtigsten Aufgaben und Maßnahmen im Sinne von Teilzielen werden den einzelnen Bereichsleitern zugeordnet.

So soll der Vertriebsleiter dafür Sorge tragen, dass seine Außendienstmitarbeiter bei den Kunden entsprechende Vorinformationen einholen und Wissensprofile erstellen, die eine bedarfsorientierte Produktentwicklung ermöglichen.

Die Außendienstmitarbeiter erhalten einen Satz von Formularen, den sie bis zu einem bestimmten Datum bearbeiten sollen. Seit Jahren sind sie jedoch auf den Verkauf von Produkten und Neuanlagen getrimmt worden. Auch das gesamte Provisionssystem ist nach wie vor auf das Neugeschäft ausgerichtet. Daher empfinden die Mitarbeiter das „Papier" als zusätzliche Last, die sie von ihrer eigentlichen Tätigkeit abhält. Sie werden kreativ, um diese unerwünschte Arbeit zu vermeiden, oder ohne großen Aufwand erledigen zu können.

Die Inkonsistenz zwischen Zielen und Messgrößen der Führung einerseits und dem Zielsystem der Vertriebsmitarbeiter andererseits, führte damit zu einer Veränderung und Verfremdung und nachhaltigen Störung und erheblichen Reibungsverlusten bei der Strategieumsetzung.

2.2 Balanced Scorecard – noch nicht zu Ende gedacht?

Die Balanced Scorecard „scheint" attraktiv zu sein, gibt sie doch der Unternehmensführung die Möglichkeit, alle Trümpfe des Unternehmens wie in einem Kartenspiel „auf die Hand zu bekommen und ausspielen zu können".

Die Stärken liegen in der ganzheitlichen Herangehensweise, in ihrem Anspruch, für eine vollständige, geeignete Sensorik zu sorgen sowie in der Vereinfachung des Planungsprozesses von der Strategie zur Aktion.

Dennoch ist Kritik gerade an der bisher praktizierten Umsetzung und dem Einsatz zu üben. Allgemein wird festgestellt, dass die BSC – zumindest was das Markt- und Kundenmanagement betrifft – so wie sie gegenwärtig in Unternehmen eingeführt und genutzt wird, Probleme löst, aber auch zusätzliche neue schafft.

Es kann nicht sinnvoll sein, die zu den strategischen Zielen passenden Sensoren und Messgrößen „am grünen Tisch" im Rahmen von Führungskräfte- und Kreativworkshops zu „kreieren". Diese vermeintlich geeignete Vorgehensweise löst nicht nur großen Aufwand bei der Implementierung aus; es bleiben außerdem bei dieser Vorgehensweise auch Vorgehens- und Verhaltensweisen auf der Arbeitsebene unberücksichtigt. Darüber hinaus werden physiologische Grundlagen der Funktionsweise von Organismen – und darum handelt es sich auch bei Unternehmen – außer Acht gelassen.

Das Customer Equity-Modell ermöglicht die Auflösung dieser Problematik, wie wir sehen werden.

Doch zunächst möchten wir im folgenden Kapitel auf die angesprochenen Grundlagen der Sensorik eingehen, um verständlich zu machen, worin die Krux der Messgrößen besteht.

Lassen Sie sich auf den nächsten Seiten in die Welt der Dendriten und Neurone, der Afferenzen und der Efferenzen und deren Verhaltensweisen und Abläufe entführen!

2.3 Der Natur auf die Finger geschaut

In Medizin und Biologie gehört es zum Allgemeinwissen, dass die **Anatomie** – und damit eine funktionsorientierte Struktur und Morphologie – zwar die Voraussetzung für einen Organismus ist, die **Physiologie**, also der Ablauf von Informations-, Bewegungs- und Stoffwechselprozessen, aber erst den Organismus zum „Leben erweckt".

Um so mehr verwundert es, wenn sich die Wissenschaften, die sich mit anderen „Organismen" beschäftigen, entweder erst sehr spät, nur teilweise oder gar nicht mit diesem längst verfügbaren Wissen befassen und „physiologische" Voraussetzungen für ihre „Organismen" schaffen.

Während sich in der wissenschaftlichen Diskussion über die Organisation der Unternehmung zunehmend solche Erkenntnisse niederschlagen, scheint die Praxis vor dem Fortschritt hermetisch abgeschirmt. Hier bildet der Vertrieb keine Ausnahme. Nein – vielmehr scheint er die stärkste Bastion im Kampf gegen das neue Wissen zu sein.

Grund genug, sich intensiver mit dem interdisziplinären Ansatz einer Analogie von biologischen und wirtschaftlichen Systemen auseinander zu setzen. In diesem Kapitel wird daher die Frage behandelt, wie die Unternehmen von der Natur hinsichtlich der Informations- und Steuerungsprozesse lernen können.

Wie erfolgreich diese Vorgehensweise ist, kann man an der noch jungen, interdisziplinären Fakultät der Bionik studieren, die Biologie und Technik miteinander verbindet. So konnte beispielsweise der Reibungswiderstand von U-Booten auf Tauchfahrt um 30% reduziert werden, weil man die lamellenartige Beschaffenheit der Haihaut zunächst studierte und sie dann imitierte. Weitere Beispiele

sind die Nutzung der von Fledermäusen und Delphinen „erfunde-
nen" Sonartechnik oder die den Insektenbeinen nachempfundene
Fortbewegungstechnik des sechsbeinigen Marssonden-Mobils.

Was macht den lebenden Organismus als Organisationsvorbild für
Unternehmen so attraktiv? Sicherlich zum einen die Fähigkeit, sich
jederzeit seiner Umwelt anpassen, beziehungsweise auf eine plötzli-
che Situation blitzschnell reagieren zu können. Dies setzt nämlich
immerhin voraus, dass alle Subsysteme angemessen und aufeinander
abgestimmt handeln, von der Zielfindung über die Energieversor-
gung bis hin zur motorischen Bewegung. Vergleicht man dies mit
den heute verfügbaren Voraussetzungen vieler Unternehmen, sich
auf veränderte Marktsituationen einstellen zu können, bleibt nur
staunende Bewunderung.

Zweitens ist gerade in Bezug auf Motorik und Bewegung Erstaun-
liches zu vermelden: Nehmen wir nur als Beispiel den einarmigen
Ballwurf, der uns so einfach erscheint und der doch so komplex ist:
Immerhin sind ca. 70 Muskeln daran beteiligt, die Bewegungsstre-
cke umfasst sieben (!) Freiheitsgrade – gute Chancen also, um im
Chaos zu enden. Man stelle sich beispielsweise ein Vertriebsprojekt
mit siebzig Beteiligten und nahezu keiner Einengung der Bewe-
gungsmöglichkeit vor!

Der Mensch schüttelt dagegen eine Lösung sozusagen „aus dem
Ärmel" und kann dabei noch im Handballspiel Gegner, Mitspieler
und Raum mit einbeziehen.

Natürlich geht es im Nachfolgenden nicht darum, einen Medizin-
Crash-Kurs durchzuführen. Dennoch ist es zum Verständnis unumgänglich, sich mit einigen wesentlichen Elementen der Terminologie
vertraut zu machen.

In der Anatomie wird vor allem funktions- und gestaltbezogen
zwischen den einzelnen Organen und ihrem Aufbau differenziert. So
wird beispielsweise der Bewegungsapparat in Knochen, Sehnen,
Bänder und Muskulatur unterschieden. Das Nervensystem beinhaltet
unter anderem das zentrale Nervensystem mit Elementen wie Großhirn, Kleinhirn, Hirnstamm, Rückenmark, Hirnnerven und periphe-
ren Nerven. Die Parallelen zu Unternehmen mit Stabs- und Linien-
funktionen, mit operativen Einheiten und Hierarchien sind leicht
erkennbar.

Die Physiologie wird in die Stoffwechsel-, Bewegungs-, Blut-kreislauf- und Neurophysiologie unterteilt. Also ganz ähnlich wie in Unternehmen in Finanz-, Fertigungs-, Vertriebs-, Logistik-, und Informationsprozesse.

Die nachfolgenden Ausführungen sollen sich auf die Informations- und Steuerungsprozesse beschränken. Die wissenschaftlichen Grundlagen der Physiologie sowie die entsprechenden Grafiken wurden dem Buch „Physiologie des Menschen", herausgegeben von Robert F. Schmidt und Gerhard Thews, entnommen.

2.3.1 Die Informationsübertragung

Der menschliche Körper verfügt über drei wesentliche Ebenen der Informationsweiterleitung und Steuerung von Erfolgsorganen:

Die **Übersetzung von Informationen in elektrische Impulse**, sogenannte Aktionspotenziale an und in den Nervenzellen. Sie ermöglichen schnellste Übertragungsraten, extreme Vernetzung („neuronale Netze") und die Möglichkeit des Einbaus von „Schutzschaltern" sowie von negativen sowie positiven Rückkopplungsbögen.

Die **Materialisierung von Information in chemischen Botenstoffen**, den Hormonen, die über den Blutkreislauf im Körper verteilt werden und an den unterschiedlichsten Erfolgsorganen sehr spezifische Wirkungen erzeugen. Sie zeichnen sich vor allem darin aus, dass sie den gesamten Körper auf eine bestimmte Zielsetzung hin ausrichten. So versetzt das Adrenalin den gesamten Körper in „Alarmbereitschaft", die Sexualhormone schalten um auf Fortpflanzung, die Wachstumshormone organisieren das Körperwachstum.

Die **Überwindung von physischen Grenzen durch „Transmitter"**. Dies sind Moleküle, die Membranen passieren können oder von einer Zelle zur anderen wandern, um die Information entweder 1:1 weiterzuleiten, sie zu löschen, zu verstärken oder gar zu verändern. Transmitter finden sich z.B. an der Schnittstelle von einer Nervenzelle zur anderen, den sogenannten „Synapsen", wo sie helfen, den synaptischen Spalt, die Lücke zwischen der einen und der anderen Zelle zu überwinden.

2.3.2 Von der Sensorik bis zur Wahrnehmung

Von einem Sinnesreiz bis zu einer bewussten Wahrnehmung und Empfindung ist es ein weiter Weg mit vielen „Übersetzungsschritten".

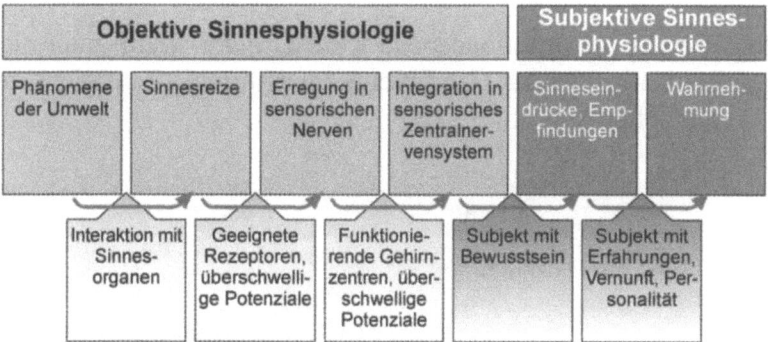

Abb. 2.5 Abbildungsverhältnisse in der Sinnesphysiologie

Die Grafik zeigt die Abbildungsschritte und die hierfür notwendigen Bedingungen. Ausgangspunkt ist dabei immer ein Phänomen der Umwelt, das mit einem Sinnesorgan interagiert, dort an einem geeigneten Rezeptor durch einen spezifischen Sinnesreiz die Erregung sensorischer Nerven auslöst, die dann im Zentralnervensystem integriert werden. Die Summe dieser Schritte bezeichnet man als objektive Sinnesphysiologie.

Ihr folgt die subjektive Sinnesphysiologie, die aus der Aktivierung der Sinneszentren im Gehirn einen Sinneseindruck, daraus eine Sinnesempfindung und schließlich eine Wahrnehmung entwickelt.

Dies soll am Beispiel des visuellen Sinnes veranschaulicht werden. Unser Phänomen in der Umwelt soll ein blauer Himmel mit weißen Kumuluswolken sein.

Unser Sinnesorgan, das solche visuellen Phänomene erkennen soll, ist das Auge. Auf der Netzhaut sitzen entsprechende Rezeptoren, die sich durch verschiedene Lichtqualitäten aktivieren lassen. In diesem Fall ist es „blaues Licht" mit der Wellenlänge von 400 nm.

Es entstehen elektrische Impulse, die über den Sehnerv ins Sehzentrum im Gehirn weitergeleitet werden und dort den Sinneseindruck „blau" entstehen lassen. Aus diesem und weiteren Sinnes-

eindrücken entsteht die Sinnesempfindung: „Ich sehe eine blaue Flä-
che, in die runde, weiße Flächen eingelagert sind".

Der Mensch, das „Subjekt", nimmt in der Regel eine Deutung der
Sinnesempfindungen vor, ordnet sie in Erfahrenes und Erlerntes ein,
und es wird dann aus einer Empfindung eine Wahrnehmung: „Am
Himmel stehen Haufenwolken". Wir nennen dies eine Interpretation
1. Grades.

Eine weitere Abstraktionsebene wäre erreicht, wenn man hieraus
folgenden Schluss zieht: „Und wenn der Himmel so aussieht, bleibt
das Wetter schön".

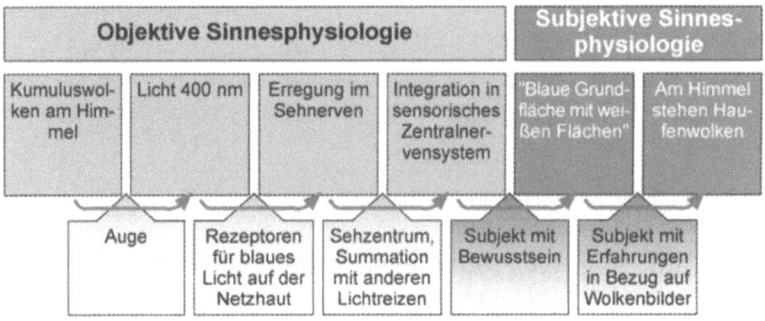

Abb. 2.6 Die Abbildungsverhältnisse am Beispiel „Kumuluswolken"

Wohlgemerkt, all dies ist nur dann möglich, wenn wir ein entspre-
chendes Sinnesorgan besitzen, in dem sich geeignete Rezeptoren für
unterschiedliche Qualitäten befinden, wenn wir funktionierende Gehirnzentren besitzen und das Ganze von einem Subjekt mit Bewusstsein, Erfahrungen, Vernunft und Personalität auch tatsächlich zu einer Wahrnehmung geführt wird. Ein k.o.-Kriterium in diesem
gesamten Prozess sind unterschwellige Erregungen, die in der jeweils folgenden Stufe nichts bewirken würden.

In der Analogie lässt sich auch in Unternehmen eine entsprechende Abbildungskorrelation herstellen. Nehmen wir das „Umweltphä-
nomen", dass der Kunde ein Produkt bestellt. In der gerade vorgestellten Terminologie hieße das, dass der bestellwillige Kunde mit
einem geeigneten Sinnesorgan, z.B. einem Mitarbeiter im Call-
Center, interagieren kann.

Der Rezeptor wäre die Bestellmaske der zentralen Auftragssoft-
ware, die über entsprechende IT-Leitungen die Bestellung in hof-

fentlich funktionierende Gehirnzentren wie Auftragsvorbereitung, Produktion, Logistik und Rechnungswesen weiterleitet, die ihrerseits notwendige Schritte veranlassen.

In einem bewusst denkenden Unternehmen würden nun z.B. durch die Controllingabteilung die Sinneseindrücke: Bestellwert, Kostenpositionen, Produktart, Vertriebsgebiet zu einer Sinnesempfindung zusammengefasst: „Der Kunde XY hat bereits zum zweiten Mal in diesem Jahr das gleiche Produkt bestellt".

Zu einer Wahrnehmung wird das Ganze, wenn man es wie folgt interpretiert: „Der Kunde entwickelt sich zu einem Stammkunden".

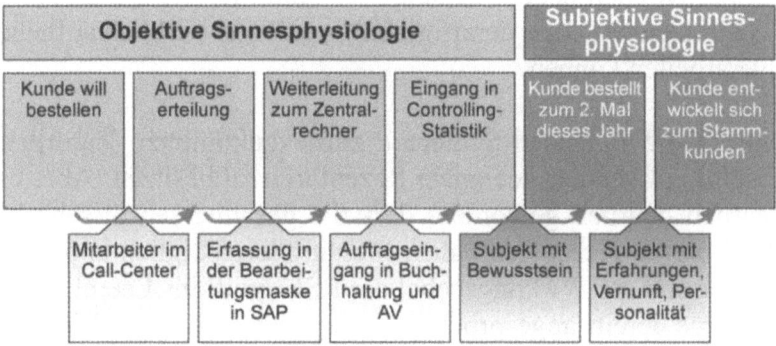

Abb. 2.7 Abbildungsverhältnisse am Beispiel „Auftrag"

Auch hier ist die Voraussetzung, dass es überhaupt ein Sinnesorgan mit entsprechenden Rezeptoren gibt (Call-Center, Mitarbeiter und Programm-Eingabemaske) und dass der vom Kunden ausgegangene Sinnesreiz zu einer überschwelligen Erregung führt, also seine Empfänger in den funktionalen Zentren erreicht. Sonst würde nämlich niemand in der Arbeitsvorbereitung registrieren, dass ein Kunde bestellt hat und für ihn ein Produkt gefertigt werden muss.

Sehr viel schwieriger wird es jedoch, wenn man einmal versucht, bestimmte andere Umweltphänomene zu deklinieren. Wie wäre es denn mit Kundenpotenzialen, sich ändernden Kundenanforderungen, -erwartungen und -bedürfnissen, mit Wettbewerbsaktivitäten und -strategien?

Haben Unternehmen hierfür ebenfalls geeignete Rezeptoren? Und welche Gehirnzentren integrieren eigentlich solche Informationen? Und schließlich sei die Frage erlaubt, welche bewusste Wahrnehmung die Unternehmen für diese Dinge haben? Man endet leider nur allzu oft dabei, dass man lediglich das Sinnesorgan, nämlich den Vertrieb, benennen bzw. Teilbetrachtungen – wie z.B. die offenen Posten, den Auftragsbestand u.a. – anstellen kann. Bereits beim Rezeptor muss man jedoch meist ein Fragezeichen setzen und spätestens bei der Weiterleitung überschwelliger Reize die Segel streichen. Natürlich hat der Vertrieb sein „Ohr" am Markt, nur hört eben – bewusst und organisiert im Sinne der Steuerung von Erfolgsorganen – hinter dem Vertrieb keiner mehr das, was der Markt sagt.

Die Liste frustrierter Vertriebsmitarbeiter, die seitenweise völlig folgenlose Memos und Aktenvermerke über Erkenntnisse aus dem Markt geschrieben haben, ist lang. Wo sind hier die „funktionierenden Gehirnzentren", die derartige Informationen wirklich aufnehmen und verarbeiten können?

Um auf die Balanced Scorecard zurückzukommen: Natürlich ist es absolut notwendig, geeignete Rezeptoren zu besitzen. Aber es ist hoffentlich deutlich geworden, dass die gesamte sensorische Kette „stehen" muss. Ansonsten haben Messgrößen lediglich appellativen Charakter und der Wirkungshebel der BSC greift ins Leere!

Es wurde bereits angesprochen, dass eine bewusste Wahrnehmung nur möglich ist, wenn entsprechende Erfahrungen und Interpretationsmodelle vorhanden sind. Nun soll es darum gehen, wie wichtig in diesem Zusammenhang die sprachliche Differenzierung ist.

Alle gesunden Menschen auf dieser Welt besitzen mehr oder weniger die gleiche Anatomie und Physiologie, auch die des Sehsinnes. Die Fähigkeit zur Wahrnehmung ist jedoch sehr unterschiedlich. So gibt es beispielsweise auf Borneo einen Volksstamm, der in seiner Sprache für die unterschiedlichen Qualitäten von Farbe nur zwei Begriffe kennt: „Farbig" und „Nicht farbig". Obwohl objektiv sinnesphysiologisch zwischen den unterschiedlichen Wellenlängen des Lichtes differenziert werden kann, erreicht diese Differenzierung nicht das Bewusstsein, überwindet also die Hürde zur subjektiven Sinnesphysiologie nicht.

Was für uns selbstverständlich ist, nämlich zwischen Rot und Blau, Hellgrün und Dunkelgrün, ja sogar zwischen Zitronengelb und Goldgelb zu unterscheiden, ist diesen Menschen unbekannt. Für sie ist alles schlicht „farbig".

Die Fähigkeit zur sprachlichen Sinnbildung und Abstraktion ist, wie sich in diesem Beispiel zeigt, eine Voraussetzung, um überhaupt Nuancen in der Umwelt bewusst wahrnehmen zu können.

Es soll uns also nicht wundern, dass Unternehmen, die nur zwischen „farbig" und „nicht farbig" unterscheiden können, in ihren Wahrnehmungsmöglichkeiten bereits stark eingeschränkt sind. So gibt es Unternehmen, die lediglich zwischen Kunden und Nichtkunden, Groß- und Kleinkunden unterscheiden. Auch wer für den vertrieblichen Prozess nur grobe Sprachraster parat hat wie Anbahnung und Abschluss, Umsatz-Plan und Umsatz-Ist, erfolgreich und nicht erfolgreich, tut gut daran, neben den objektiven auch die subjektiven Grundlagen der eigenen Sensorik zu entwickeln!

So gesehen stellt die Balanced Scorecard schon einen großen Fortschritt auf dem Weg zur Fähigkeit zur sprachlichen Sinnbildung dar. Durch die sprachliche Differenzierung in die vier Perspektiven hat sich das Verständnis und die Interpretationsfähigkeit vieler Mitarbeiter, auch aus dem Controlling, gegenüber der reinen Ergebnisbetrachtung verbessert.

Das Dilemma tut sich dann allerdings im zweiten Schritt auf, wenn man feststellt, dass man weder die Sinnesorgane noch die Rezeptoren für die Aufnahme und Verarbeitung der notwendigen Sinneseindrücke besitzt.

2.3.3 Von der Sensorik zur Bewegung

Nach der Betrachtung der Sinnesphysiologie und der afferenten, also zuführenden Informationsprozesse sollen nun die Efferenzen, die ausführenden Informationsprozesse, wie z.B. die Umsetzung von Bewegung untersucht werden.

In dem nachstehenden Schaubild sind der Einfachheit halber alle sensorischen Zuflüsse zusammengefasst. Die wichtigsten Strukturen und ihre Hauptverbindungen sind in der linken Säule angeordnet. Die mittlere Säule betont die bei isolierter Betrachtung herausragenden Leistungen der einzelnen Abschnitte des motorischen Systems, die rechte Säule gibt die Rolle bei der Initiierung und Durchführung einer Bewegung wieder.

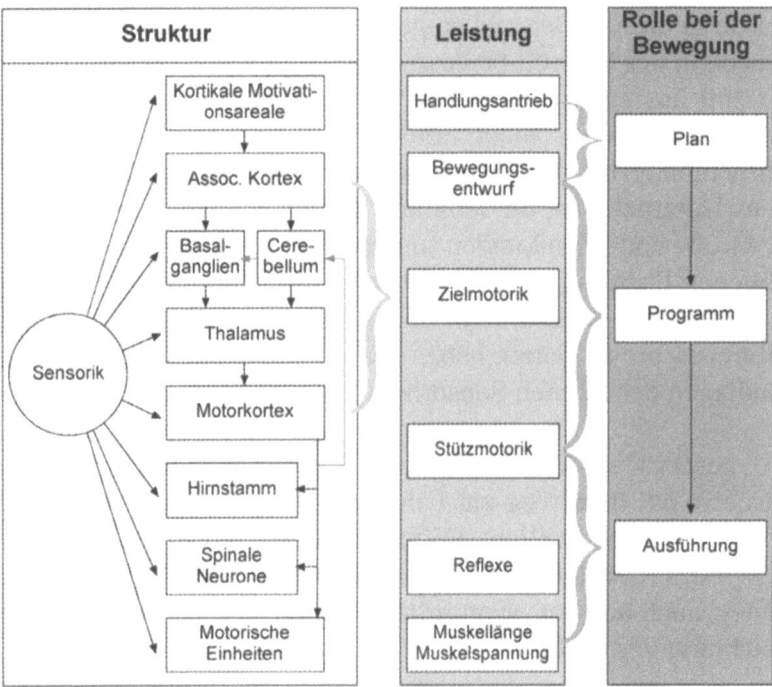

Abb. 2.8 Das motorische System im Überblick

Auffällig ist zunächst einmal die ausgeprägte, hierarchische Organisation der Strukturen. Von der Großhirnrinde, die den Handlungsantrieb liefert, über das Kleinhirn, das ein umfangreiches Archiv an fertigen Bewegungsprogrammen bereithält, bis zum Rückenmark, das die automatisierten Reflexe organisiert und die motorischen Einheiten, die die Muskelkontraktionen initiieren, ist es ein scheinbar weiter Weg, der deutlich im Widerspruch zu Lean-Management-Theorien steht, die den Abbau von Hierarchien fordern.

Was sind die Ursachen dafür, dass die Natur sich für eine derart komplexe Struktur entschieden hat? Zunächst einmal lässt sich ganz banal festhalten, dass sie Spiegelbild der Evolution ist. So sind mit jeder neuen Entwicklungsstufe auch neue Hirnfunktionen und -organe zu- und aufgeschaltet worden. Beispielsweise besitzen unsere Urahnen, die einfachen Kriechtiere, lediglich reflexgesteuerte, autonome motorische Einheiten.

Die Historie kann aber nicht die einzige Ursache sein, denn hätten sich diese Strukturen nicht als sehr effizient erwiesen, hätte die Natur längst für Austausch gesorgt.

Der Schlüssel liegt in der Spezialisierung der Steuerungsfunktion und dem effizienten Umgang mit Ressourcen. Am einfachsten lassen sich die Vorteile erneut am Bewegungsbeispiel des Ballwurfes erläutern.

Das Großhirn erhält aus der Sensorik gezielte Informationen über Raum, Gegner und Mitspieler. Es besitzt ein tieferes Verständnis für den Sinn und Zweck des Handballspiels und kann über ein Ziel wie „Tore werfen, um zu gewinnen" reflektieren. Auf Basis der aktuellen Informationen und anderer kognitiv gesteuerter Überlegungen entwickelt das Großhirn einen Plan, nämlich den Ball zum Mitspieler X zu werfen. Und genau dafür ist es auch konstruiert. Für die Steuerung einer Bewegung ist das Großhirn nämlich viel zu langsam und schwerfällig. Bis das Großhirn eine sinnvolle Bewegung koordiniert hätte, wäre der Ball schon längst aus der Hand gefallen.

Dafür sind das Kleinhirn und der Hirnstamm zuständig. Hier sind unzählige Bewegungsprogramme fertig abgespeichert – sozusagen auf Vorrat und als Ergebnis unserer gesamten individuellen und allgemeinen Lerngeschichte. Meldet das Großhirn eine entsprechende Zielsetzung, stellt das Kleinhirn aus verschiedenen Teilprogrammen die Zielmotorik zusammen, die dann von den motorischen Einheiten exekutiert wird. Dabei wird die gesamte Stützmotorik weitgehend autonom von diesen Einheiten und den spinalen Neuronen verwaltet. Man kann beruhigt den Ball werfen, ohne gleich umzufallen. Das Gleichgewicht balanciert sich am Ort des Geschehens selbst aus.

Mit dieser Arbeitsmethodik und -teilung läuft keines der Organe Gefahr, seine Kernaufgabe zu vernachlässigen.

Überträgt man diese Erkenntnis, lässt sich vor allem eines fordern: Wir benötigen sehr viel mehr als nur die „Großhirn"-Funktion. Ein Repertoire an „Programmen" für eine entsprechende Zielmotorik muss erarbeitet und verfügbar gemacht werden.

Deutlich wird dieses Manko an genau dem Problem, zu dessen Lösung die Balanced Scorecard unter anderem angetreten ist. Geht man davon aus, dass es Unternehmen und Führungskräften nicht an der Kreativität zur Entwicklung neuer Strategien fehlt, liegt das Di-

lemma vielmehr darin, dass es nach der Zielentwicklung an vorge-
fertigten, bereits eingeübten Bewegungsprogrammen fehlt – in der
BSC-Nomenklatur spricht man von strategischen Aktivitäten – die
auch noch fein abgestimmt mit der Sensorik sind.

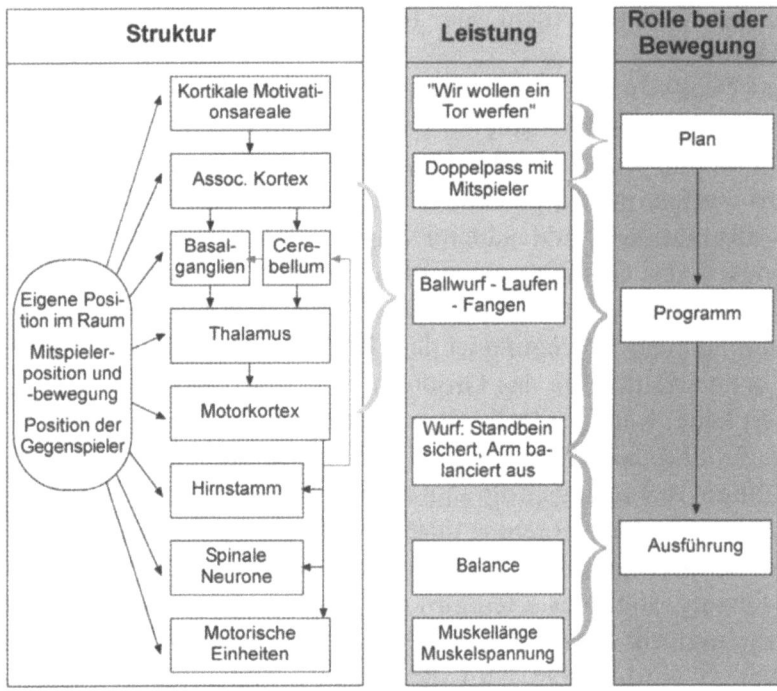

Abb. 2.9 Struktur und Leistung des motorischen Systems am Beispiel „Ballwurf"

Die Vorgehensweise bei der Entwicklung der Balanced Scorecard
stößt allerdings immer wieder auf die Tatsache, dass solche, aufeinander abgestimmte Systeme nicht verfügbar sind. Messgrößen und
Aktivitäten müssen häufig neu entwickelt werden, was zum einen
aufwändig ist, zum anderen meist die Effizienz behindert.

Was ist der Grund dafür? Meistens ein ganz einfacher: Entweder
existieren solche „fertigen", gut sortierten Bewegungsprogramme
gar nicht oder sie existieren, stehen aber für einen bewussten und
organisierten Umgang und Einsatz nicht zur Verfügung.

Es erscheint oft so, als seien zum Beispiel im Vertrieb die zur
Verfügung stehenden „Programme" für die operative, tägliche Ar-
beit nur rudimentär vorhanden. *„Mailing – Besuch – Angebot –
Telefonieren"* ist der variantenlose Klassiker im offiziellen Bewe-

gungsprogramm des Vertriebs. Folglich operieren die motorischen Einheiten, die Vertriebsmitarbeiter, für sich selbst auf der Basis von reflektorischen Bewegungen.

„Großhirne" beklagen sich an dieser Stelle darüber, dass ihre Vertriebsmitarbeiter zu passiv seien, machen ihnen zum Vorwurf, nur auf Ausschreibungen und Anfragen der Kunden zu reagieren. Bleiben wir in unserer Terminologie, könnte man sagen: Wen wundert es, wenn es eine dem Kleinhirn entsprechende Struktur nicht gibt, die produktive, erfolgreiche Programme („Best Practice") abspeichert und den motorischen Einheiten zur Verfügung stellt?

In der nachstehenden Grafik werden die Struktur und Leistung des motorischen Systems „Marktmanagement" am Beispiel Kundenveranstaltung vorgestellt. Der Zusammenhang zwischen Strategieentwicklung und „motorischer" Umsetzung wird in dieser Analogie deutlich.

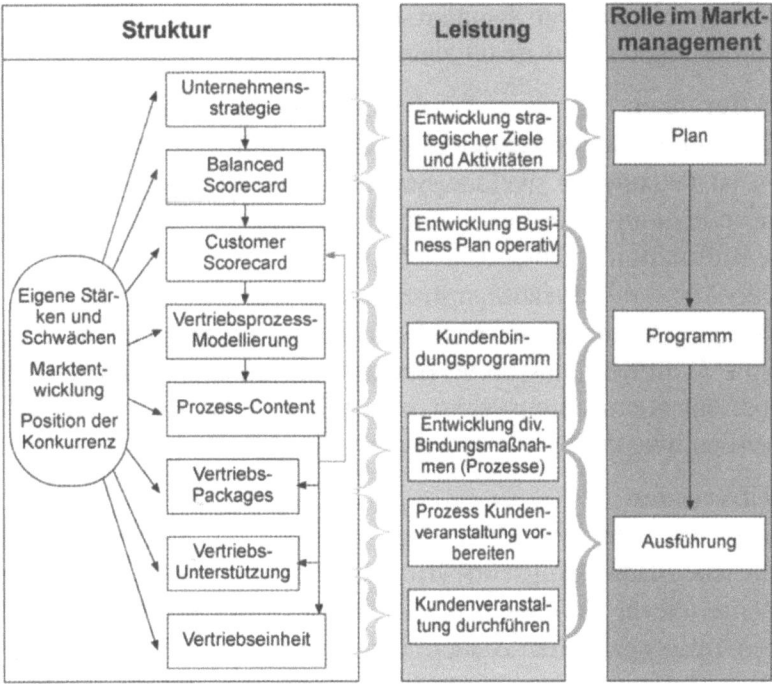

Abb. 2.10 Struktur und Leistung des motorischen Systems „Marktmanagement" am Beispiel „Kundenveranstaltung"

2.3.4 Die Verknüpfung von Sensorik und Motorik

Sensorische Information und motorische Aktion sind stark miteinander verwoben. Für die funktionsgerechte Ausführung von Bewegungen benötigen und erhalten alle an der Motorik beteiligten Strukturen Informationen aus der Peripherie, die ihnen über die jeweilige Körperstellung und die Ausführung der angestrebten Bewegungen Auskunft geben. Zum anderen sind bestimmte Sinnesinformationen zum Beispiel vom Gesichts- und Tastsinn nur unter Einschaltung differenzierter motorischer Akte funktionsgerecht zu erzielen.

2.3.5 Zusammenfassung

Die Natur macht es uns vor – und wir sind gut beraten, Kenntnisse der physiologischen Informations- und Steuerungsprozesse zu nutzen und auf die Beziehungs- und Leistungsprozesse in der Zusammenarbeit mit unseren Kunden zu übertragen! Hier die wichtigsten Anforderungen an die „Kundenorientierte Physiologie":

Die Afferenzen

- Relevante Phänomene der Unternehmensumwelt definieren.
- Es ist festzulegen, welche Sinnesorgane und welche Rezeptoren diese Phänomene erfassen und über welche Reizleitungswege diese Informationen entsprechende „Hirnzentren" erreichen.
- Dabei ist die Vernetzung mit anderen Einheiten zu beachten!
- Der subjektive Erkenntnisprozess ist ein entscheidender Schritt – ohne Wahrnehmung kein Bewusstsein! Deshalb reicht es nicht aus, ein Kennzahlensystem zu implementieren. Es muss geklärt werden, wie daraus die entsprechenden Ableitungen entstehen.

Die Efferenzen

- Aus bewusster Wahrnehmung im gleichen Schritt Handlungsantriebe / Bewegungsentwürfe, also ein Zielsystem, entwickeln.
- Weiterleitung an eine Instanz, die die Zielmotorik aus bestehenden Teilprogrammen zusammenstellen und initiieren kann.
- Diese Teilprogramme sind zu benennen, bzw. zu entwickeln.
- Die motorischen Einheiten müssen weitgehend autonom ihre Stützmotorik verwalten können und diese nur permanent der Zielmotorik angleichen.

Die Sensomotorik

- Afferenz und Efferenz sind so zu synchronisieren, dass ein kontinuierlicher Anpassungsprozess entsteht. Die Zeiten monatlicher Kennzahlenerhebung müssen vorbei sein: Realtime-Prozessdaten und -Motorik müssen State of the art werden.

Die Balanced Scorecard schafft die intellektuellen Voraussetzungen für ein erweitertes Bewusstsein. Allerdings besteht ihre Schwäche darin, nicht auf einer bereits vorhandenen, etablierten, vollständigen Sensomotorik aufsetzen zu können. Dies ist nur bedingt dem Konzept der BSC anzulasten. Vielmehr deckt der Ansatz der BSC nur schonungslos die vorhandenen Schwächen in Unternehmen auf. Besonders schmerzlich wird dieses Manko daher in den Unternehmensbereichen empfunden, die hierin einen besonders großen Nachholbedarf haben – allen voran das Markt-Management. Das CE-Modell bietet die Auflösung der Problematik, denn es genügt nicht nur den Ansprüchen der Sinnesphysiologie; es erfüllt auch in höchstem Maße die Anforderungen und Inhalte der BSC. Mit ihm wird ein konsistentes, sensomotorisches System möglich, das wegen seiner Flexibilität die Umsetzung jeder marktbezogenen Strategie erlaubt.

2.4 CE und BSC – im Duett ein Hochleistungsteam

Erinnern wir uns an die wichtigsten Merkmale der BSC:

- Ausgewogenheit der strategischen Ziele – Bedienung der vier wesentlichen Perspektiven
- Übersetzung strategischer Ziele in geeignete Messgrößen, Zielwerte und strategische Aktivitäten
- Vereinfachung des Planungsprozesses
- Konsistenz über alle Hierarchieebenen

Nachfolgend werden wir darlegen, wie das CE-Modell hervorragend zu diesen Merkmalen und Anforderungen, bezogen auf das Markt-Management passt, und damit der „Partner" der Balanced Scorecard werden kann.

Zunächst sollte man bei der Unternehmens-Scorecard beginnen. Die Empfehlung der Experten ist, die übergeordnete Ebene mit einzelnen „Projekt-Scorecards" für jede Perspektive zu unterlegen. Die

„Customer Equity-Scorecard" ist daher die Projekt-Scorecard der Kundenperspektive der Unternehmens-Scorecard. Wir nennen sie die „Customer Equity-Pyramide" aufgrund ihres besonderen Aufbaus, der nachstehend erläutert wird.

Abb. 2.11 Die Projekt-Scorecard „CE" in der Unternehmens-BSC

2.4.1 Die CE-Pyramide bedient die vier BSC-Perspektiven

Strategische Ziele im Bereich Markt-Management zielen in der Regel darauf, Verkaufsvolumen und -marge zu vergrößern sowie die Beziehungsqualität zu verbessern. Hier ein kleiner Auszug typischer Strategien und Ziele aus der Praxis:

- Bei **Banken / Versicherungen**: „Wir wollen neue Vertriebswege erschließen". Dieses Ziel stellt darauf ab, das Kundenpotenzial zu vergrößern und/oder den Transaktionsprozess zu optimieren. Ist mit dem neuen Vertriebsweg das Internet und die Möglichkeit des eCommerce gemeint, so könnte durch die Senkung der Prozesskosten die Zielsetzung „Marge" hinzugefügt werden.
- Im **Maschinenbau** steht häufig ganz oben auf der Prioritätenliste: „Wir wollen unseren Kunden ein ganzheitliches Servicekonzept bieten". Dieses Ziel stellt auf die Verbesserung der Beziehungsqualität ab. Einmal, um Kundennähe und -zufriedenheit zu erhö-

hen; zum anderen, um die Kundenbindung durch die Erhöhung von Wechselbarrieren zu verstärken.

- In der **Zulieferindustrie** lautet beispielsweise eine Zielsetzung „Wir treiben unser internationales Wachstum voran", die das Kundenpotenzial vergrößern soll, welches wiederum zu einem höheren Verkaufsvolumen führen kann.
- Die **Bauindustrie** schaut auf die Erträge und definiert als Ziel: „Wir sichern unsere kalkulierten Margen durch ein professionelleres Controlling von Verkauf und Projektmanagement", womit die Erhöhung der Marge im Fokus der Zielsetzung steht.

Diese Ziele lassen sich einerseits dem Customer Equity-Modell zuordnen, andererseits aber auch den vier Perspektiven der Balanced Scorecard. Daher war die Überlegung, beide Modelle so zusammenzuführen, dass die Vorzüge beider Modelle synergetisch genutzt werden können. Zwei wesentliche Vorteile sind zu erkennen:

- Das CE-Modell liefert der BSC „vorinstallierte" Messgrößen auf aufeinander aufgebauten Detaillierungsebenen (KPD-PD-D).
- Die BSC liefert dem Markt-Management die Grundlage, sich an Strategieentwicklung/-umsetzung des Unternehmens anzukoppeln.

Die CE-Pyramide ist in die vier Perspektiven der BSC aufgeteilt. Jede BSC-Perspektive bildet ein Dreieck der Pyramide ab. Der Detaillierungsgrad in jedem Dreieck wächst von innen nach außen. Jeder Perspektive, also jedem Dreieck, lassen sich aus dem CE-Modell bestimmte Messgrößen zuordnen. Je nach Detaillierungsgrad auf der Ebene der KPD, der PD oder der Deskriptoren.

Die Spitze der Pyramide – in der zweidimensionalen Darstellung ist es die Mitte – bildet der Customer Equity-Wert. Er ist die konsolidierte Größe des Modells und berücksichtigt die Tatsache, dass die Wertsteigerungszielsetzung („Wie werden wir den Renditeerwartungen unserer Teilhaber und Kapitalgeber gerecht?") Ausgangspunkt der Überlegung ist. Der Customer Equity ist somit die wesentliche Messgröße der Kundenperspektive in der Unternehmens-Scorecard.

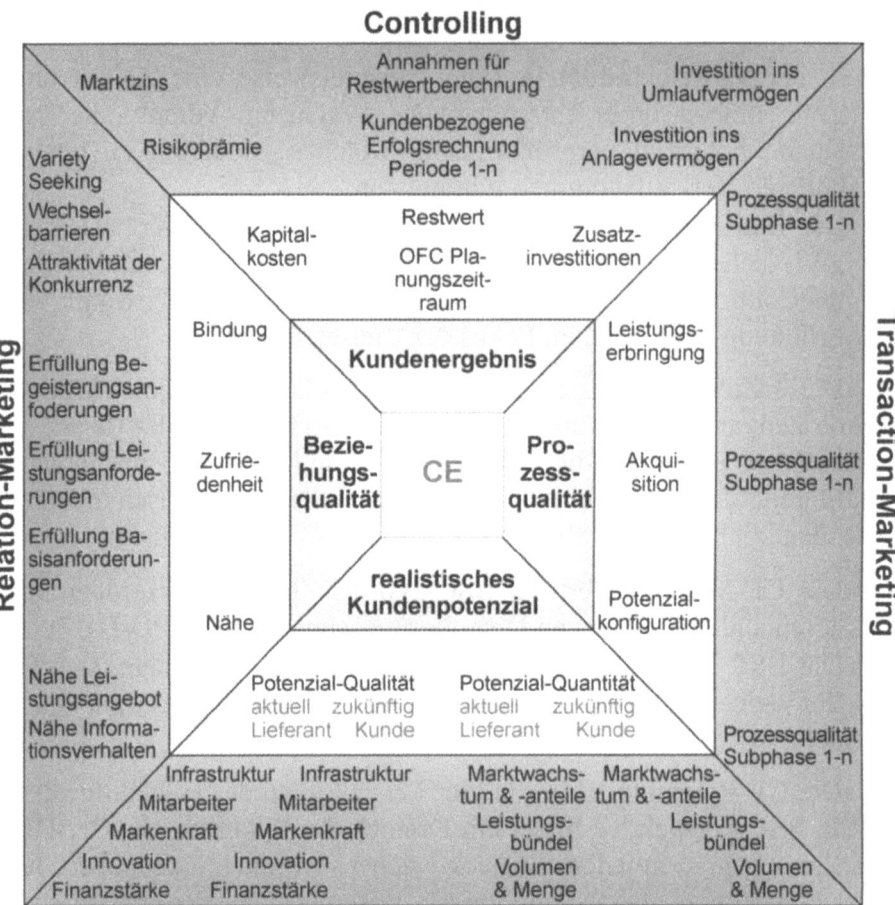

Abb. 2.12 Die Customer Equity-Pyramide im Überblick

Auf den unterschiedlichen Ebenen der Pyramide lassen sich dank der BSC-bezogenen Anordnung Ursache-Wirkungsbeziehungen abbilden und untersuchen. So zeigt die nachstehende Grafik einige solcher Wechselbeziehungen auf der Ebene der Deskriptoren.

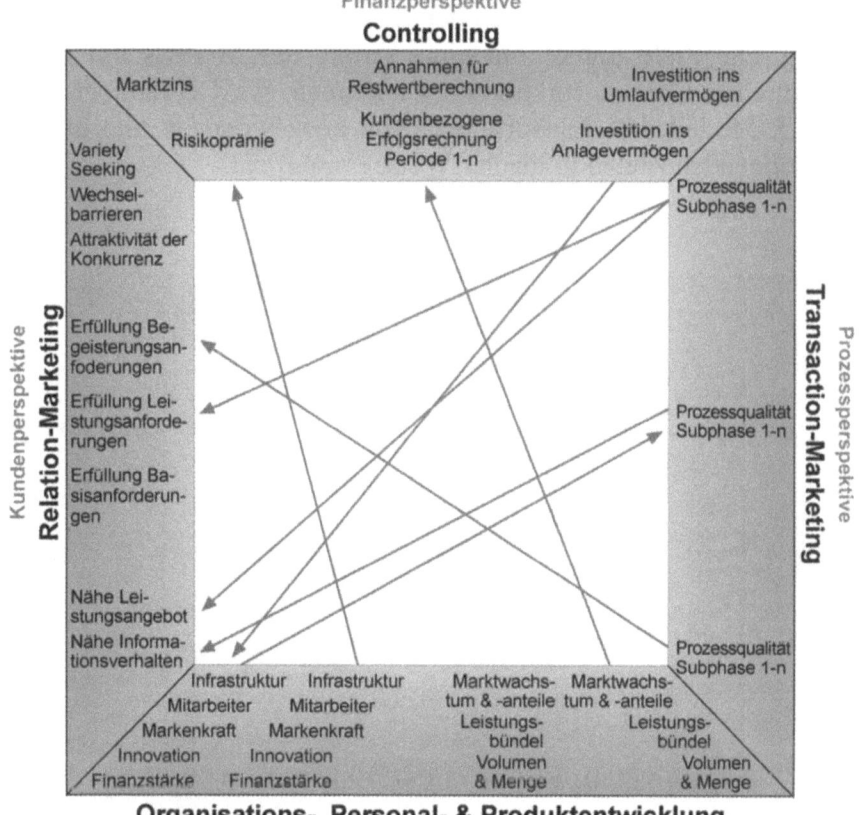

Abb. 2.13 Ursache-Wirkungsbeziehungen zwischen einzelnen Deskriptoren

Ziele können durchaus auf den unterschiedlichen Hierarchieebenen des Customer Equity-Modells angesiedelt sein. Ein sehr allgemeines Ziel, und damit auf der höchsten Ebene gelegen, wäre beispielsweise „die Steigerung des Customer Equity aller Kunden".

Auch auf der Ebene der Key Performance Driver oder der Performance Driver werden Ziele definiert. Ein dieser Ebene zugeordnetes Ziel kann z.B. lauten „Die Kundennähe verbessern". Noch feiner justiert wäre ein Ziel auf der Ebene der Deskriptoren, wenn die Zielsetzung aus dem Bereich der Kundennähe lauten würde: „Änderung des Informationsverhaltens gegenüber dem Kunden".

Wenn nun beide Merkmale des Customer Equity-Modells zusammengeführt werden, nämlich die Zuordnung der vier BSC-

Perspektiven zu allen Faktoren der CE-Ebenen und die Möglichkeit, strategische Ziele immer mit einer Größe des Modells auf unterschiedlichen Ebenen verknüpfen zu können, wird erkennbar, dass das CE-Modell das „Einsortieren" von ausgewogenen und zusammenhängenden Zielen in idealer Weise ermöglicht.

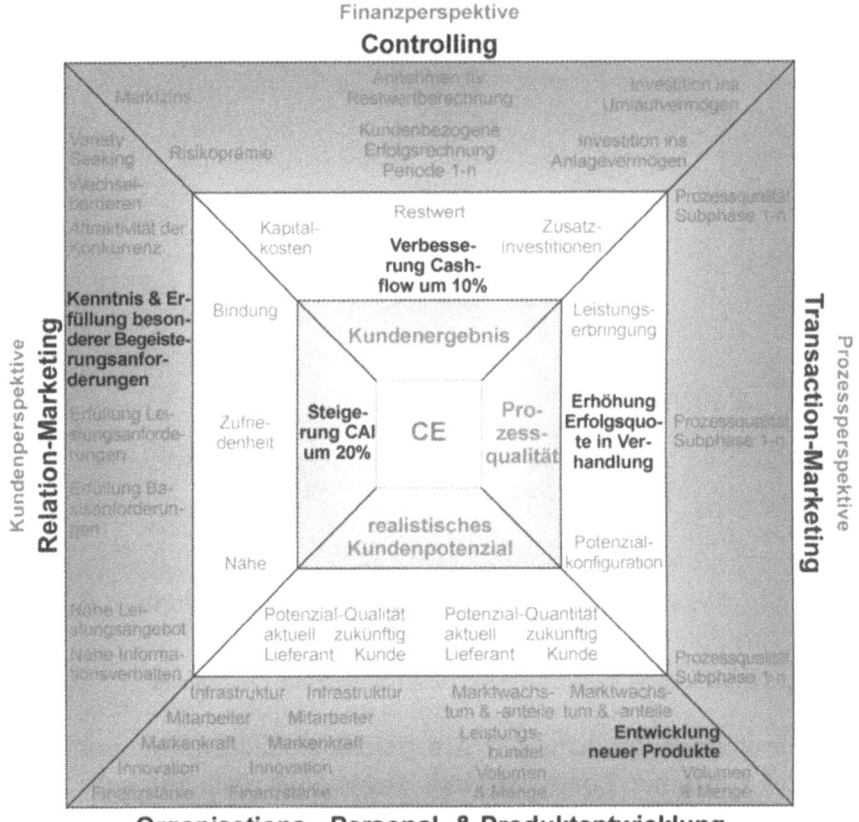

Abb. 2.14 Beispiel für Ziele auf unterschiedlichen Ebenen der CE-Pyramide

Eine Bemerkung zu dem Modell der CE-Pyramide an dieser Stelle. Wir sind uns bewusst, dass dieses Modell keinesfalls „der Weisheit letzter Schluss" ist. Sicherlich wird die betriebswirtschaftliche Forschung, insbesondere die anwendungsorientierte Arbeit, in den nächsten Jahren noch viele Modifikationen vornehmen oder gar mit einem neuen Modell aufwarten. Prof. Barth, der den Customer Equity zu einem Forschungsschwerpunkt der Universität Duisburg gemacht hat, wird in den nächsten Jahren Ergebnisse dieser Arbeiten vorlegen.

Außerdem ist jedes Modell Ergebnis einer gewissen Abstraktion und Vereinfachung. Dies ist immer dann legitim, wenn das Modell einem bestimmten Ziel dient und die Erreichung dieses Zweckes befördert.

So auch die CE-Pyramide. Sie soll jedem im Markt-Management Tätigen helfen, sich im Dschungel möglicher Kennzahlen zurechtzufinden. Mit Hilfe der CE-Pyramide und der Herangehensweise der Customer Equity-Optimierung wird es nicht nur einfacher und zielführender, die Stärken und Schwächen zu erkennen, sondern es wird die Voraussetzung geschaffen, sie im Sinne der Zielsetzung zu beeinflussen.

2.4.2 Die Übersetzung strategischer Ziele in geeignete Messgrößen, Zielwerte und Aktivitäten

Das Customer Equity-Modell liefert zu jedem marktbezogenen strategischen Ziel „vorinstallierte" Messgrößen. Wie dargelegt, lässt sich jedes Ziel einem bestimmten Feld der Customer Equity-Pyramide, welches wiederum einer bestimmten Kennzahl entspricht, zuordnen.

Damit entfällt die bisher notwendige Praxis der recht mühsamen und zeitaufwändigen Entwicklung von Messgrößen weitestgehend. Natürlich kann es Sinn machen, in dem einen oder anderen Fall noch weitere Messgrößen zu nutzen und zu integrieren. Aber als Ausgangsbasis bietet das CE-Modell ein ausgewogenes Messgrößen-System.

Individuell einzustellen sind die anvisierten Zielwerte und die Reaktivität des Systems. Diese hängen von der Ausgangssituation (Ist-Analyse) und dem Vergleich zum Wettbewerb ab.

Grundsätzlich ist es möglich, in die Felder der CE-Pyramide nicht nur vorbereitete Messgrößen, sondern gleichzeitig einen sinnvollen Set von strategischen Aktivitäten zu hinterlegen. Diese vorbereiteten Aktivitäten entsprechen gemachten Erfahrungen oder antizipierten Werten.

Das „lernende Unternehmen" stellt Aktivitäten, die sich als vorteilhaft und erfolgreich erwiesen haben, in das jeweilige Segmentfeld der CE-Pyramide ein und erhöht damit die Sicherheit, dass bei einer ähnlichen oder gleichen Zielsetzung auch tatsächlich diese Lernressourcen zur Verfügung stehen und genutzt werden können.

Im Kapitel „Der Natur auf die Finger geschaut" hatten wir in der Zusammenfassung gefordert, eine Instanz „Kleinhirn" zu schaffen und „Bewegungsprogramme" verfügbar und einsatzbereit zu machen. Wenn wir unter Aktivitäten solche Bewegungsprogramme verstehen, lässt sich feststellen, dass die CE-Pyramide damit der Funktion des Kleinhirns entspricht!

Die Arbeitsweise in dem CE-Modell würde damit exakt den geforderten physiologischen Prozessen in lebenden Organismen entsprechen und damit auch deren entscheidende Vorteile nutzbar machen!

- Vom Zielentwurf im Rahmen der Strategieentwicklung wird ein Segmentfeld der CE-Pyramide angesteuert.
- In diesem Segmentfeld befinden sich eingespielte Strukturen: Zum einen die Messgrößen (die Sensorik), zum anderen erfolgreiche, bewährte strategische Aktivitäten (gelernte Bewegungsprogramme).
- Auf der Ebene der operativen Einheiten wiederum lösen die „gelernten" strategischen Aktivitäten bekannte Verhaltensmuster (Motorik) aus, die zur Umsetzung des Zielentwurfs führen.

Das Arbeiten in der CE-Pyramide erlaubt es auch, organisationales Lernen so zu strukturieren, dass es den physiologischen Lernprozessen entspricht. Zum einen können spontan auftretende Verhaltensänderungen („mal etwas ausprobieren") im Erfolgsfall strategischen Aktionen und Messgrößen zugeordnet und dauerhaft als neue sinnvolle Handlungsweise in das Archiv der Aktivitäten aufgenommen werden.

Zum anderen werden systematisiert initiierte neue Maßnahmen, Deskriptoren oder Verhaltensweisen sofort so hinterlegt, dass sie bei zukünftigen, ähnlichen Aufgabenstellungen abrufbar zur Verfügung stehen.

Im Übrigen wird damit nur nachvollzogen, was auf den finanz- und produktionsbezogenen Ebenen in der Unternehmensentwicklung in den letzten Jahren aufgebaut wurde, bzw. aufgebaut wird.

2.4.3 Die Vereinfachung des Planungsprozesses

Der Einsatz des Customer Equity-Modells erleichtert auch den Planungsprozess innerhalb des Balanced Scorecard-Ansatzes erheblich, und zwar von Beginn an.

Ein wichtiges Element des Planungsprozesses steht dabei ganz am Anfang des Prozesses: die Stärken-Schwächen-Chancen-Risiken-Analyse (SWOT-Analysis).

Da im Customer Equity-Modell nicht nur die Ergebnisse des Beziehungs- und Transaktionsprozesses, sondern auch die Prozesse selbst abgebildet werden, kann eine SWOT-Analyse des Markt-Managements ebenfalls als ein ständig ablaufender Prozess, vergleichbar dem Prozess der Liquiditäts- oder Produktionssteuerung, etabliert werden.

Das CE-Kennzahlensystem wird in die Segmentfelder der CE-Pyramide eingestellt. Entsprechend einfach gestaltet sich dadurch auch die nächste Phase des Planungsprozesses, die Zuordnung zu den einzelnen BSC-Perspektiven, die Entwicklung von Sollgrößen, Zielvorstellungen und Planungsentwurf. Die CE-Pyramide liefert den Ordnungsrahmen und stellt gleichzeitig sicher, dass die BSC-Perspektiven berücksichtigt werden.

Schließlich lässt sich in der Verbindung von Customer Equity und Szenariotechnik auch eine Aussage über die Werthaltigkeit von Maßnahmen und deren zeitliche Dynamik treffen.

Mit dem Customer Equity-Modell werden originäre neue Möglichkeiten der Umsetzung der Balanced Scorecard geschaffen. Diese beginnt mit der Entwicklung von strategischen Zielen, die in der Folge um geeignete Messgrößen, Zielwerte und Aktionen erweitert werden. Um zu den richtigen Strategien zu gelangen, bedarf es der Klärung der strategischen Identität und einer ganzheitlichen Vorgehensweise im Transformationsprozess.

Im Customer Equity-Modell lassen sich Strategieentwicklung und Stärken-Schwächenanalyse nicht mehr zeitlich unabhängig und getrennt voneinander betrachten. Vielmehr liefert das CE-System permanent die Stärken-Schwächen-Analyse, so dass sich Strategien und strategische Ziele einer ständigen Überprüfung, Anpassung oder Transformation unterziehen.

So wichtig die zukunftsorientierte Ausrichtung einer Strategieentwicklung ist, ohne die Basis von Feedback-Strukturen werden Ziele eher „in der Luft hängen bleiben" und nicht zur Bodenhaftung gebracht werden können.

Wie wichtig diese Fähigkeit des Customer Equity-BSC-Ansatzes ist, werden wir im Kapitel Risikomanagement erkennen, wenn es um die Einrichtung eines Frühwarnsystems geht.

Ein Letztes zum Thema Planung: Bei der Beschreibung des Customer Equity-Modells beschäftigte uns im Zusammenhang mit der Cashflow-Berechnung die Frage der Dauer des Planungszeitraumes, in dem alle Cashflows der einzelnen Perioden saldiert werden. Nach Abschluss des Planungszeitraumes war ein Restwert zu definieren, der entweder dem Liquidationswert oder einer „ewigen Rente" entspricht. Zur Bestimmung des Planungszeitraumes hatten wir empfohlen, die Lebensdauer der Unternehmensstrategie zugrunde zu legen.

Da die Balanced Scorecard die explizit definierte Strategie in den Mittelpunkt stellt, arbeiten BSC- und CE-Ansatz sehr harmonisch zusammen.

Die BSC definiert die Unternehmensstrategie und als wichtigen Zielparameter ihre Lebensdauer. Die Beantwortung der Frage: „Welche Lebensdauer räumen wir der Strategie und ihrer Umsetzung ein?" ist im übrigen etwas, was in Projekten häufig vernachlässigt wird. Meist werden lediglich Zeitwerte zur Zielerreichung festgelegt, die allerdings nicht der Lebensdauer einer Strategie entsprechen müssen!

Das Customer Equity-Modell nimmt diesen Zeitwert auf und integriert ihn in die Bestimmung des Restwertes.

2.4.4 Die Konsistenz über alle Ebenen

Die Customer Equity-Pyramide lässt sich auf verschiedene Strukturen anwenden. Zum einen innerhalb des Unternehmens, also von der Geschäftsführung über die Bereichsleitung bis auf die Mitarbeiterebene; zum anderen hinsichtlich des Marktes, vom aggregierten Markt über Kundensegmente bis hin zu den einzelnen Kunden.

Es ist festzuhalten, dass das CE-Modell ein durchgängiges, offenes System ist. So kann sich die Geschäftsführung im CE-Modell vom Customer Equity bis hinunter zur einzelnen Aktivität auf der Prozessebene bewegen wie auch der Mitarbeiter, der einen Kunden betreut, sich die gesamte Kundenbeziehung von den Deskriptoren bis hinauf zum ökonomischen Wert vor Augen führen kann.

Das CE-Modell ist auf jeder Detaillierungs- bzw. Aggregationsebene anwendbar. Ob der CE oder die KPD eines Kunden oder einer ganzen Gruppe angeschaut werden sollen, spielt für die Funktion des Modells keine Rolle.

Allerdings ist die Einschränkung zu machen, dass es das Ziel sein sollte, alle Kunden – zunächst alle größeren – einer einzelnen Bewertung zuzuführen, um den Ertragswert der Kundenbeziehungen bestimmen zu können.

Die Erhebung der Daten auf der untersten Hierarchieebene entspräche der Ebene der Rezeptoren in der Sinnesphysiologie und stellt die notwendige Genauigkeit und Vollständigkeit der Wissensvoraussetzung sicher. Die Verdichtung und Aggregation fördert dagegen die Bildung einer bewussten Wahrnehmung, Analyse, Interpretation und Bewertung.

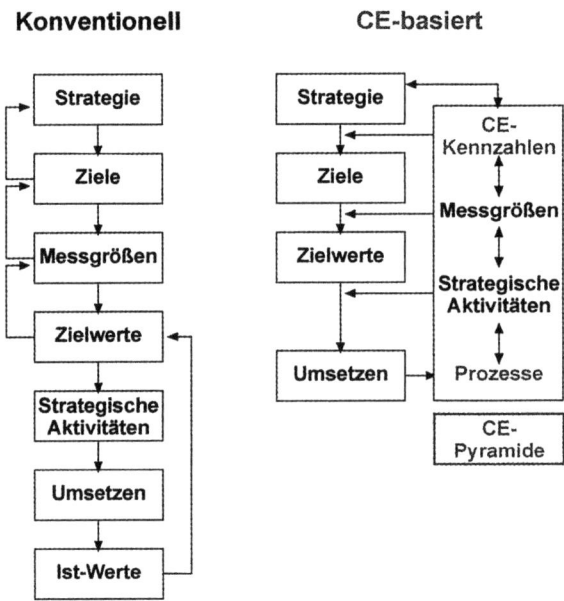

Abb. 2.15 Gegenüberstellung der bisherigen und der neuen Vorgehensweise

2.5 Customer Equity und Balanced Scorecard im Praxis-Einsatz

Ein Unternehmen des Maschinenbaus stellt u.a. Industrieantriebe her. Sie finden ihren Einsatz in vielen Maschinen und Anlagen, z.B. in der Papierindustrie, aber auch in Schienenfahrzeugen.

Das Unternehmen, das im Markt vor allem für die Solidität und Qualität der Aggregate bekannt ist, gerät mehr und mehr unter Margendruck. Und dies an zwei Fronten: Zum einen bei den Neuanlagen, wo gleichwertige Wettbewerber sich mit dem Unternehmen einen harten Verdrängungswettbewerb liefern, zum anderen im Bereich der Instandsetzung. Die Reparatur sorgte in der Vergangenheit nicht nur für eine gute Auslastung der Fertigung, sondern brachte auch auskömmliche Deckungsbeiträge ein. Doch mittlerweile machen gerade in diesem Bereich kleinere Werkstätten und Betriebe vor Ort durch ihre höhere Flexibilität und niedrigere Preise das Leben schwer.

Zwar wird immer noch abfällig von den „Lohnbuden" gesprochen, aber insgeheim ist jedem klar, dass man mit diesen Anbietern nicht mithalten kann. Nur die schwierigen und risikobehafteten Aufträge gehen noch an unseren Maschinenbauer – mit der Folge, dass bei solchen Aufträgen anfallende Mehraufwände und auftretende Fehler natürlich zu Lasten der Deckungsbeiträge gehen.

In den Diskussionen im Rahmen von internen Workshops und Geschäftsleiterrunden wurde ein Ausweg gesucht. Recht schnell war klar, dass eine Lösung die Intensivierung des Serviceangebotes sein könnte. Verstärkt wurde diese Erkenntnis durch die Ergebnisse einer Studie, die deutlich machen, dass Unternehmen zukünftig wesentliche Erträge durch das Dienstleistungsgeschäft generieren werden und dass die Servicekompetenz immer mehr das Merkmal der Wettbewerbsdifferenzierung sein wird.

„Intensivierung des Servicegeschäftes" sollte also die zukünftige Strategie lauten, die alle Unternehmensbereiche unisono befürworteten. Alle bis auf den Bereich Forschung und Entwicklung, der befürchtet, dass Investitionen in das Servicegeschäft in den nächsten Jahren zu Lasten des Entwicklungsbudgets gehen werden. Die Entwicklungsabteilung sah nach wie vor die wesentliche Wettbewerbsdifferenzierung im technologischen Fortschritt und Vorsprung gegenüber der Konkurrenz. Da die Abteilung jedoch erkannte, dass ihre Vorstellungen nicht mehrheitsfähig waren, fügte sie sich notgedrungen in ihr Schicksal, zumal die von Kunden nicht angenommene Entwicklung der digitalen Steuer- und Leittechnik den Entwicklern immer noch vorgehalten wurde.

„Intensivierung des Servicegeschäftes" ist ein weit gefasster, pauschaler Begriff. Welchen Service soll man anbieten? Welches Dienstleistungsspektrum wird überhaupt von den Kunden gewünscht? Welche Voraussetzungen müssten dafür geschaffen werden? Und schließlich: Was lässt sich kurzfristig und was mittelfristig umsetzen? Fragen über Fragen, die nicht nur schnell, sondern vor allem richtig beantwortet werden mussten!

Die Geschäftsführung beschloss, ein Projektteam an die Aufgabe zu setzen, das eine Entscheidung zügig vorbereiten sollte. Als Vorgehensmodell wurde das Customer Equity-Modell in Kombination mit der Balanced Scorecard gewählt.

Ein derartiges Projekt kann in der Regel in vier Phasen ablaufen (vgl. Horvath & Partner „Balanced Scorecard umsetzen"):

1. Es werden die strategischen Ziele überprüft und evtl. modifiziert. Die Qualitätsanforderungen der BSC liefern dafür Orientierung.
2. Im zweiten Stepp werden die organisatorischen und inhaltlichen Voraussetzungen geklärt.
3. Danach wird die Planung der Umsetzung vorgenommen, die Realisierung organisiert. Hier ist die Vernetzung mit anderen Unternehmensprozessen (Vertrieb, Einkauf ...) sicherzustellen. Ein, wie wir es nennen, „Prozessfit" ist vorzubereiten/durchzuführen.
4. Der vierte und letzte Stepp ist die Feedbackschleife zur ersten Phase. Sie sorgt dafür, dass die Zielereichung überprüft werden kann und Optimierungspotenziale, die im Anschluss an eine Umsetzung immer verbleiben, in folgenden Schritten genutzt werden können.

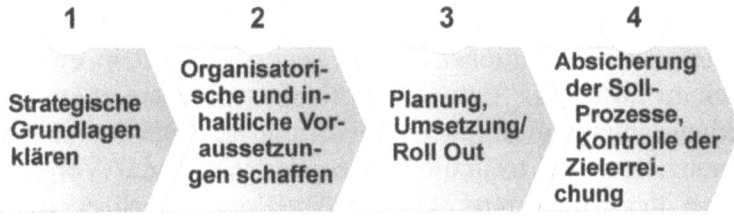

Abb. 2.16 Die vier Phasen der Projektentwicklung eines Servicekonzepts

2.5.1 Stepp 1: Strategische Grundlagen

In einem Brainstorming wurden die Zielvorstellungen der Mitarbeiter zusammenzutragen. Auf dem Papier ergaben sich Antworten wie:

- „Wir müssen eine 24 Stunden-Hotline aufbauen"
- „Wir sollten eine Online-Diagnose anbieten, mit der wir den Anlagenzustand so frühzeitig erfassen, dass wir eine vorbeugende Instandhaltung durchführen können"
- „Ziel muss es sein, wieder eine bessere Marge zu erzielen"
- „Wir Verkäufer wollen mit Serviceleistungen weitere Verkaufsargumente nutzen, um uns vom Wettbewerb abzuheben"
- „Der Service muss eine ausreichende Basisauslastung in der Produktion sicherstellen"

- „Mit Hilfe des Servicekonzeptes streben wir an, mehrjährige Rahmenverträge mit Großkunden abzuschließen"
- „Der Service soll uns Absatzpotenziale für Neuanlagen aufzeigen"

In einem nächsten Schritt wurden diese Ziele in das CE-Zielsystem eingefügt. Diese Vorgehensweise ermöglicht es, festzustellen, auf welcher „Flughöhe" diese Ziele angesiedelt sind und ob sie die Perspektiven der Balanced Scorecard ausgewogen berücksichtigen.

Folgendes Bild ergab sich:

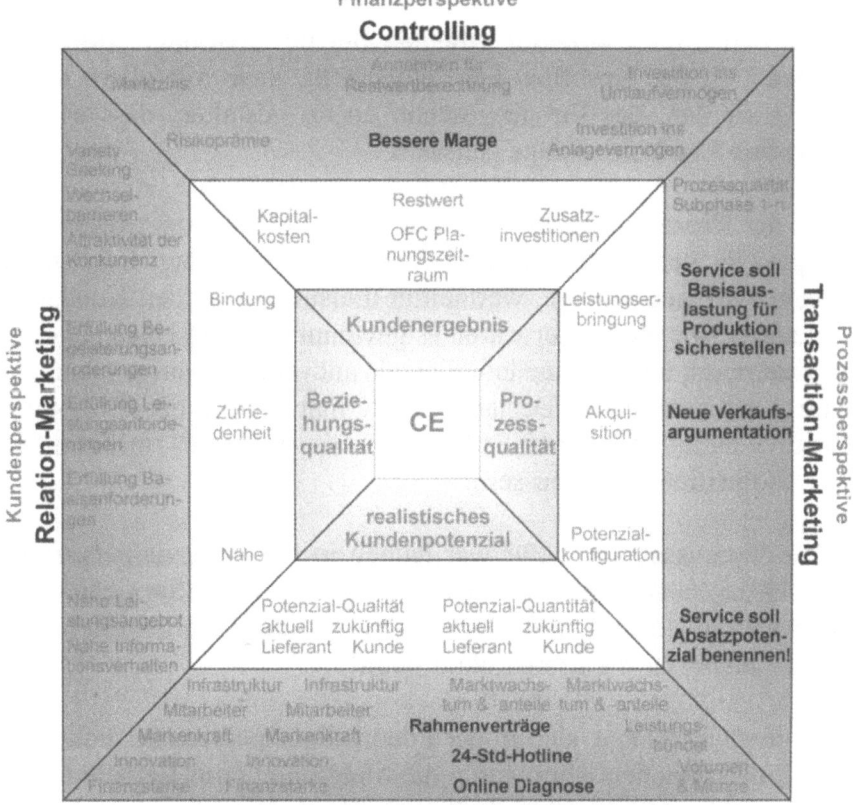

Abb. 2.17 Das Brainstorming-Ergebnis

Für alle war sofort ersichtlich, dass sich die meisten Ziele auf der Ebene der Deskriptoren befanden. Sie hatten bereits Lösungscharakter. Oder anders gesagt: Es waren konkrete Aktivitäten und detaillierte Maßnahmen.

Daher bestand die nächste Aufgabe darin, sich in der CE-Pyramide emporzuarbeiten und auf die nächst höhere Ebene zu gelangen. Die Struktur des CE-Zielsystems hilft, sich schnell und sicher in der Logik bewegen zu können.

In diesem konkreten Fall war die Ebene der Performance Driver die geeignete anzusteuernde Zielebene, um die Ziele zu harmonisieren. Folgende strategische Ziele wurden auf der Ebene der PD herausgearbeitet:

Mit dem Ziel **„Sinkende Margen bei der Instandsetzung auffangen"**, in das Cashflow-Feld eingestellt, kann vor allem darauf gezielt werden, das Servicegeschäft so zu gestalten, dass es nennenswerte Ergebnisbeiträge generiert.

In der Prozessperspektive wurde erkannt, dass der wesentliche Engpass in den unzureichenden Voraussetzungen lag, Serviceleistungen als eigenständige, werthaltige Leistungen an den Kunden zu verkaufen. Die Verkäufer waren es gewohnt, sich auf Neuanlagen zu konzentrieren und Service lediglich als add-on und häufig sogar kostenfrei mit anzubieten. Deshalb einigte man sich in der Prozessperspektive darauf, die „Qualität der Marketingprozesse", insbesondere der Akquisition, zu verbessern.

Die Voraussetzung dafür war jedoch in der Potenzialperspektive zu schaffen, denn **„die Vermarktungsfähigkeit für Serviceleistungen"** war zu steigern, und zwar sowohl was die Mitarbeiterfähigkeiten, als auch was die Infrastruktur betraf.

Außerdem richtete sich in der Potenzialperspektive der Fokus auf die Konzernkunden. Hier waren die Marktanteile im Verhältnis zum Wettbewerb zu gering und die Potenziale der Kunden auf der anderen Seite sehr hoch. Die Erkenntnis, dass der „Brot und Butter"-Service vom Wettbewerb durchgeführt wird und das eigene Unternehmen nur die exotischen ertragsschwachen Aufträge erhält, führte zu dem dritten strategischen Ziel **„Die Konzernkundenpotenziale besser und ertragsreicher ausschöpfen"**.

Der Kundenperspektive wurden zunächst keine Ziele zugeordnet. Es stellte sich heraus, dass die Vorstellung darüber, welche Anforderungen und Erwartungen die Kunden an eine Servicekompetenz haben, sehr uneinheitlich war. Daher wurde vereinbart, die hierfür erforderlichen Grundlagen zu schaffen und eine systematische Bedarfs-Analyse bei den Konzernkunden durchzuführen. Das Ergebnis war eindeutig, nahezu alle Konzernkunden hatten ein zentrales Thema: **„Wie lässt sich die Verfügbarkeit der Anlagen erhöhen, bei gleichzeitiger Senkung der Instandhaltungskosten?"**

Als weiteres, strategisches Ziel wurde diese Fragestellung in das CE-Zielsystem mit aufgenommen. Es wurde deutlich, dass die Lösung dieser Anforderung darauf hinauslief, die Kundenbindung durch eine vertraglich abzusichernde „Verfügbarkeitsgarantie" zu erhöhen. Deshalb lautete das strategische Ziel: **„Erhöhung der Kundenbindung durch eine Verfügbarkeitsgarantie"**.
Auch dieses Ziel fand sich in der Potenzialperspektive wieder, denn es musste ein neues Leistungsbündel, das auch entsprechende Vertragskonstruktionen beinhaltete, geschaffen werden.

Die gewonnene Zielklarheit ermöglichte es, nun in die Detaillierung der notwendigen Aktivitäten einsteigen zu können. Insbesondere die Konsistenz über alle CE-Ebenen und der Konsens über alle Unternehmensbereiche ließen sich besser erreichen und sicherstellen als zu Beginn des Brainstorming, wie der Geschäftsführer am Ende des Workshops resümierte. Besonders deutlich wurden die Wechselwirkungen der einzelnen Ziele untereinander.

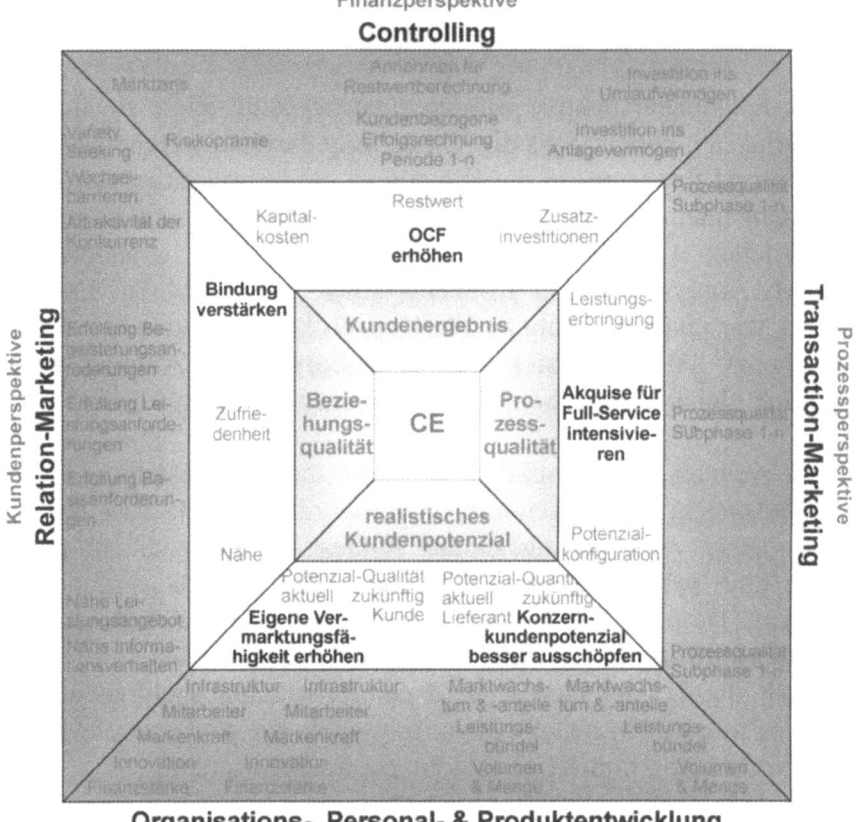

Abb. 2.18 Das Ergebnis der Zielfindung

2.5.2 Stepp 2: Inhaltliche und organisatorische Voraussetzungen schaffen

Um die Realisierung der definierten Ziele zu erreichen, bedurfte es erheblicher Veränderungen im Unternehmen. Stellvertretend sollen hier drei hervorgehoben werden:

Der Ersatzteil-Pool
Um die Kosten der Ersatzteilbeschaffung für die Konzernkunden zu senken, wurde beschlossen, einen Ersatzteilpool einzuführen. Dazu war es notwendig, zunächst bei den Kunden zu erfassen, welche Ersatzteile sich in den einzelnen Werken auf Lager befanden und in

welchen Bereichen eine Über-, in welchen eine Unterversorgung bestand.

Auf der Grundlage einer über Kunden und Werke konsolidierten Ersatzteilpool-Datenbank konnten nun Optimierungsansätze initiiert werden. Das Bemerkenswerte dabei war, dass man in Kauf nahm, zukünftig zunächst weniger Ersatzteile zu verkaufen als in der Vergangenheit. Das Bedarfsvolumen für Ersatzteile sank und es ergaben sich für die Kunden nennenswerte Einsparungen bei vergleichbarer Verfügbarkeit der benötigten Ersatzteile.

Andererseits führte die konsequente Ausrichtung auf den Kundennutzen dazu, dass sich die Kunden einverstanden erklärten, einen Poolvertrag zu unterschreiben. Der Einkauf von Ersatzteilen konnte nun proaktiv in einem kompletten Marktsegment gesteuert werden.

Die Aktivität „Ersatzteil-Pool" trug damit zur Erreichung der Ziele „Kundenbindung durch Verfügbarkeitsgarantie" sowie „höhere Potenzialausschöpfung bei Konzernkunden" wesentlich bei.

Die Online-Diagnostik

Zu wissen, in welchem Qualitätszustand sich ein Antrieb befindet, ist notwendige Voraussetzung für eine geplante und vorbeugende Instandhaltung. In zahlreichen Studien konnte nachgewiesen werden, dass dem gegenüber eine situative Instandhaltung, bei der man wartet bis ein Antrieb „Crash fährt", letztlich zu weit höheren Kosten führt (Produktionsstillstand, improvisierte notfallmäßige Vorgehensweise, fehlende Möglichkeit zu einer effizienten Personaleinsatzplanung etc.). Um dieses Wissen zu erlangen, musste man bisher eine „Vor-Ort-Diagnose" durchführen, in mehr oder weniger regelmäßigen bzw. unregelmäßigen Abständen – immer in der Hoffnung, „zufällig" gerade den richtigen Inspektionsmoment zu erwischen.

Man beschloss daher, die Fähigkeit zu entwickeln, online Antriebe weltweit zu überwachen. Die erforderliche Hard- und Software wurde zusammen mit einem spezialisierten Unternehmen entwickelt und zur Serienreife gebracht. Eine Abteilung wurde aufgebaut, in der erfahrene Diagnosespezialisten zu einem Diagnose- und Analyseteam zusammengeführt wurden. Es entstand ein Diagnosezentrum, dass in der Branche einmalig ist.

Gleichzeitig wurden neue Vertragsmodelle entwickelt, die Online-Diagnostik, Ersatzteilpool und Verfügbarkeitsgarantie zur Übereinstimmung bringen.

Die Beispiele sollen verdeutlichen, welcher Aufwand in der Umsetzung einer Zielvorstellung tatsächlich nötig ist und wie wichtig es ist, dass das, was man tut, ausgewogen und zusammenhängend der Zielerreichung zuarbeitet.

Die Vertriebssystematik
Die eher abschluss- und transaktionsorientierte Vorgehensweise der Vertriebsmitarbeiter schien wenig geeignet, diese Serviceleistungen den Kunden überzeugend vorstellen und das Kundenmanagement von nun an proaktiv betreiben zu können. „Vom Neuanlagen- und Ersatzteilverkäufer zum Servicepartner des Kunden" lautete deswegen die Zielsetzung des hierzu gehörenden Teilprojektes.

Sowohl organisatorische Festlegungen als auch langjährige Verhaltensweisen galt es zu verändern, was dieses Projekt besonders schwierig erscheinen ließ. Die Verkäufer sollten zukünftig in der Lage sein, selbständig die geeigneten Zielkunden für Serviceleistungen zu selektieren, Kundenpotenziale zu ermitteln, umfassendes Kundenwissen aufzubauen und zu dokumentieren sowie ein klares Konzept zur Überzeugungsarbeit im Kundenunternehmen zu entwickeln. Die CEO-Methodenkompetenz zur systematischen Vertriebsarbeit lieferte das notwendige „Korsett" und sinnvolle, effiziente Arbeitstools.

Dies war jedoch nur die „halbe Miete". Viel entscheidender war es, durch die Anwendung in der vertrieblichen Praxis die Mitarbeiter von der Sinnhaftigkeit und den Erfolgspotenzialen der Vertriebssystematik zu überzeugen.
Die Akzeptanz der Mitarbeiter war für den Gesamterfolg dieses Veränderungsprozesses wesentliche Voraussetzung. Daher wurde beschlossen, zunächst mit ausgewählten Kunden den neuen Vertriebsprozess für die Vermarktung von Serviceleistungen im Coaching-Verfahren anzuwenden und einzuüben.

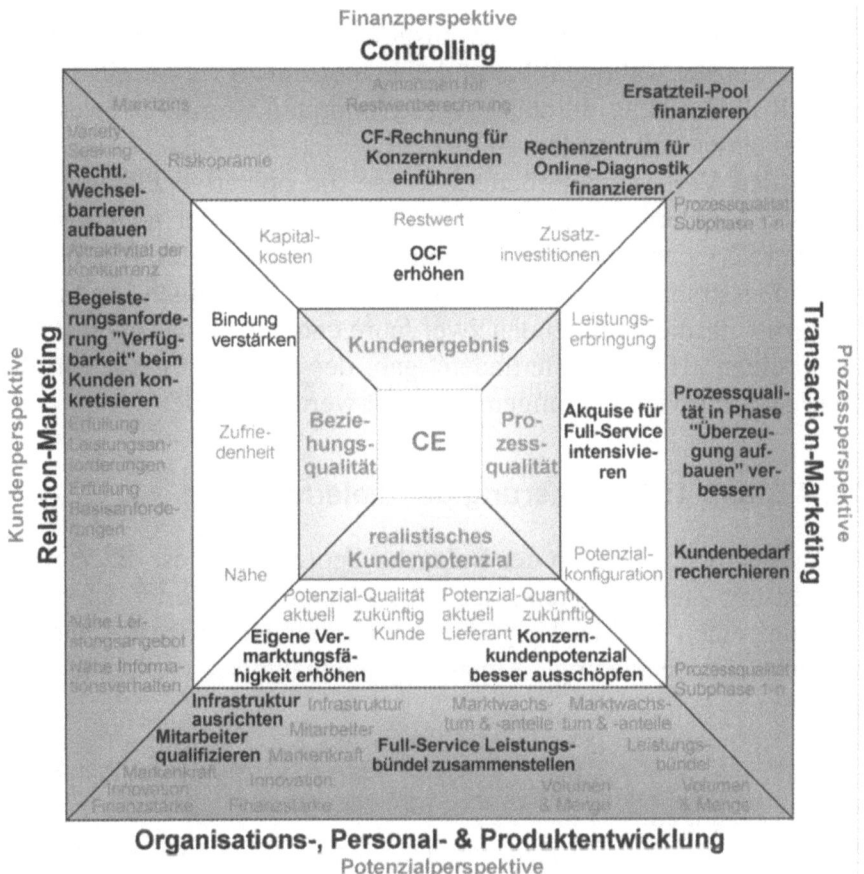

Abb. 2.19 Die Aktivitäten

Auch hier sei noch einmal darauf hingewiesen, wie wichtig die Erkenntnis war, dass die einzelnen Maßnahmen über Ursache-Wirkungsbeziehungen verbunden waren. So mussten in der Potenzialperspektive durch Organisations-, Personal- und Produktentwicklungsmaßnahmen erst die Voraussetzungen geschaffen werden, um durch darauf abgestimmte Prozesse eine verbesserte Kundenbindung und damit letztlich einen verbesserten Cashflow zu erzielen.

2.5.3 Stepp 3: Roll-Out

Die erforderlichen Fähigkeiten und Voraussetzungen zu schaffen, erforderte einen Entwicklungsprozess von mehr als einem Jahr. Um dem gesamten Markt und den ausgewählten Zielkunden das neue Servicekonzept wahrnehmbar und überzeugend zu vermitteln, bedarf es im Roll-Out eines durchgängigen Kommunikationskonzeptes, das parallel entwickelt wurde.

Mit den Vertriebsmitarbeitern wurde die operative Planung, mit welchen Kunden man in welchen Zeiträumen zu der neuen, angestrebten Servicepartnerschaft kommen wollte, erarbeitet. Aus beiden Handlungssträngen wurde schließlich ein Zeit-, Mengen- und Aktionsgerüst für die kommenden zwei Jahre entwickelt, das allen Beteiligten einen „Handlungsleitfaden" gab, der gleichzeitig auch in die jährlichen Zielvereinbarungen integriert werden konnte.

2.5.4 Stepp 4: Absicherung der Zielerreichung

Ein wesentliches Prinzip der Balanced Scorecard ist es, die Zielsetzungen mit Zielparametern, den Messgrößen und Werten zu versehen, um einen Soll-Ist-Vergleich im Umsetzungsprozess sicherzustellen und rechtzeitig Anpassungsmaßnahmen vornehmen zu können.

Das Customer Equity-Zielsystem bietet die dafür notwendigen Voraussetzungen.

Zum einen wird viel Zeit gespart, da dass CE-Zielsystem bereits „vorinstallierte" Messgrößen besitzt, die sich sofort überprüfen lassen. Zum anderen lässt sich jederzeit der Erfolg in Bezug auf die Steigerung des Unternehmenswertes durch den Customer Equity feststellen.

Außerdem lassen sich alle anderen operativen Aktivitäten, wie z.B. das bisherige Vertriebsgeschäft mit Neuanlagen oder mit Kunden die den Service nicht in Anspruch nahmen, oder denen man diesen Service gar nicht zur Verfügung stellen will, in die Gesamtsystematik integrieren. Es wird also nur ein Berichtswesen und Controlling benötigt. Der großen Gefahr, zusätzlich zu dem „normalen" Controlling ein weiteres für die Balanced Scorecard aufzubauen, wurde damit begegnet.

Dies lässt noch einen weiteren Aspekt in den Vordergrund treten, der erst durch das Customer Equity-System erkennbar wird.

Die Vertriebsmitarbeiter, die ja vor allem gefordert werden, anders als bisher zu arbeiten, können ihre Aufwendungen nun konkret den einzelnen Kunden zuordnen. Ihr Interesse wächst zu erfahren, mit welchen Kunden sie lohnende Geschäfte, auch Servicegeschäfte machen, und mit welchen nicht. Ihre selbständige unternehmerische Handlungsweise wird kontinuierlich zunehmen.

Ein Vertriebsmitarbeiter formuliert das so: „Früher war ich damit beschäftigt, Umsatzplanzahlen zu erfüllen. ‚Wem kann ich noch etwas verkaufen, um mein Jahresziel zu erreichen?' war meine wichtigste Frage. Das führte häufig zu purem Aktionismus, der letztendlich dem Unternehmen sogar geschadet hat. Jetzt steht mir nicht nur mit den Serviceleistungen eine viel größere Bandbreite von Leistungen zur Verfügung, sondern darüber hinaus plane ich mit und für den Kunden viel weiter in die Zukunft. Jetzt frage ich mich: ‚Was muss ich tun, um mit dem Kunden eine langfristige Partnerschaft aufzubauen?'. Mir kommen alleine durch diese Frage bessere und kreativere Ideen als früher. Das Customer Equity-Zielsystem ermöglicht es mir, differenzierter und in vielfältigeren Kategorien zu denken – z.B. im Beziehungsprozess zwischen Kundenähe und Kundenbindung unterscheiden zu können – und liefert mir gleichzeitig eine präzise Diagnose, wo ich im Moment stehe, und wo und wie ich die Kundenbeziehung noch verbessern kann."

Der Effekt der verbesserten Selbststeuerung, ohne das Gesamtziel aus den Augen zu verlieren, ist für die Mitarbeiter und die Geschäftsführung, die in ihrer täglichen Führungsarbeit entlastet wird, ein echter Zugewinn!

3 Der Customer Equity als zentraler Erfolgsfaktor des Value-Managements

Die Verwandtschaft von Customer Equity und Shareholder Value ist naheliegend, denn offensichtlich hat ja der Ertragswert der Kundenbeziehungen eines Unternehmens einen überragenden Einfluss auf den Ertragswert des Unternehmens.

Während sich jedoch der Shareholder Value Ansatz, von Alfred Rappaport vorangetrieben, in den vergangenen Jahren von einem „interessanten" Ansatz zum „common sense" der Unternehmensführung entwickelt hat, wendet sich erst jetzt die Aufmerksamkeit des Managements dem Wertsteigerungs-Prinzip in der Marktbearbeitung und damit dem Customer Equity zu. Dies wird in den Ergebnissen einer Ploenzke-Studie deutlich, wonach 45% der Unternehmen, die sich mit der Weiterentwicklung des Markt-Managements beschäftigen, den „Customer Lifetime Value" berücksichtigen wollen.

Drei wesentliche Erfahrungen tragen hierzu bei:

Der Shareholder Value Ansatz verlangt neben der Vergangenheits- und Gegenwartsbetrachtung auch die Bestimmung zukünftiger Umsätze und die Abschätzung der voraussehbaren Dauer der durch die Kundenbeziehungen generierbaren Erlöse. Dabei haben sich Prognosedauer und -zuverlässigkeit als die wohl kritischsten Faktoren bei der Ermittlung des Shareholder Values erwiesen. Wie wir später sehen werden, ist beispielsweise der Einsatz einer auf den Vergangenheitswerten basierenden pauschalen „jährlichen Umsatzsteigerung" vor dem Hintergrund sich immer schneller wandelnder Märkte nur noch bedingt geeignet, um für eine Berechnung des Unternehmenswertes herangezogen werden zu können. Auf welcher Grundlage zukünftige Umsatz- und Ergebnisentwicklungen prognostiziert werden, ist also weitergehender als bisher zu klären.

Bisher wurde der Shareholder Value-Ansatz im Wesentlichen als ein Instrument der Unternehmensbewertung und Strategiewahl genutzt. Mittels Szenario-Berechnungen konnte eine Unternehmung oder eine mögliche Unternehmensstrategie auf ihre Werthaltigkeit überprüft und damit eine Vergleichsbasis für Handlungsalternativen geschaffen werden. Mittlerweile haben Unternehmen auch ein gro-ßes Interesse daran, die Zielsetzung zur Steigerung des Unterneh-menswertes in der Unternehmenskultur auf allen Ebenen zu veran-kern. Damit verbunden ist allerdings auch die Aufgabe, den operativen Einheiten, den Menschen an der Basis, nicht nur den An-satz verständlich zu machen, sondern ihnen auch handfeste Hilfen zur Realisierung auf der jeweiligen Verantwortungs- und Aufgaben-ebene zu geben sowie den Nutzen für die praktische Arbeit jedes Einzelnen aufzuzeigen. So hilft es einem Vertriebsverantwortlichen wenig, zu wissen, dass auf der Unternehmensebene der Shareholder Value zu steigern ist, wenn er nicht für sich und seine Arbeit die ei-genen Einfluss- und Gestaltungsmöglichkeiten kennt und beherrscht.

Von Beginn an wird der Shareholder Value-Ansatz von kritischen Diskussionen begleitet. Ihm wird zum Vorwurf gemacht, ausschließ-lich die Eigentümerrendite zum „Maß aller Dinge" zu erheben, dabei die Kundenorientierung bzw. den Customer Value und die Mitarbei-terorientierung zu vernachlässigen. Zwar werden die Vertreter des Shareholder Value Ansatzes nicht müde zu behaupten, dass der Wert der Mitarbeiter und die Wettbewerbsdifferenzierung durch einen ü-berragenden Kundennutzen die Grundlage, ja die Voraussetzung für eine Wertsteigerung des Unternehmens seien. Doch die beispiels-weise in der konkreten Strategieumsetzung auftretenden Konflikte zwischen „Kosten senken" und „Kundenbindung steigern" lassen sich mit allgemeinen Betrachtungen nicht auflösen.

Benötigt wird auch auf Markt- und Kundenebene ein belastbares Wertermittlungs-, Führungs- und Organisationssystem, das Ent-scheidungen, Maßnahmen und Aktivitäten vorbereiten und rational nachvollziehbar durchführen und steuern hilft.

Der Customer Equity-Ansatz nimmt den Werttreiber Kunde ins Visier und führt das wertbasierte Management bis auf die operative Prozessebene. Damit erweitert er grundlegend den Shareholder Va-lue Ansatz um ein in sich vollständiges wertbasiertes Marktmana-gement-Modell. Um zu verstehen, wie Customer Equity und Unternehmenswert bzw. der Wert des Unternehmens für die Anteilseigner zusammenhängen, ist es sinnvoll, sich den Ansatz des Shareholder Values vor Augen zu führen. Wir beziehen uns dabei vor allem auf die von Alfred Rappaport geschaffenen Grundlagen.

3.1 Die Unzulänglichkeit des traditionellen Rechnungswesens

Interessanterweise war für Rappaport, wie auch für Norton und Kaplan, bei der Entwicklung der Balanced Scorecard die Unzulänglichkeit des klassischen Berichtswesens und herkömmlicher Kennzahlensysteme eine wesentliche Triebfeder für die Entwicklung eines neuen Managementansatzes. Allerdings blieb Rappaport zunächst vornehmlich innerhalb der finanzorientierten Perspektive – um in der Sprache der Balanced Scorecard zu bleiben – denn sein Fokus war die Ermittlung eines Erfolgskennzahlensystems, das die Eigentümerrendite in den Mittelpunkt stellt.

Ansatzpunkt seiner Kritik war das traditionelle Rechnungswesen, das seiner Meinung nach nur ungeeignete Methoden zur Bewertung des Unternehmenserfolges zur Verfügung stellt.

Eine wesentliche Kennzahl im Rechnungswesen ist der Begriff des Gewinns. Er wird von Analysten, Kapitalgebern, Aufsichtsräten und Unternehmensführung in den Mittelpunkt der Betrachtung gestellt, da er als wesentliches Indiz für Erfolg oder Misserfolg gilt. Welche Folgen eine Gewinnwarnung für den Aktienwert hat, lässt sich täglich in der Zeitung nachlesen. Der Gewinn wiederum ist Ausgangspunkt für andere Kennzahlen, wie z.B. den EPS, den Gewinn pro Aktie, oder den ROI, der Gewinn und Investitionen in Beziehung setzt.

Fünf „Mängel" sind es, die den Gewinn als alleiniges Maß des Unternehmenswertes ungeeignet erscheinen lassen:

Verwendung alternativer Bewertungsverfahren
Es gibt unterschiedliche Verfahren zur Bewertung von Lagerbeständen. Investitionen werden ebenfalls unterschiedlich abgeschrieben. Es werden dafür regelmäßig neue Bewertungsvorschriften erlassen. Sie sorgen dafür, dass sich Gewinne in ihrer

Höhe verändern, ja sogar in Verluste umkehren können, ohne dass der Cashflow und damit der ökonomische Unternehmenswert davon beeinflusst werden muss.

Ausschluss bzw. die Nichterfassung von Risiken
Das Risiko ist eine entscheidende Dimension unternehmerischen Handelns, wie wir im folgenden Kapitel noch darlegen werden. Risiken sollten ebenso wie Chancen in ihrer Größe, ihrem Wirkungsgrad und ihrer Wahrscheinlichkeit bestimmt werden. Geschäftsrisiken oder finanzielle Risiken können Entscheidungen für oder gegen eine bestimmte Strategie wesentlich beeinflussen.

Grundsätzlich gilt, dass der Risikotragende einen Ausgleich für die Übernahme des Risikos fordern wird, eine sogenannte Risikoprämie. Dies ist ebenso Grundlage bei der Ermittlung einer Versicherungsprämie wie auch für die Beurteilung und Ermittlung eines Risikozuschlages auf den „normalen" Zinssatz eines Kapital- oder Kreditgebers. Im „operativen Gewinnkonzept" ist jedoch die Erfassung des Risikos nicht vorgesehen.

Dies vor allem deshalb, weil das Rechnungswesen zum Ziel hat, Kosten und Erlöse und Aufwendungen und Erträge gegenüberzustellen. Risiken der Vergangenheit und Gegenwart sind entweder nicht eingetreten oder haben bereits Auswirkungen gehabt. Daher sind sie im periodisch angelegten Rechnungswesen nicht relevant.

Will man einen Unternehmenswert aber auf Sicht und mit einer Zukunftsperspektive bestimmen, wäre die Ermittlung und Integration des bewerteten Risikos unerlässlich und notwendig.

Ausschluss bzw. Nichtbeurteilung von Investitionen
Wie wichtig, notwendig oder überflüssig eine Investition für das Unternehmen und seinen Wert ist, ist ebenfalls nicht Gegenstand der engeren Gewinnermittlung. Ob eine Deinvestitionspolitik dauerhaft den Unternehmenswert zerstört, lässt sich nicht am Gewinn ablesen. Auch laufend getätigte Investitionen sind in Form von Abschreibungen zunächst immer gewinnmindernd – obwohl sie die Grundlage zukünftiger Gewinne sind, bzw. sein sollten.

Dividendenpolitik bleibt unberücksichtigt
Angenommen, Gewinn wäre tatsächlich der ausschließlich geeignete Maßstab für die Beurteilung des Unternehmenswertes. Dann müsste folgerichtig Gewinnmaximierung das Streben des Mana-

gements sein. Spätestens aber im Zusammenhang mit der Dividendenpolitik zeigt sich ein Konflikt. Das Management müsste dann nämlich konsequenterweise dauerhaft jede Dividendenauszahlung minimieren oder ausschließen, solange mit den für die Dividendenauszahlung vorgesehenen Geldmitteln Investitionen getätigt werden können, deren Rentabilität positiv, also gewinnsteigernd wäre. Eine solche Vorgehensweise wäre jedoch auf Dauer dem Unternehmenswert nicht förderlich, denn schon bald könnte der Marktwert der Anteilsscheine deutlich fallen.

Vernachlässigung des Zeitwertes des Geldes
Die Gewinnermittlung ignoriert auch den Zeitwert des Geldes. Berechnungen, die auf die Zukunft abzielen, müssen jedoch den Wertverlust des Geldes in kommenden Jahren berücksichtigen und ausgleichen. Ebenso müssen zukunftsorientierte Wertermittlungen berücksichtigen, dass ein heute einsetzbarer Geldbetrag durch eine erneute Anlage „mehr Wert" ist als ein zukünftig anfallender Geldbetrag.

Konsequenz einer solchen Mängelbetrachtung muss es sein, den Unternehmenswert nicht nur am Gewinn, sondern vielmehr an der Summe der diskontierten Cashflows eines Betrachtungszeitraums zu orientieren. Dies erscheint vor allem deswegen sinnvoll zu sein, weil der Diskontsatz die Möglichkeit bietet, Risikoprämien und marktübliche Renditeerwartungen mit zu berücksichtigen. Der Cashflow als Kennzahl der verfügbaren Zahlungsmittel gibt Aufschluss darüber, wie die Ansprüche von Fremdkapitalgebern und Eigentümern berücksichtigt werden können.

3.2 Zusammenspiel von Kapitalkosten und Cashflow im Shareholder Value-Ansatz

Nach Rappaport wird im Shareholder Value-Ansatz der ökonomische Wert einer Investition geschätzt, indem die prognostizierten Cashflows mittels des Kapitalkostensatzes diskontiert werden. Dabei wird im allgemeinen zwischen den diskontierten Cashflows während des Prognosezeitraums und einem Residualwert für die gesamte Zeit nach der Prognoseperiode unterschieden. Dies macht vor allem deswegen Sinn, weil die Fähigkeit in die Zukunft zu schauen nur begrenzt ist (Prognoseperiode) und das Unternehmen im Anschluss an den Prognosezeitraum immer noch einen Wert haben dürfte (Residualwert). Auf diese Problematik sind wir bereits im Kapitel zum Customer Equity-Modell eingegangen.

3.2.1 Schätzung des Cashflows

Der zukünftige Cashflow lässt sich danach durch die Zusammenführung der wesentlichen Werttreiber berechnen. Die wesentlichen Werttreiber sind:

- Umsatz des Vorjahres
- Wachstumsrate des Umsatzes
- Betriebliche Gewinnmarge
- Cash-Gewinnsteuersatz
- Zusatzinvestitionen ins Anlagevermögen
- Zusatzinvestitionen ins Umlaufvermögen
- Dauer der Wertsteigerung (Betrachtungszeitraum)

Der Cashflow für jede Periode des Betrachtungszeitraumes lässt sich nach folgender Formel berechnen:

> Cashflow = Einzahlungen - Auszahlungen = [(Umsatz Vorjahr)(1 + Wachstumsrate Umsatz) (betr. Gewinnmarge) (1-Cash-Gewinnsteuersatz)] - (Zusatzinvestitionen Anlagevermögen + Zusatzinvestitionen Umlaufvermögen)

Den Prozess der Ermittlung des Shareholder Values verdeutlicht folgendes Beispiel. Es handelt sich um ein Unternehmen, das im Vorjahr 6 Mrd. € Umsatz erzielt hat und im Rahmen einer vierjährigen Marktstrategie und Investitionen von 150 Mio. € in die Produktentwicklung die Wertentwicklung des Unternehmens beurteilen möchte. Der Einfachheit halber sollen die Investitionen im 1. Jahr erfolgen und die Prognosewerte über vier Jahre konstant bleiben.

Umsatz des Vorjahres	6000 Mio. €
Wachstumsrate des Umsatzes (bei Anwendung der Strategie)	10%
Betriebliche Gewinnmarge	10%
Cash-Gewinnsteuersatz	50%
Zusatzinvestitionsrate ins Anlagevermögen	15%
Zusatzinvestitionsrate ins Umlaufvermögen	10%

Einzahlungen =	[(6000 Mio. €)(1 + 0,1) (0,1) (0,5]	= 330 Mio. €
Auszahlungen =	[(600 Mio. €)(0,15) +(600 Mio. €)(0,1)]	= 150 Mio. €
Cashflow Jahr 1 =	Einzahlung - Auszahlung	= 180 Mio. €

Nun sollen die Cashflows des Beispiels für die folgenden drei Jahre ermittelt werden – immer mittels der genannten Prognosewerte. Dabei legen wir wieder zugrunde, dass die Zusatzinvestition nur im ersten Jahr erfolgt, der Cashflow also den Einzahlungen entspricht.

Cashflow Jahr 2 =	[(6600 Mio. €)(1 + 0,1) (0,1) (0,5]	= 363,00 Mio. €
Cashflow Jahr 3 =	[(7260 Mio. €)(1 + 0,1) (0,1) (0,5]	= 399,30 Mio. €
Cashflow Jahr 4 =	[(7986 Mio. €)(1 + 0,1) (0,1) (0,5]	= 439,23 Mio. €
Vorjahr	300 Mio. €	
Jahr 1	180 Mio. €	Jahr 3	400 Mio. €
Jahr 2	363 Mio. €	Jahr 4	440 Mio. €

3.2.2 Schätzung der Kapitalkosten

Der Kapitalkostensatz dient dazu, zukünftige Cashflows zu diskontieren und damit auf ihren Gegenwartswert zu reduzieren. Er setzt sich zusammen aus dem gewichteten Mittel der Kosten von Fremd- und Eigenkapital.

Die Fremdkapitalkosten sind relativ einfach zu ermitteln, da in der Regel ein fester Zins- und Tilgungssatz mit dem Kreditgeber vereinbart wird. Da die Zinsen steuerlich abzugsfähig sind, entspricht die Rendite, die auf das Fremdkapital erzielt werden muss, den Fremdkapitalkosten nach Steuern.

Die Ermittlung der Eigenkapitalkosten ist weit schwieriger. In der Regel wird nämlich mit den Eigentümern keine feste Rendite vereinbart. Der Eigentümer geht daher mit dem Erwerb von Anteilsscheinen ein höheres Risiko ein als der Fremdkapitalgeber. Dies muss im Kapitalkostensatz in Form einer Risikoprämie berücksichtigt werden. Gleichwohl bestehen Erwartungshaltungen der Eigentümer an eine zu erzielende Rendite, ansonsten wäre ein Interesse am Erwerb der Anteilsscheine bzw. daran sie zu halten, nicht zu begründen. Die Eigenkapitalkosten setzen sich demnach aus einem risikofreien Zinssatz, der in der Regel dem momentanen Zinssatz einer „sicheren" Anlage entspricht, und einer Risikoprämie des Eigenkapitals zusammen.

Eigenkapitalkosten = Risikofreier Zinssatz + Risikoprämie Eigenkapital

Die Ermittlung der Risikoprämie basiert auf allgemeinen, empirischen Erhebungen, die eine durchschnittliche Marktrendite zugrunde legen und nach Abzug des risikofreien Zinssatzes eine aktienmarktübliche Risikoprämie ergeben. Um dem spezifischen Risiko eines Unternehmens bzw. der Entwicklung seiner Anteilsscheine Rechnung zu tragen, wird die Markt-Risikoprämie mit einem Betafaktor multipliziert. In unserem Beispiel soll das Beta 1,5 betragen.

Eigenkapitalkosten = Risikofreier Zinssatz + Beta (Erwartete Marktrendite - risikofreier Zinssatz)

	Gewichtung (%)	Kosten (%)	Gewichtete Kosten (%)
Fremdkapital	30	7	2,1
Eigenkapital	70	20,6	14,4
Kapitalkosten			16,5
Eigenkapitalkosten =	5% + 1,4 (16% - 5%)	= 20,6%	

Zusammenfassend lässt sich sagen, dass der Kapitalkostensatz die Mindestrendite definiert, die eine Investition erwirtschaften muss, um den Mindestrenditeerwartungen der Eigentümer zu entsprechen. Investitionen mit Renditen, die über den Kapitalkosten liegen, schaffen somit Shareholder Value; diejenigen Investitionen, die eine Rendite unterhalb der Kapitalkosten ergeben, vernichten Shareholder Value.

3.2.3 Schätzung des Residualwertes

In den Erläuterungen zum Restwert im Customer Equity-Modell haben wir bereits ausgeführt, dass es keine gültige Standardformel zur Berechnung des Restwertes nach dem Ende des Prognosezeitraums gibt. Dennoch bieten sich zwei Alternativen an, die eine bestimmte Strategie zur Wettbewerbsdifferenzierung zugrunde legen. Die Dauer einer Strategie wäre mit der Dauer einer Wettbewerbsdifferenzierung gleichzusetzen. Am Ende wäre ein Unternehmen wahrscheinlich nicht mehr in der Lage, eine Steigerung der Rendite zu realisieren. Entweder die Rendite geht auf die Höhe des Kapitalkostensatzes zurück – dann wäre der Shareholder Value eine Konstante im Sinne einer „ewigen Rente" – oder aber die Rendite sinkt so weit unter die Kapitalkosten, dass es sinnvoll wäre, das Unternehmen zu liquidieren. Dann entspräche der Restwert des Unternehmens dem Liquidationswert am Ende des Prognosezeitraums.

Rappaport empfiehlt, von dem Modell der ewigen Rente auszugehen, so dass sich der Residualwert aus dem Quotienten des Cashflows und dem Kapitalkostensatz errechnen würde.

$$\text{Residualwert} = \text{Cashflow} / \text{Kapitalkostensatz}$$

Der Residualwert bei Nicht-Umsetzung der Strategie würde demnach folgenden Wert haben:

$$\text{Residualwert} = 300 \text{ Mio. } €/0,165 = 1.818 \text{ Mio. } €$$

Nach der Ermittlung des Cashflows, der Kapitalkosten und des Residualwertes lässt sich nun der Shareholder Value in unserem Beispiel ermitteln.

Jahr	Cash-flow	Gegen-warts-Wert	Kumulierter Gegenwarts-Wert	Gegenwarts-Wert des Restwertes	Kumuliert Gegenwarts- + Restwert	Wert-steige-rung
1	180	155	155	1818	1973	-145
2	363	268	423	1621	2044	71
3	400	295	718	1534	2252	208
4	440	278	996	1448	2444	192
Gesamt Wert-steigerung					326	
Börsenfähige Wertpapiere					200	
Unternehmens-Wert					2644	
Minus Marktwert Fremdkapital					100	
Shareholder Value					2544	

	Cashflow	Diskontierter Cashflow
Jahr 1	180 Mio. €	155 Mio. €
Jahr 2	363 Mio. €	268 Mio. €
Jahr 3	400 Mio. €	295 Mio. €
Jahr 4	440 Mio. €	278 Mio. €

Nach der Ermittlung des Unternehmenswertes muss noch der Marktwert eventuell vorhandener börsenfähiger Wertpapiere hinzugerechnet und der Marktwert des Fremdkapitals in Abzug gebracht werden, um den Shareholder Value zu erhalten.

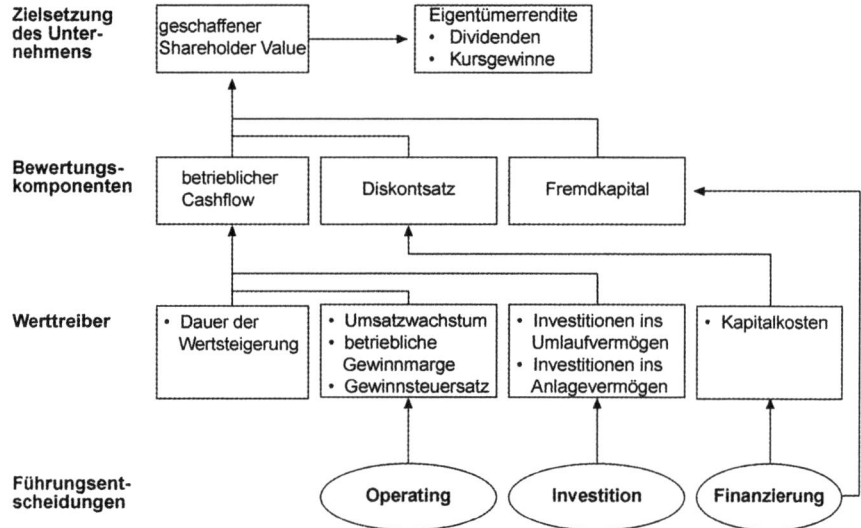

Abb. 3.1 Das Shareholder Value-Netzwerk

In seinem „Shareholder Value-Netzwerk" visualisiert Rappaport die wesentlichen Ebenen und Inhalte des Shareholder Value-Ansatzes und stellt sie in einen übersichtlichen Zusammenhang. Er verdeutlicht auch die Notwendigkeit, die Ziele der Eigentümer mit denen der Führungsebene im Unternehmen und deren Entscheidungen zu verbinden.

Gleichzeitig identifiziert das Shareholder Value-Netzwerk die entscheidenden Werttreiber und differenziert sie nach finanziellen Führungsentscheidungen wie „Operating", „Investition" und „Finanzierung".

Der Führungsentscheidung „Operating" werden die Werttreiber Umsatzwachstum, betriebliche Gewinnmarge und Gewinnsteuersatz zugeordnet. Die Werttreiber „Investition ins Umlauf- und ins Anlagevermögen" und die Kapitalkosten sind Investitions- bzw. Finanzierungsentscheidungen.

Aber noch einen vierten Werttreiber identifiziert Rappaport, die Dauer der Wertsteigerung. In diesem Werttreiber wird die zeitliche

Dauer der positiven Wirkung einer Investition geschätzt, die gleichzeitig ein Maß für den anzusetzenden Prognosezeitraum darstellt.

Es liegt auf der Hand, sich auf der Basis des Shareholder Value-Netzwerkes zu bemühen, die oben genannten Werttreiber zu beeinflussen.

Dies setzt die Identifikation der Werttreiber beeinflussenden Variablen voraus. Dabei stellt man fest, dass die Werttreiber über die „Value Chains" beeinflusst werden. So verringert die Einführung einer Just in Time-Logistik die Lagerhaltung und damit das Umlaufvermögen, übt also einen positiven Einfluss auf diesen Werttreiber aus.

Da sie in der Regel mit einem elektronischen Datenaustausch (EDI) zwischen Lieferant und Kunde verbunden ist, senkt sie auch den Dispositionsaufwand und damit die Herstellungskosten und beeinflusst den Werttreiber „Gewinnmarge".

Die Value Chains zu identifizieren und zu optimieren ist ein wichtiges Instrument zur Erreichung einer Wertsteigerung, denn dieses Vorgehen berücksichtigt Ursache-Wirkungsbeziehungen von Werttreibern und Wertvernichtern. Einen „Pferdefuß" hat dieses Vorgehen allerdings. Das Verfahren verführt – wie wir in Value Chain-Workshops feststellen – zu vorrangiger Beschäftigung mit Kostensenkungsprogrammen und vernachlässigt Erfolgssteigerungsprogramme. Wobei wir uns darüber im Klaren sind, dass Kostensenkungsprogramme wichtig und für die positive Wertentwicklung bedeutsam sind. Aber sie sind nur eine Seite der Medaille. Die andere ist die Möglichkeit zur Steigerung des Kundenergebnisses durch die gleichzeitige Verbesserung der Umsatz- und Ergebnissituation.

Die Analyse der marktbezogenen Value Chains erfolgt in der Praxis entweder gar nicht oder nur mangelhaft. Schließlich haben sie etwas mit „Vertrieb" und Kundenbeziehungen zu tun, und dieses Gebiet ist für viele nicht greif- und beschreibbar („Blackbox") wie Produktion, Logistik und Materialwirtschaft.

Im Ergebnisprotokoll eines Value-Chain-Workshops wurden zwanzig Vorschläge zur Kostensenkung sehr detailliert und konkret aufgeführt, zum Thema Umsatzsteigerung lediglich zwei Maßnahmen. Sie hießen „Neukundengewinnung" und „Cross-Selling". Zwei

Schlagwörter, die schon immer auf dem „Vertriebs-Wunschzettel" standen und leider keinerlei Bedeutung für die tatsächliche Marktarbeit haben.

Womit wieder einmal – wie auch schon bei der Diskussion des Balanced Scorecard-Ansatzes – festzustellen ist, dass jedes Mal, wenn es in den Bereich der Erfolgsparameter der vertrieblichen Arbeit geht, also in das Markt-Management, die Ansätze förmlich „weiche Knie" bekommen und man sich lieber in anderen Unternehmensbereichen „austobt" bzw. die Verantwortlichen des Vertriebs „machen" lässt.

Wir sind sicher, dass das Customer Equity-Modell nicht nur für die erfolgreiche Umsetzung der Balanced Scorecard, sondern auch für die Steigerung des Shareholder Value einen erfolgversprechenden Weg darstellt, der operativ wirksam im Markt-Management umgesetzt werden kann. Darüber hinaus verbindet das Customer Equity-Modell die Balanced Scorecard und den Shareholder Value zu einem ganzheitlichen Wirksystem.

3.3 Die Unterstützung des Shareholder Value-Ansatzes durch das CE-Modell

Der Shareholder Value-Ansatz ist in sich schlüssig. Er ermöglicht eine zukunftsbezogene Aussage über die finanzielle Sinnhaftigkeit einer Unternehmensstrategie und erlaubt den Eigentümern ebenso wie den Analysten eine Einschätzung der Wertentwicklung eines Unternehmens.

Es ist allerdings festzustellen, dass die Aussagekraft vom Eintreffen drei entscheidender Prognosewerte abhängig ist: Der zukünftigen jährlichen Umsatzsteigerung, der Umsatzrendite sowie des systematischen Risikos (des Betas innerhalb der Kapitalkostenermittlung). Auf die ersten beiden Punkte wollen wir hier, auf den dritten in dem Kapitel Risikomanagement eingehen.

3.3.1 Die Verbesserung der Prognose-Genauigkeit

Wie ermitteln Unternehmen zukünftige Umsatzsteigerungen? In einer Abwägung von Marktchancen und -risiken und in Übereinstimmung mit den angenommenen eigenen Vermarktungsmöglichkeiten. Weil die Unternehmensplanung alleine damit überfordert ist, wird diese Aufgabe an Vertriebs- und Marketingeinheiten delegiert. Die betroffenen Mitarbeiter sollen ihre Umsatz-Abschätzungen für die von ihnen betreuten Kunden und Marktsegmente abgeben, die anschließend in der Shareholder Value-Rechnung konsolidiert werden.

Wir wissen aber, welche Schwierigkeiten Vertriebsmitarbeiter schon mit einem „präzisen Forecast" einer Periode, also der nächsten drei bis zwölf Monate haben. Um wie viel schwieriger ist es dann, eine Vorausschau über die kommenden drei bis fünf Jahre zu geben?

An der Basis erleben wir „live" mit, wie die Shareholder Value-Planung darauf aufgebaut wird, dass Vertriebsmitarbeiter in ihren Büros sitzen, auf ein auszufüllendes Forecast-Formular schauen und sich gegenseitig etwas ratlos die Frage stellten: „Was schreibst Du denn da rein?" Die Antworten sind keineswegs ermutigend: „Keine Ahnung. Schreib am besten immer für jedes Jahr zwölf Prozent mehr rein – damit liegt man immer richtig!"

Wenn man diese Situation mehrfach erlebt hat, kann man nur zu dem Schluss kommen, dass aus derartigem Basismaterial entwickelte Shareholder Value-Berechnungen den Zweck verfehlen.

Man könnte auch sagen, dass sich die Präzision der Berechnung des Shareholder Values in der betrieblichen Praxis umgekehrt proportional zur Richtigkeit der vertrieblichen Grunddaten verhält!

Dies besagt gleichzeitig, dass jedes Prognosesystem mittels einer Sensitivitätsanalyse auf die Empfindlichkeit gegenüber Änderungen der Ausgangsdaten geprüft werden muss.

Was sind die Ursachen?

Zunächst einmal ist die Erstellung einer Umsatzprognose ein komplexer Vorgang. Und es ist unumgänglich, auf die Ebene der einzelnen Kundensituation zu gehen.

Um beurteilen zu können, welcher Umsatz in den kommenden Jahren zu erzielen ist, benötigt man Informationen über das Kundenpotenzial. Dabei ist zu unterscheiden in das aktuelle Potenzial (mit aktuellen Produkten bezogen auf den aktuellen Bedarf) und in das zukünftige Potenzial (mit heutigen und neuen Produkten bezogen auf einen veränderten oder zusätzlichen Bedarf).

Des weiteren ist abzuschätzen, wie sich die Qualität der Beziehung zu diesem Kunden darstellt. Bei einem Kunden mit hoher Zufriedenheit, Loyalität und Bindung lässt sich eine sicherere Prognose über einen längeren Zeitraum abgeben als bei einem Neukunden oder bei einem „Noch nicht"-Kunden. Die „Belastbarkeit" der Kundenbeziehung ist damit gleichzeitig auch ein Maßstab für die Belastbarkeit der Prognosedaten.

Außerdem ist der bisherige Vertriebserfolg beim Kunden zu betrachten. Wie viel Prozent der angebotenen Leistungen werden tatsächlich beauftragt, welches Auftragsvolumen erhält der Wettbewerb? Gelingt es dem Vertrieb, z.B. 50% der Transaktionsprozesse erfolgreich abzuschließen – „jedes zweite Angebot führt zum Auftrag" – ist dieses bei der Umsatzermittlung zu berücksichtigen.

Und schließlich ist die individuelle Preis- und Ergebnissituation für die Beurteilung der Umsatzrendite zu analysieren.

Beziehungsqualität (Kundenähe, -zufriedenheit und -bindung) und Transaktionsqualität (Erfolgsquote) sind die beiden moderierenden Variablen des möglichen Anteils am Kundenpotenzial. Oder anders gesagt: Kenne ich das Kundenpotenzial der kommenden Jahre, kann ich mittels der Variablen erkennen, welcher Anteil des Potenzials ein realistisches Umsatzpotenzial darstellt. Wohlgemerkt unter der Voraussetzung, dass die aktuelle Beziehungs- und Transaktionsqualität sich nicht verschlechtert.

Diese Vorgehensweise zur logischen Ermittlung des Umsatz-Forecasts ist jedoch nicht üblich. Sie würde nämlich voraussetzen, dass man dazu die notwendigen Daten und Informationen zur Verfügung hätte. In der Regel ist dies nicht der Fall. Das Berichtswesen des Vertriebs gibt zum Beispiel wenig Möglichkeit, die Beziehungsqualität zum Kundenunternehmen ablesen zu können. Wir haben bisher aus keinem Informationssystem, hieße es nun VIS-, CRM-, ERP, SFA- (oder neuerdings) eCRM Informationen über das aktuelle und zukünftige Potenzial (wohlgemerkt Potenzial und nicht aktueller oder vergangener Umsatz) generieren können. Sicherlich hat der Vertriebsmitarbeiter ein „Feeling", das er so gut es geht in eine Umsatzbewertung einbringen wird. Doch es ist schwer möglich, dieses Bauchgefühl mit vorhandenen Fakten zu unterfüttern.

Da dies so ist, werden die verfügbaren Daten und Fakten, insbesondere der Vorjahres-Umsatz bzw. die Umsatzentwicklung der vergangenen Jahre und die „Daumenpeilung" des Vertriebs häufig zum Ausgangspunkt des Forecasts gemacht.

Der für die Ermittlung des Shareholder Value Verantwortliche hat zwei Möglichkeiten. Er löst sich von der Vorstellung, originär aus dem Markt und aus dem Agieren im Markt stammende Daten zur Grundlage zu machen und geht auf eine allgemeine, abstrakte Ebene. In diesem Fall würde er, wie dargestellt, den Vorjahresumsatz sowie eine allgemeine Annahme der erwarteten Umsatzsteigerung zugrundelegen. Diese entsteht dann im Sinne einer Rückwärtsplanung aus dem verfolgten strategischen Ziel oder aus einer allgemeinen, nicht marktsegment- oder gar einzelkundenbezogenen Marktanalyse, z.B. einer Wettbewerbs-, Marktanteils- oder Marktentwicklungs-Betrachtung.

Der Vorteil läge in einer schnellen Handlungsfähigkeit (man käme schnell zu den notwendigen Prognosewerten). Der Nachteil wäre, dass die tatsächliche Entwicklung von relevanten Kunden und kundenbezogene Vermarktungsmöglichkeiten nicht ausreichend berücksichtigt werden, mithin also die Prognosevalidität leidet.

Die Alternative ist die Nutzung des Customer Equity-Ansatzes. Er liefert die „Driver", die für eine marktbezogene Prognose von Bedeutung sind: die Kundenbeziehungsqualität, die Transaktionsqualität sowie das vorhandene und zukünftige Kundenpotenzial. Diese werden durch die Key Performance Driver in einer Pyramide abgebildet. Über die Ebenen der Performance Driver und Deskriptoren lassen sich die entscheidenden Variablen direkt aus den vertrieblichen Prozessen ermitteln.

Ist der Customer Equity-Ansatz Bestandteil des Führungs- und Marktmanagement-Systems, lassen sich die erforderlichen Prognosewerte direkt aus den im Markt operierenden Einheiten und damit

auf der Ebene der verantwortlichen Mitarbeiter generieren. Durch
die Realitätsnähe und Plausibilität werden sie valide und belastbar.

Wie sehr Vergangenheitsdaten und eine „allgemeine" Betrachtung
von der Realität abweichen, soll folgendes Beispiel verdeutlichen.

Ein Vertriebsmitarbeiter ist für einen Mittelstandskunden aus dem
Maschinenbau verantwortlich. Als Lieferant von Energieanlagen-
Komponenten erzielt er mit diesem Kunden einen Umsatz von ca. 6
Millionen Euro pro Jahr. Dabei entwickelte sich das Geschäft angesichts der allgemeinen guten Konjunkturlage positiv. In den letzten
drei Jahren betrugen die Umsatzsteigerungen 3%, 5% beziehungsweise 8% im Vorjahr. Legt man diese Daten zugrunde, und „verlän-
gert" sie in die Zukunft, könnte man z.B. mit einer jährlichen Umsatzsteigerung von 10% rechnen und die bisher erzielten
Wachstumsraten in die Prognosewerttabelle einbeziehen.

Die Realität bei diesem Kunden sieht jedoch ganz anders aus. Ers-
tens hat dieser Kunde in diesem Bereich ein Vergabevolumen von
25 Millionen Euro pro Jahr. 19 Millionen gehen also an den Wettbewerb. Dieses real vorhandene Potenzial wird in den Systemen a-
ber nicht erfasst und erscheint damit auch nicht in der Shareholder
Value-Ermittlung. Und zweitens hat der Kunde bei einer Reihe von
Anlagen, die er in den vergangenen Jahren ausgeliefert hat, Probleme mit seinen Kunden, ausgelöst durch fehlerhafte Bauteile eines
mittlerweile in Konkurs gegangenen Lieferanten. Der Kunde sucht –
im Interesse seiner Kunden und seines Images – nach Lösungen. Die
erforderlichen Aus- und Einbauten haben ein Volumen von 95 Millionen Euro. Auch dieses Potenzial erscheint nicht im Shareholder
Value-Zahlenwerk, wenn es in der beschriebenen, aus unserer Sicht
mangelhaften Form eines Umsatz-Forecast-Bogens entsteht. Kein
Vertriebsmitarbeiter der Welt würde in einen solchen Bogen den
vom Wettbewerb realisierten Lieferanteil oder das „Nachrüstpoten-
zial" eintragen.

Ganz anders im Customer Equity-Modell. Der Vertriebsmitarbeiter ermittelt in seiner Arbeit mit dem Kunden die vorhandenen Kundenpotenziale, aktuelle wie zukünftige – und zwar unabhängig davon, ob er annimmt, sie realisieren oder nicht realisieren zu können.

Darüber hinaus liefert ihm die Pyramide seine vertriebliche Erfolgsquote bei diesem Kunden sowie den Status der Beziehungsqualität. Er erhält auf diese Weise eine Einschätzung der Wahrscheinlichkeit seines Lieferanteils am Gesamtpotenzial und des Risikos, dass in dieser Geschäftsbeziehung steckt.

Um den Status der Prozess- und Beziehungsqualität im Überblick vor Augen zu haben, empfiehlt es sich, nicht die komplette CE-Pyramide zu visualisieren, sondern in einem so genannten CE-Cockpit einen Ausschnitt der CE-Pyramide abzubilden.

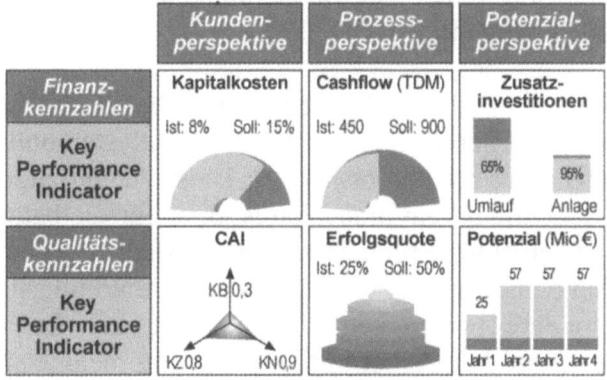

Abb. 3.2 Das CE-Cockpit als Ausschnitt der CE-Pyramide

Nun kann der Vertriebsmitarbeiter feststellen, welche Steuerungshebel er nutzen kann, um eine möglichst hohe Ausschöpfung des Kundenpotenzials zu erzielen und wie die dafür nötigen Maßnahmen aussehen können.

So wird der Vertriebsmitarbeiter in unserem Beispiel sich sehr genau überlegen, wie er das Volumen der Erneuerungsarbeiten an bestehenden Anlagen, z.B. durch eine spezielle Serviceeinheit, für das eigene Unternehmen akquirieren kann. Die hierfür erforderlichen Investitionen kann er ebenso benennen wie das daraus mögliche Umsatzvolumen.

Am Ende dieser systematischen Arbeit der Zielentwicklung steht eine plausible und nachvollziehbare Erkenntnis, mit welchen Umsätzen in dieser Kundenbeziehung gerechnet werden kann. Dabei ist es gar nicht so unwahrscheinlich, dass der Vertriebsmitarbeiter Umsatzmöglichkeiten von 30-90 Mio. Euro für die kommenden Perioden einstellen wird – im Unterschied zu 6,6 Mio. Euro, die aus Vergangenheitsdaten abgeleitet wurden. Diese „Abweichung" von bis zu 1000% bedeutet eine gleich hohe „Ungenauigkeit" gegenüber den ermittelten Werten in der konventionellen Vorgehensweise.

Die Zielsetzung des Shareholder Value-Ansatzes, Werttreiber und Wertvernichter aufzuspüren und zu optimieren, könnte in unserem Fallbeispiel nur dann verfolgt werden, wenn nicht die Vorjahres-Umsätze, sondern die aktuellen und zukünftigen Kundenpotenziale sowie die heutige und zukünftige Vermarktungsfähigkeit des Unternehmens Ausgangspunkt der Betrachtung und folgender Realisierungsaufgaben werden.

Folgerichtig wird dieses Vorgehen auch bei der Wertermittlung von Unternehmen herangezogen. Würden Analysten und Investoren in ihrer Bewertung nur die bisherigen Umsatzdaten zugrundelegen, käme wahrscheinlich kein brauchbares, bzw. für die beteiligten Parteien kein akzeptables Ergebnis heraus. Deshalb werden die zu erschließenden Kundenpotenziale sowie die Vermarktungsmöglichkeiten, insbesondere bei jungen Unternehmen, zur Bewertung mit herangezogen und bei der Ermittlung des Unternehmenswertes und der zu erwartenden Rendite einer Investition berücksichtigt.

3.3.2 Die Veränderung der Unternehmenskultur

Kehren wir zu einer der Grundüberlegungen des Shareholder Value-Ansatzes zurück. Maßgebliches Anliegen von Rappaport war, eine anstehende Investition auf ihre Werthaltigkeit zu überprüfen sowie aus möglichen Handlungsalternativen die „Lohnendste" ermitteln zu können. Allerdings wird immer auf der Unternehmensebene operiert, maximal auf der Ebene von selbständigen Geschäftsbereichen. Da auf diesen Ebenen grundlegende Strategien entwickelt und alle für die Wertermittlung relevanten Prognosewerte gebildet, zugeordnet und verantwortet werden können, erscheint diese Beschränkung einleuchtend. Sie ist dennoch ein Handicap bei der Einführung und Integration.

Die Einschränkung auf die „großen" Strategien und die „bedeutsamen" Investitionen führt nämlich dazu, dass das Gedankengut des Shareholder Value-Ansatzes nur von denjenigen Mitarbeitern und

Führungskräften begriffen und genutzt werden kann, die diese Ebenen auch tatsächlich verantworten. Die Führungskräfte und Mitarbeiter der nachfolgenden Ebenen und vor allem die im Markt agierenden Vertriebs-, Marketing- und Servicemitarbeiter bleiben dabei außen vor.

Damit gerät der Shareholder Value-Ansatz in die Gefahr, als exklusive und geheimnisvolle Mathematik „des Ordens der Eingeweihten" angesehen zu werden, wie ein Vertriebsleiter jüngst im vertraulichen Gespräch dieses Exklusiv-Wissen etwas hämisch kommentierte.

Machen Sie hierzu in Ihrem Unternehmen einmal die Probe aufs Exempel. Welche Kollegen und Mitarbeiter wissen wirklich, was sich hinter dem oft gebrauchten Begriff Shareholder Value verbirgt? Wann immer wir diese Frage stellen, das Ergebnis ist niederschmetternd. Die meisten Mitarbeiter wissen zwar, dass die Steigerung des Unternehmenswertes Ziel der Strategie ist. Aber nur wenige sind über die Ermittlung und die Zusammenhänge der einzelnen Werttreiber sowie die Intention und die Ziele des Shareholder Value-Ansatzes wirklich informiert.

Eine Ursache liegt auf der Hand. Der Shareholder Value Ansatz – auf einer konsolidierten Ebene praktiziert – hat für die Mitarbeiter der operativen Ebene keine Relevanz, weil er nicht Bestandteil ihrer Arbeit ist, vergleichbar der Bilanzerstellung und -inhalte.

Zu Ende gedacht bedeutet dies auch, dass etwas, was man selbst nicht beeinflussen und gestalten kann, auch nicht bewusst angestrebt und verfolgt wird. Damit kann es auch nicht Teil einer inneren oder äußeren Zielvereinbarung sein, also folgerichtig auch keinen Einfluss auf die intrinsische oder extrinsische Motivation der Mitarbeiter haben. Angesichts dieses Dilemmas disqualifiziert sich der Shareholder Value-Ansatz als Mitarbeiter-Führungsinstrument.

Ganz anders das Customer Equity-Modell. Es basiert auf den operativen, marktbezogenen Prozessen und Ergebnissen. Die erzielten Markterfolge bilden die Grundlage für die Ebene der Werttreiber, die ihrerseits den Shareholder Value maßgeblich beeinflussen.

Hervorzuheben ist besonders, dass es auf die einzelne Kundenbeziehung abstellt und nicht nur auf Marktsegmente oder Märkte. Jeder Mitarbeiter kann anhand der Customer Equity-Pyramide bzw. seines CE-Cockpits erkennen, welchen „Shareholder Value", er mit jedem „Customer Equity" schafft!

Noch viel wichtiger ist, dass er nicht nur erkennen kann, welchen Wert er mit dem Kunden generiert hat. Vielmehr hat er als „Hüter der CE-Pyramide" auch die Aufgabe zu überlegen, welche Investitionen in die Kundenbeziehung sinnvoll sind und welche qualitativen und quantitativen Auswirkungen das für das Unternehmen hat.
Die CE-Pyramide liefert dem Mitarbeiter damit den Ordnungsrahmen, in dem er eigene, „kleine" Strategien und Maßnahmen auf ihren Nutzen untersuchen kann. Dies verändert nicht nur die Arbeitsweise des Einzelnen, sondern nachhaltig und hochwirksam die gesamte Unternehmenskultur. Damit wird „Strategie zum Tagesgeschäft", Mitarbeiter und Führung nutzen den Customer Equity-Ansatz als Instrument der täglichen Arbeit und zur Selbststeuerung.

Die Vorstellung, dass ein Vertriebsmitarbeiter in seinem Rahmen Kundenbeziehungen selbst gestalten kann, indem er analytisch den „Zustand" der Werttreiber der Kundenbeziehung durchdringt, Maßnahmen und Investitionen zur positiven Entwicklung plant und realisiert und deren Wirksamkeit selber überprüft und erlebt, ist attraktiv. Sie ist unseres Erachtens sogar so attraktiv, dass diese Innovation zusammen mit dem „Potenzial des Internets" bedeutsame Veränderungen in Vertriebsorganisationen auslösen wird.

3.3.3 Investitionen in die Kundenbeziehung zahlen sich aus

Betrachtet man die Entwicklung des Ertragswertes der Kundenbeziehung über die Zeit, lässt sich erkennen, dass mit der Dauer der Kundenbeziehung der Ertragswert steigt.

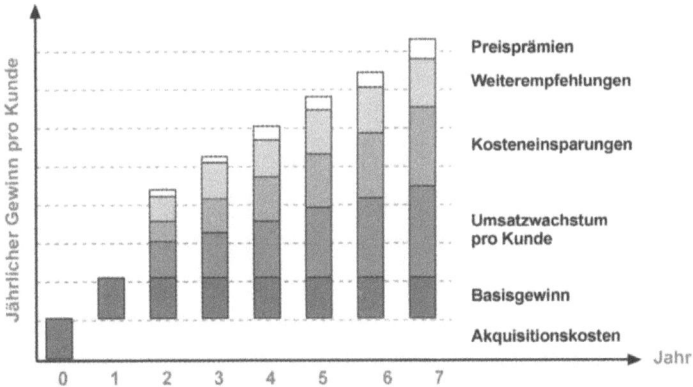

Abb. 3.3 Die Zunahme des Kundenertragswertes mit der Dauer der Beziehung

Die Ergebnisverbesserung wird durch mehrere Faktoren erreicht. Im ersten Jahr ist der Cashflow häufig negativ, da im Verlaufe der Akquisition zwar Kosten entstanden sind, jedoch keine oder nur geringe Erlöse. Ab dem zweiten Jahr lässt sich ein Basisgewinn realisieren, der sich in einer funktionierenden Beziehung mit dem Kunden meist durch ein Mengenwachstum, z.B. durch Ausdehnung des Lieferanteils oder des Produktspektrums vergrößert.

Im Laufe der Zusammenarbeit verbessern sich Abläufe, die Effizienz steigt, da beide Seiten wissen, was und wie es zu tun ist. Gemeinsame Cost-Reduction-Programme führen zu Kosteneinsparungen, die so mit Neukunden nicht zu realisieren wären. Ist der Kunde nach Jahren der Zusammenarbeit von seinem Lieferanten überzeugt, wird er ihn weiterempfehlen. Er wird Geschäftspartnern und Freunden von diesem Lieferanten berichten, womit sein Kundenwert durch die Weiterempfehlung steigt.

Und schließlich wird ein treuer Kunde nicht so leicht von „Dumpingpreisen" beeindruckt wie ein potenzieller Kunde. Die positive Ergebnisverbesserung im Lebenszyklus der Kunden-Lieferanten-Beziehung hat F. Reichheld für mehrere Branchen untersucht und kam zu folgenden Ergebnissen:

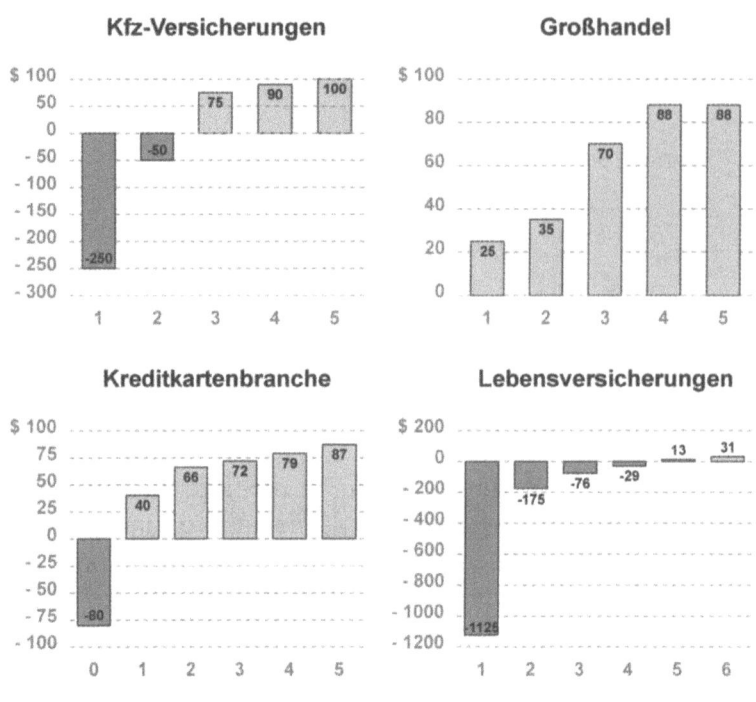

Abb. 3.4 Gewinnmuster im Verlauf des Kundenlebenszyklus in ausgewählten Branchen der USA

Viele Unternehmen tun sich schwer, den Kundenlebenszyklus periodenübergreifend zu erfassen und zu analysieren. So stellte das Vertriebs-Informations-Panel fest, dass z.Zt. nur 5% der Unternehmen Kundenlebenszyklus-Rechnungen anstellen. Eine beängstigend niedrige Anzahl, wenn man bedenkt, dass eine fünfjährige Fortsetzung einer Kundenbeziehung Ertragswertsteigerungen von bis zu 400% zur Folge haben kann. Kennen Sie einen anderen Bereich innerhalb der Unternehmen, in dem sich noch derartige Ertragsverbesserungen erzielen lassen?

Die Abhängigkeit von Profitabilität und Kundenbindung untersuchte Reichheld in einer mehrjährigen Studie für die Werbe- und die Versicherungsmakler-Branche.

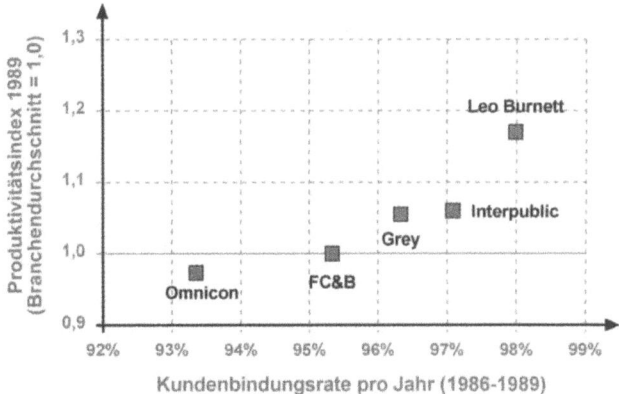

Abb. 3.5 Die Beziehung zwischen Kundenbindung und Profitabilität in der Werbebranche

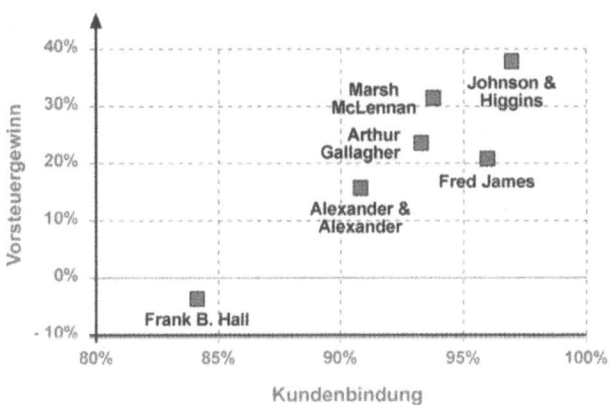

Abb. 3.6 Die Beziehung von Kundenbindung und Profitabilität in der Versicherungsmakler-Branche

Eine Schlussfolgerung hieraus ist, dass Unternehmen, die ihre Kunden länger binden, also „loyalere" Kunden schaffen, auch deutlich bessere Erträge haben.

Die Verbindung zwischen dem Shareholder Value, dem Customer Equity und dem Customer Value kommt damit beeindruckend zum Ausdruck!

3.3.4 Investitionen in die Transaktion – ein Widerspruch?

Wie wir gesehen haben, sind Investitionen in dauerhafte Kundenbeziehungen „lohnenswert". Sie haben allerdings bisher einen entscheidenden Nachteil – sie machen sich erst im Laufe der Jahre bezahlt. Den hierfür verantwortlichen „Carry-Over-Effekt" haben wir diskutiert. Vertriebsmitarbeiter geraten daher regelmäßig in Beweisnot, wenn sie in Kundenzufriedenheits- oder Kundenbindungsmaßnahmen investieren wollen. Die ihnen häufig gestellte Frage lautet „Und welchen Umsatz bringt uns das heute?" Eine Frage, die so nicht beantwortet werden kann und die eigentlich anders gestellt werden müsste: „Und welchen Umsatz bringt uns das morgen?"

Viele Unternehmen sind in ihren Vertriebsorganisationen ausgesprochen „kurz getaktet". Sie sehen im Vertrieb im Wesentlichen die „Transaktionsmaschine". Das Berichtswesen ist darauf aufgebaut, die Ergebnisse der aktuellen Periode abzugreifen. Projekt-, Umsatz- und Rennlisten – sie alle beschreiben nur die Transaktion. Daher fällt es den Verantwortlichen auch leichter, in Maßnahmen zu investieren, die ein kurzfristig sichtbares Ergebnis, nämlich den Auftrag sicherstellen.

Nun wissen wir, dass die Kundenbeziehung sich aus zwei wesentlichen Prozessen zusammensetzt: dem Beziehungsprozess und dem Transaktionsprozess. Wir sind uns sicher, dass Unternehmen anders über Investitionen in den Vertrieb denken würden, wenn sie die CE-Pyramide vor Augen hätten, die diese Prozesse und Wirkungen transparent abbildet.

Die einseitige Ausrichtung auf die Transaktion liegt im Wesentlichen daran, dass nur diese Ebene bislang im Kennzahlensystem abgebildet wurde. Nach dem Motto „Was ich nicht weiß, macht mich nicht heiß" ist es daher kein Wunder, dass die Transaktion zum einzigen Sinn und Zweck des Vertriebs erklärt wird. Die oft verwendete Bezeichnung „Sales Force" drückt diesen Sachverhalt aus. Die „Streitkräfte" die ins Feindgebiet ziehen, um den Auftrag zu erobern, das versteht man unter Vertrieb, eben die Truppe fürs Grobe. Kommunikative Nähe, Markenbindung und -treue etc. sind die kunstvollen Filigranarbeiten, die dann doch lieber dem kreativen Marketing überlassen werden.

Dabei wissen es die Vertriebsmitarbeiter insgeheim meist besser. Sie haben längst beim Kunden erfahren, dass Transaktionsqualität und Beziehungsqualität die zwei Seiten ein- und derselben Medaille sind. Das eine zu tun, ohne das andere zu lassen, ist das eigentliche Erfolgsrezept im Vertrieb. In beide muss investiert werden, sonst bleibt bei einseitiger Investition auf Dauer das Eine und das Andere auf der Strecke.

Die CE-Pyramide bietet – und das ist wirklich neu – dem Vertrieb und Marketing gemeinschaftlich mit den Controllern endlich die Möglichkeit, diesen Sachverhalt der Unternehmensführung betriebswirtschaftlich relevant vor Augen zu führen. Wie verändert sich der Customer Asset Index der Kunden, wenn in die Kundennähe investiert wird? Und wie verändert sich die Erfolgsquote, wenn in die Akquisephase investiert wird? Dieses Durchspielen von Handlungsalternativen ermöglicht ganz in der Tradition des Shareholder Value-Ansatzes das optimale Zusammenspiel der verschiedenen Werttreiber.

Ein weiterer Aspekt: Prof. Krafft, Inhaber des Marketing-Lehrstuhls an der WHU in Vallendar (bei Koblenz) nahm kürzlich eine Einstufung von Kunden in eher transaktionale und in eher relationale Kunden vor. Er beschrieb damit das Kaufverhalten und die Bindungsneigung von Kunden. Während die Transaktionskunden sich davon leiten lassen, einen aktuellen Bedarf zu artikulieren und auf die bestmögliche, aktuell verfügbare Art decken zu lassen, sind die Relationskunden auf eine mit dem Lieferanten gemeinsam geschaffene technologische und kommunikative Basis und eine intensivere, längerfristig ausgelegte Zusammenarbeit angewiesen, um ihr Geschäft erfolgreich betreiben zu können.

Diesen beiden Typen lassen sich Kunden, Nachfrageprofile und Bedarfsträger zuordnen. So zählen zu den Transaktionskunden all diejenigen, die Commodities nachfragen, also Standardprodukte, in großen Mengen und mit geringem Erklärungs- und Beratungsbedarf.

Relationskunden benötigen eher technologisch anspruchsvolle Produkte, haben einen hohen Beratungsbedarf und sind häufig innovationsgetrieben. Sie sind darauf angewiesen, dass ein Lieferant für sie Vorinvestitionen tätigt und geben im Gegenzug dafür ein Stück

Unabhängigkeit auf. Sie binden sich stärker an den Lieferanten, als dies ein Transaktionskunde tut.

Zu wissen, zu welcher Gruppe die Bedarfsträger eines Kunden gehören, ermöglicht dem Vertriebsmitarbeiter seine Investitionsentscheidungen anzupassen. Wenn Transaktionskunden für Beziehungsleistungen keine Wertschätzung haben, sollte man in diese auch nicht investieren und sie einsparen. Aufgrund dieser Tatsache finden sich im übrigen auf den internetbasierten „virtuellen Marktplätzen" momentan vor allem transaktionsorientierte Kunden und Lieferanten ein. Eine niedrige Kunden- bzw. Lieferantenbindung wird dabei in Kauf genommen und für den Geschäftserfolg auch nicht für so wichtig gehalten.

Eine dritte Gruppe sind die „Hybridkunden", die ihr Verhalten mal transaktions-, mal relationsbezogen ausschließlich von der Produktgruppe abhängig machen. Einkaufsorganisationen treffen bereits diese Unterscheidung und wissen sehr genau, für welche Warengruppen sie ein beziehungs- bzw. relationsorientiertes Kundenverhalten praktizieren müssen.

Auch hierauf muss sich der Vertrieb einstellen. In den transaktionsorientierten Warengruppen ist er gefordert in die Verkürzung der Prozesszeiten, in Kostensenkungsprogramme und Economies of Scale zu investieren. Bei den relationsorientierten Warengruppen muss er werterhöhende Leistungen positionieren, sie organisiert und wahrnehmbar an den Kunden vermitteln. Investitionen in diesem Bereich können vor allem zur Schaffung von Wechselbarrieren und dauerhafter Kundenzufriedenheit notwendig werden.

4 „No risk - no fun" – das Risikomanagement im Customer Equity-Modell

4.1 Das KonTra-Gesetz schärft die Sensibilität für das Risikomanagement

Jede unternehmerische Tätigkeit geht auf Grund der Unsicherheit zukünftiger Entwicklungen mit Chancen und Risiken einher. Diese Erkenntnis ist nicht neu, sondern systemimmanent. Neu ist jedoch, dass der Gesetzgeber sich nach spektakulären Firmenpleiten der letzten Jahre dieses Themas angenommen hat. Um die Anteilseigner der Unternehmen vor materiellen Schäden zu bewahren, hat er das Gesetz zur Kontrolle und Transparenz im Unternehmensbereich (KonTraG) erlassen, das den § 91 Aktiengesetz (AktG) ändert.

Der Vorstand wird dazu verpflichtet, für ein angemessenes Risikomanagement zu sorgen. Er hat „geeignete Maßnahmen zu treffen, insbesondere ein Überwachungssystem einzurichten, damit den Fortbestand der Gesellschaft gefährdende Entwicklungen früh erkannt werden", so die Begründung des Gesetzes.

Betroffen sind alle börsennotierten Kapitalgesellschaften, also derzeit etwa 1000 Unternehmen in Deutschland. In das GmbH-Gesetz ist bislang keine vergleichbare Klausel aufgenommen worden. Der Gesetzgeber geht jedoch davon aus, dass für GmbHs – bei entsprechender Größe und Komplexität ihrer Struktur – das gleiche gilt wie für börsennotierte Aktiengesellschaften.

Nicht nur die Unternehmensführungen, auch die Aufsichtsräte und insbesondere die Wirtschaftsprüfer werden vom Gesetz in die Pflicht genommen. Der Wirtschaftsprüfer hat nämlich seit Inkrafttreten des Gesetzes nach § 317 Abs. 4 Handelsgesetzbuch (HGB) die Verpflichtung, im Rahmen seiner Abschlussprüfung zu beurteilen, ob der Vorstand die nach dem KonTra-Gesetz erforderlichen Maßnahmen in geeigneter Form getroffen hat.

Dabei muss der Abschlussprüfer auch darauf eingehen, ob Maßnahmen erforderlich sind, um das interne Überwachungssystem zu verbessern. Auch bei anderen Gesellschaftsformen kann der Prüfungsauftrag um die Prüfung des Risikofrüherkennungssystems vertraglich erweitert werden. Wie so häufig bei Gesetzen wurde es zunächst belächelt, dann eifrig diskutiert und schließlich in seiner haftungsrechtlichen Bedeutung erkannt.

Das größte Problem für die betroffenen Gesellschaften war, dass das Gesetz den Risikobegriff bewusst weit gefasst hat. Gleichzeitig musste man erkennen, dass die vorhandenen, oft nur rudimentär ausgebildeten Risikomanagement-Systeme im Unternehmen in keinster Weise in der Lage waren, den formulierten Ansprüchen gerecht zu werden.

Noch „ungemütlicher" war es für die Wirtschaftsprüfer. Gewohnt, sich auf etablierte Zahlenwerke, Bilanzen und ausgefeilte Spreadsheets „verlassen" zu können, probten sie nun den freien Fall.

Was war überhaupt zu prüfen? Was war mit „Risiko" definitorisch zu beschreiben? Und schließlich: Waren laut Gesetz die Risiken selbst zu überprüfen oder lediglich das Vorhandensein und Funktionieren eines Risikofrühwarnsystems im Unternehmen?

Viele Bücher wurden gewälzt, viele Kommentare zum Gesetz und seinem Inhalt verfasst. Am Ende herrschte weitgehender Konsens darüber, was zu prüfen ist und nach welchen Kriterien das Ergebnis zu bewerten ist.

Welche Risikofelder werden unter die Lupe genommen? Nach den Kommentaren zum Gesetz müssen vier Bereiche untersucht werden: die Umwelt des Unternehmens, sein Rechtssystem, die Rechnungslegung und das Marktmanagement-System.

Vor allem der letztgenannte Bereich, der ja auch im Fokus dieses Buches steht, ist von besonderer Bedeutung. Von ihm gehen die größten Risiken für den Fortbestand des Unternehmens aus. Denn Märkte verändern sich in rasantem Tempo: neue Wettbewerber tauchen auf, Handelsbeschränkungen werden abgebaut, die Kundenloyalität nimmt ab.

Über all diese Phänomene liegen nur in seltenen Fällen valide Prognose-Daten vor. In den meisten Vertriebsorganisationen fehlt ein „zukunftsorientiertes Berichtswesen", es mangelt an der „erforderlichen Daten- und Informationsversorgung" – jenen Merkmalen fortschrittlicher Unternehmensführung, die die International Group of Controlling in ihrem Leitbild formuliert.

Für die KonTraG-Prüfung werden bestimmte Qualitätsindikatoren herangezogen, die das Institut der Wirtschaftsprüfer (IDW) in Düsseldorf im Entwurf eines Prüfungsstandards veröffentlicht hat. Nach dem IDW-Standard „muss das Früherkennungssystem geeignet sein, die Risiken so rechtzeitig zu erfassen und die Information darüber an die zuständigen Entscheidungsträger so weiterleiten zu können, dass diese in geeigneter Weise reagieren und der Vorstand über Risiken, die allein oder im Zusammenwirken mit anderen Risiken bestandsgefährdend werden können, informiert wird". Das Früherkennungssystem sollte sich unter anderem auszeichnen durch:

Schnelligkeit:	Quantität:	Objektivität:
Rechtzeitige Erfassung der Risiken, die in der jeweiligen Situation des Unternehmens dessen Fortbestand gefährden können.	Die Risiken sind hinsichtlich der Höhe des drohenden Vermögensverlustes zu quantifizieren	Die Informationen müssen den Entscheidungsträger unbeeinflusst erreichen.
Zeithorizont: Die zeitlichen Abstände der Informationserhebung sind unter Berücksichtigung der Risikoreaktionszeiten und der Risikoart zu wählen.	**Intensität:** Die Intensitätsdimension der Risiken, d.h. ihre Eintrittswahrscheinlichkeit, ist zu beurteilen.	**Interdependenzen:** Die Informationen über Einzelrisiken sind zusammenzufassen
Vollständigkeit: Die bestandsgefährdenden Risiken sind vollständig zu erfassen.	**Systematik:** Die Informationserhebung darf nicht sporadisch erfolgen, sondern muss als standardisierter, routinemäßiger Prozess angelegt werden.	**Dokumentation:** Das Erfassungs- und Verarbeitungssystem ist so zu dokumentieren, dass die Risikoerfassung und -bewertung für die Mitarbeiter des Unternehmens nachvollziehbar und damit umsetzbar wird. Es sind auch die tatsächlichen Abläufe, d.h. die Informationserhebung, die Risikobewertung sowie die Verarbeitung der erkannten Risiken selbst zu dokumentieren.
Wirtschaftlichkeit: Es gilt der Grundsatz der Wirtschaftlichkeit bei der Risikoermittlung	**Flexibilität:** Die standardisierte Datenerhebung muss regelmäßig an die sich ändernden Risiken angepasst werden.	

Das Ziel der Prüfung besteht also nicht darin, eine Aussage über den tatsächlichen Umfang möglicher Risiken zu treffen. In Frage steht lediglich, inwieweit risikorelevante Informationen in ein Risikofrüherkennungssystem zuverlässig zurückgemeldet, d.h. dargelegt werden können (vergleichbar der Darlegungsnorm der ISO).

Für die Prüfung werden unter anderem folgende Informationsquellen herangezogen:

• Das Berichtswesen der jeweiligen Unternehmenseinheit
• Kundenakten und -historien,
• Interviews mit ausgewählten Führungskräften.

Das Prüfungsergebnis ermöglicht der Unternehmensleitung, das Unternehmen auf ein modernes Risk-Management und die Anforderungen des KonTra-Gesetzes auszurichten. Damit entlastet sie sich vor allem hinsichtlich des deutlich erhöhten persönlichen Risikos!

Es lässt sich positiv feststellen, dass das KonTra-Gesetz innerhalb eines Jahres dem Risikomanagement in vielen Unternehmen, nicht nur den Aktiengesellschaften, einen gänzlich neuen Stellenwert gegeben hat. Eine sinnvolle und nützliche Diskussion wurde damit in Gang gebracht.

4.2 Grundlagen des Risikomanagements

Bei den meisten betroffenen Unternehmen herrscht Einigkeit, dass ein Risikomanagement, also der systematische Umgang mit Risiken, etabliert werden muss. Da allgemein kein einheitliches Konzept zum Risikomanagement existiert, bleibt die Frage nach Vorgehensweise und Grundkonzept zunächst meist unbeantwortet.

Weder der Wortlaut des KonTraG noch die Begründung zum Gesetz geben Aufschluss darüber, wie das geforderte System konkret auszugestalten ist. Außerdem sind die Anforderungen an ein Risikomanagementsystem unter Beachtung betriebswirtschaftlicher Angemessenheit zu formulieren.

In den nachstehenden Ausführungen stützen wir uns auf ein von Dr. Dieter Maiworm entwickelte Risikomanagement-Konzept.

4.2.1 Der Risikobegriff

Zu unterscheiden ist das reine, nicht zu beeinflussende Risiko der Schadengefahr sowie das aus unternehmerischem Handeln entstehende spekulative Risiko. Bezogen auf Letzteres umfasst Risikomanagement beide Aspekte der Unsicherheit über künftige Ereignisse und beinhaltet daher auch zugleich ein Chancenmanagement. Es besteht deshalb eine enge Verbindung zu den Unternehmenszielen.

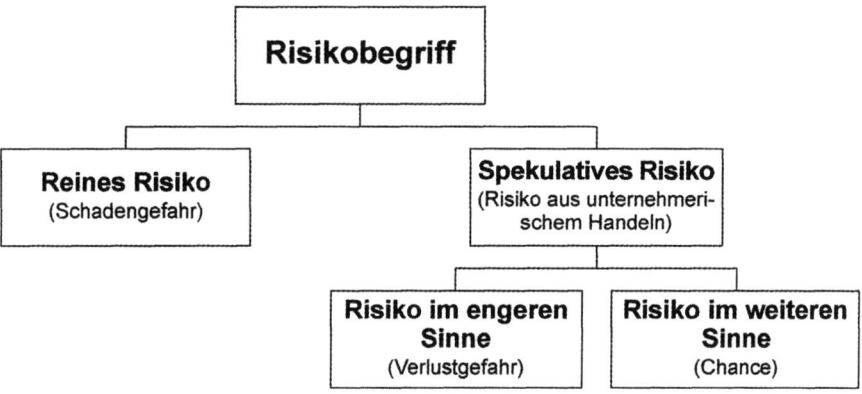

Abb. 4.1 Der Risikobegriff

Risikomanagement lässt sich, wie in folgender Abbildung dargestellt, als ein Regelkreislauf von der Zielvereinbarung (Chance) und Identifizierung der Erfolgsfaktoren, über die Identifikation der risikoverursachenden Einflussfaktoren und ihre anschließende Bewertung (Risiko) als Grundlage zur Steuerung, bis hin zur Risikokommunikation verstehen.

Dem Risikomanager obliegt dabei die Aufgabe der Koordination, Überwachung und Berichterstattung zu den einzelnen Teilaspekten des Regelkreislaufes.

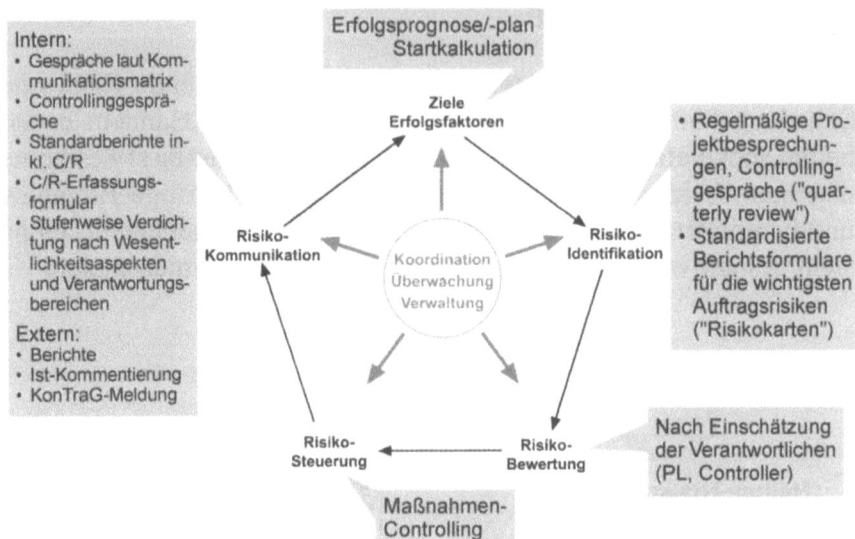

Abb. 4.2 Regelkreislauf Risikomanagement

4.2.2 Einbettung des Risikomanagements in die Unternehmensplanung

Unter Planung verstehen wir die gedankliche Vorwegnahme künftiger Ereignisse. Die Zukunftsschau umfasst neben den Chancen und möglichen positiven Entwicklungen eines Unternehmens auch bestandsgefährdende Risiken.

Risikomanagement zu einem Bestandteil der Unternehmensplanung zu machen, bedeutet somit nichts weiter, als dass bei der Erstellung einer Planung die Annahmen sorgfältiger recherchiert werden, auf denen die Planung aufgebaut ist.

Risikomanagement arbeitet der Planung zu, indem es die Prognosewerte, die der Unternehmensstrategie und -planung zugrunde liegen, einer Analyse und Glaubwürdigkeitsprüfung unterzieht.

Wahrscheinlich erkennen Sie bereits an dieser Stelle die Verbindung zur Balanced Scorecard und zum Value-Management.

Denn auch beim Value-Management reden wir von Prognosewerten, die zu einer Wertermittlung benötigt werden. Ein Risikomanagement würde dem Value-Management direkt zuarbeiten, in dem es die einzelnen Werte auf ihre Belastbarkeit hin überprüft und die noch verbleibenden Risiken des tatsächlichen Eintretens beschreibt.

Da die Balanced Scorecard in unserem Verständnis ein zentrales Instrument zur Entwicklung, Planung und Umsetzung einer Unternehmensstrategie ist, würde ein Risikomanagement mittels perspektivenbezogener „Risiko-Scorecards" nahtlos in die Gesamtarchitektur eingefügt werden können.

In einer Balanced Scorecard sollten daher neben den Zielen und den dahinterstehenden Erfolgsfaktoren auch die wichtigsten Risiken mit ihren Einflussfaktoren ausgewiesen werden. Oft stimmen die in der Balanced Scorecard formulierten und überwachten kritischen Erfolgsfaktoren bereits mit den zentralen Chancen und Risiken bestimmenden Einflussfaktoren überein. In diesen Fällen sind aus Chancen- bzw. Risiko-Gesichtspunkten lediglich andere Grenzwerte (beispielsweise getrennt für Chance und Risiko) hinzuzufügen.

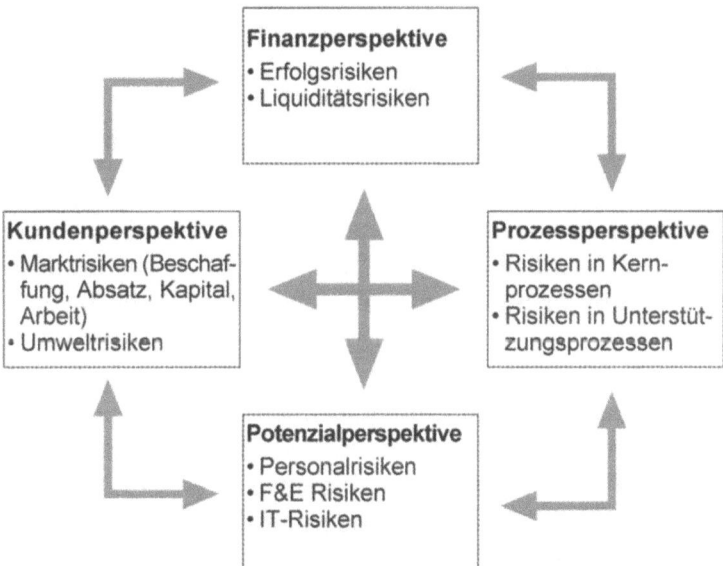

Abb. 4.3 Risikofelder der Unternehmens-BSC

Analog zur wertorientierten Unternehmensführung, bei der die Finanzperspektive als finales Zielsystem interpretiert wird, welches durch eine optimale Steuerung der anderen werttreibenden Perspektiven erreicht wird, sollen auch beim Risikomanagement die Risiken in den finanziellen Zielgrößen (z.B. EVA) durch ein proaktives Risikomanagement in den anderen Perspektiven im Sinne der Zielsetzung beeinflusst werden.

Anders ausgedrückt bedeutet dies: Werden die Risiken in der Potenzial-, in der Prozess- und in der Kunden-Perspektive optimal gesteuert, befinden sich auch die finanzwirtschaftlichen Ziele „im Lot".

Für die Kundenperspektive bietet die Customer Equity-Pyramide eine ideale Projekt-Scorecard, die von den zugrundeliegenden Prozessen hinauf bis zu den Wert- und Risikotreibern ein vollständiges Ursache-Wirkungssystem liefert.

4.2.3 Das Risikofrühwarnsystem

Ein umfassendes Risikomanagementsystem lässt sich in folgende nebeneinander stehende Subsysteme gliedern:

- Internes Überwachungssystem (Zuverlässigkeit betrieblicher Prozesse und Daten)
- Controlling (zielorientierte Koordination)
- Frühwarnsystem (rechtzeitiges Erkennen von Gefahren und Gegensteuerung)

Risikoidentifikation, -bewertung und -steuerung sind demnach Aufgabe des Risikofrühwarnsystems. Wir wollen uns in diesem Kapitel schwerpunktmäßig mit diesem Subsystem beschäftigen.

Komplexes Risikomanagement lässt sich nicht durch Detailvorgaben (z.B. umfassende Kontrollmaßnahmen) betreiben.

Eine wesentliche Herausforderung des Risikomanagements liegt daher in der Einrichtung von intelligenten Feedback-Systemen, die z.B. den Prozess der Verhaltensänderung der Mitarbeiter begleiten. Für die Zielerreichung kritische Erfolgsfaktoren und ihre Messgrößen bieten eine gute Ausgangsbasis für selbststeuernde Systeme, da sie allen Beteiligten die gemeinsamen Ziele und den aktuellen Status der Zielerreichung verdeutlichen. Dies ist die Voraussetzung für das „sich selbst steuern", womit die kontinuierliche Planung, Ausführung und Anpassung von Maßnahmen zur Zielerreichung und Risikobeherrschung gemeint sind.

Intelligente, selbststeuernde Systeme haben einen überdurchschnittlich hohen Wirkungsgrad und sind gegenüber Umweltveränderungen und bei zunehmender Dynamik anpassungsfähiger als ein „law-and-order"-System.

Daraus ergeben sich Konsequenzen für die organisatorische Einordnung und das Berichtswesen:

- Risikomanagement muss integraler Bestandteil der Prozesse (Risikokarten), in denen die Risiken entstehen, werden.
- Die Identifizierung und Bewertung der Risiken, die Auswahl und Durchführung von Gegenmaßnahmen ist Aufgabe der „Process Owner".
- Ein risikoorientiertes Berichtswesen muss die Risikokommunikation gewährleisten.

4.2.4 Risikoidentifikation

Ein Frühwarnsystem soll helfen, Gefahren rechtzeitig zu erkennen. Die folgende Abbildung zeigt den grundlegenden Aufbau in Form einer operativen Risikokarte. Diese operativen Risikokarten sollten innerhalb des jeweiligen Geschäftsprozesses eine definierte Prozessphase durch spezifische, auf diese Prozessphase bezogene Fragestellungen abdecken. Im Beispiel ist eine Risikokarte für eine Prozessphase des Transaktionsprozesses innerhalb des Markt-Managements abgebildet.

Das Analyse-Instrumentarium „Risikokarte" ist durch eine inhaltliche Systematik gekennzeichnet. Für jede Prozessphase werden die relevanten Risikofelder herausgearbeitet. Ihre Identifikation erfolgt über intuitiv zugängliche Fragestellungen. Hierdurch ist sichergestellt, dass die Verantwortung für die Risikobeherrschung vom Prozesseigner selbst getragen werden kann.

Zur Beantwortung der Fragen müssen messbare Indikatoren/Erfolgsfaktoren herangezogen werden. Diese Indikatoren sind für den jeweiligen Risikobereich einsetzbar. Hierüber sind Möglichkeiten eines internen und externen Benchmarks gegeben. Die Transformation der allgemeinen Einflussgrößen in für das Unternehmen spezifische Indikatoren erfolgt mittels einer Skalierung. Die Skalierung ist gleichermaßen die Feinjustierung des Risikofrühwarnsystems für die spezifischen Bedingungslagen einzelner Gesellschaften.

Die Skala bedient sich dabei des Ampelsystems. Repräsentiert der Mittelwert der Skala den gewünschten neutralen Zielwert (Ampelphase gelb), so lassen sich der worst case (Risiken) einer Entwicklung im unteren Skalenbereich (Ampelphase rot) und der best case (Chancen) im oberen Bereich (Ampelphase grün) abbilden. Alternativ kann die aktuelle Entwicklung über ein Erfolgsprofil visualisiert werden. Dieses Vorgehen stellt die Anforderungserfüllung an ein gleichzeitiges Risiko- und Chancen-Management sicher.

Risiko-Identifikation	Indikator	Skala				
• Wie hoch ist die Wertschöpfungstiefe?	• involvierte Produkte	1/4	2/4	3/4	4/4	4/4 + Innovation
• Wie hoch ist der Umsatz?	• TDM p.a. Vorjahr	< 25	25-75	76-150	151-500	> 500
• Wie ist der Return on Sales?	• % vom Umsatz p.a. Vorjahr	≤ 5%	5-8%	8-12%	12-15%	≥ 15%
• Wie hoch ist das Kundenpotenzial?	• realistisch erreichbares Potenzial, TDM p.a. im ø	< 25	25-75	76-150	151-500	> 500
• Wie groß ist die Innovationskraft?	• Märkte und Standorte	niedrig	geht so	mittel	gut	hoch
• Wie hoch ist die Kundenbonität?	• Zahlungsverhalten, Limit, Kreditversicherer, subjektiver Eindruck, Beurteilung, Wirtschaftspresse	keinLimit	eingeschränktes Limit	volles Limit, Bezahlung innerh. Fristen	volles Limit, pünktl. Zahlung	volles Limit, TOP-Untern.
• Wie stark ist der Kunde globalisiert?	• Märkte und Standorte	regional	national	Europa	Europa	global
• Wie ist die Qualität der Zusammenarbeit?	• Status der Zusammenarbeit	wechs.	distanziert	solide	eng	offen

Abb. 4.4 Beispiel operative Risikokarte

Das vorgestellte systematische Analyse-Instrumentarium eignet sich aufgrund seines Aufbaus prinzipiell für eine Übertragung auf jeden anderen Geschäftsprozess, kann also zur unternehmenseinheitlichen Risikosteuerung herangezogen werden.

4.2.5 Risikoanalyse und -bewertung

Die Risikoanalyse beinhaltet eine dezidierte Untersuchung der im Rahmen der Geschäftätigkeiten identifizierten Risiken hinsichtlich ihrer Ursachen und Wirkungen. Des weiteren bildet die Risikoanalyse die Basis für die Risikobewertung, bei der die Dimensionen „Ausmaß der Zielverfehlung" und „Eintrittswahrscheinlichkeit" im

Mittelpunkt stehen. Infolgedessen sind für die Bewertung der Verlustpotenziale folgende Einflussfaktoren zu bestimmen:

• Schadenhöhe: Ausmaß des Verlustes bei Ereigniseintritt
• Vorhersehbarkeit: Wahrscheinlichkeit des Ereigniseintritts

Für die Risikofeinanalyse bieten sich Kausalanalysen an, die einen Ursache-/Wirkungszusammenhang herstellen. Insofern lässt sie sich hervorragend mit dem Ansatz der Balanced Scorecard und den ihr eigenen Wirkbeziehungen verbinden.

Ursache-/Wirkungsbeziehungen lassen sich dabei sowohl auf Unternehmensebene (Management strategischer Risiken) als auch auf operativer Prozessebene abbilden. Auf der Unternehmensebene könnte die Kausalkette beispielsweise folgendermaßen aussehen:

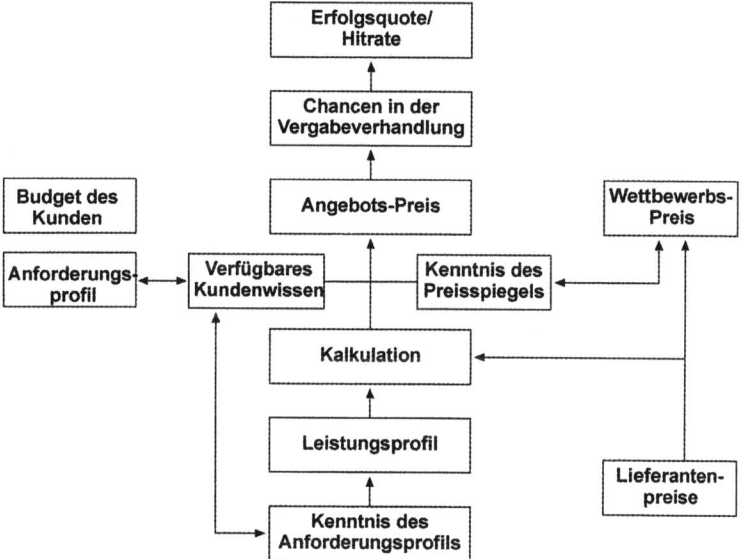

Abb. 4.5 Kausalkette als Ursache-Wirkungsbeziehung

Risikofaktoren dürfen nicht isoliert betrachtet werden. Vielmehr sind ihre Interdependenzen zu berücksichtigen, da oftmals von einem einzelnen Faktor keine gravierende Wirkung im Hinblick auf das Zielsystem eines Unternehmens zu erwarten ist, sondern erst ein ungünstiger Verbund mehrerer Risikofaktoren zu einer ernsthaften Bedrohung werden kann.

In diesem Zusammenhang sind Existenz- und Wirkungsrelationen zu unterscheiden. Während die erste Kategorie untersucht, welche Faktoren gekoppelt auftreten, respektive sich gegenseitig ausschließen, geht es bei der zweiten Gruppe um die Frage des art- und intensitätsmäßigen Einflusses eines Parameters auf eine oder mehrere andere Risikogrößen.

Mögliche Arten von Existenzbeziehungen zwischen den verschiedenen Risikofaktoren lassen sich anhand der folgenden Abbildung systematisieren.

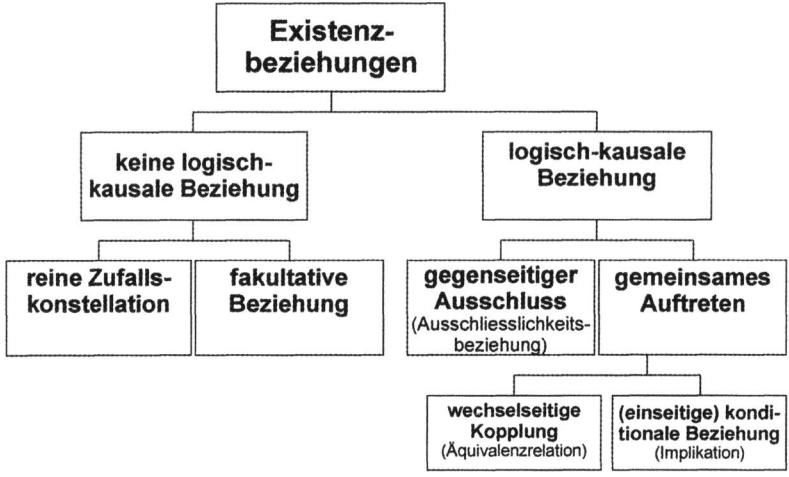

Abb. 4.6 Arten von Existenzbeziehungen

Aufgrund der Tatsache, dass die Faktoren in ihrem Auftreten und in ihrer Wirkungsweise nicht unabhängig sind, lässt sich der Gesamteffekt der Parameterkombination nicht einfach als die Summe der singulären Ergebnisausprägungen bestimmen. Vielmehr können aus der Vielzahl unterschiedlicher Verbundbeziehungen zwischen den Risikofaktoren kompensatorische und synergetische Effekte entstehen.

Von Vorteil ist allerdings, dass für den Bereich des Kundenmanagements (der Kundenperspektive der Unternehmens-BSC) die Customer Equity-Pyramide bereits in sich wiederum eine Vielzahl von Ursache-Wirkungbeziehungen abbildet und somit einen guten Ausgangspunkt für die Umsetzung bietet.

4.2.6 Risikosteuerung

Diese Stufe im Rahmen des Risikomanagementprozesses beinhaltet die Entscheidung darüber, welche Maßnahmen zur Bewältigung der Risiken letztlich zum Einsatz gelangen. Voraussetzung für eine zielgerichtete Entscheidung ist die Festlegung eines Sicherheitszieles.

Der Einsatz risikopolitischer Instrumente soll dazu beitragen, die Risikosituation zu verbessern. Dies bedeutet den Austausch von unerwünschten gegen erwünschte Risiken, so dass insgesamt das existenzbedrohende Potenzial an Störfaktoren vermindert wird und ein akzeptables bzw. ausgeglichenes Risikoportfolio entsteht.

Die Maßnahmen können dabei einerseits an der Herabsetzung der Eintrittswahrscheinlichkeit und an der Begrenzung des Schadensausmaßes ansetzen. Zum anderen besteht die Möglichkeit, frühzeitig Mittel bereitzustellen, um negativen Entwicklungen prophylaktisch entgegenzutreten. Solche Dispositionen können sich sowohl auf interne als auch auf externe Mittel beziehen.

Die einzusetzenden Instrumente lassen sich wie folgt kategorisieren. Maßnahmen zur ...

- Risikovermeidung (Unterlassung einer risikobehafteten betrieblichen Aktivität)
- Risikoverminderung (Reduktion der Eintrittswahrscheinlichkeiten von schadenstiftenden Ereignissen bzw. Verkleinerung des Verlustausmaßes)
- Risikozerlegung (Zerlegung einer risikobehafteten Aktivität in Teilaktivitäten, um Diversifikationseffekte zu erzielen)
- Risikoübertragung (Risikoüberwälzung, -abwälzung auf Marktpartner oder Versicherungen)
- Risikoselbsttragung (Bewusste Akzeptanz und ggf. Absicherung über Reservenbildung).

Zur Risikoverminderung dient auch der kontinuierliche Verbesserungsprozess (KVP). Die Grundregel hierbei lautet, dass im Unterschied zu einem großen Schritt, der auch ein großes Risiko beinhaltet, viele kleine Schritte eher ein kleines Risiko darstellen (E. Merz, Lernen, das gegenwärtige Ereignis für die Zukunft, Springer 1999).

4.2.7 Risikomanagement auf strategischer und operativer Ebene

Die wichtigsten **Steuerungsgrößen**, die für die Lebensfähigkeit einer Unternehmung unabdingbar unter Kontrolle gebracht und gehalten werden müssen, sind die **Strategie-, Erfolgs- und Liquiditätsgrößen**. Die Steuerungsgröße Risiko beeinflusst im operativen wie im strategischen Bereich die übrigen Steuerungsgrößen. Diese Grundkonzeption trägt der Tatsache Rechnung, dass die relevanten Risiken in der Regel strategische Risiken sind.

Wesentlich ist die Unterscheidung der einzelnen **Steuerungsebenen** und die **zunehmende Komplexität** der jeweiligen Orientierungsgrundlagen. Um den Steuerungshorizont in die Zukunft zu erweitern, muss eine gänzlich andere Steuerungsebene erschlossen werden.

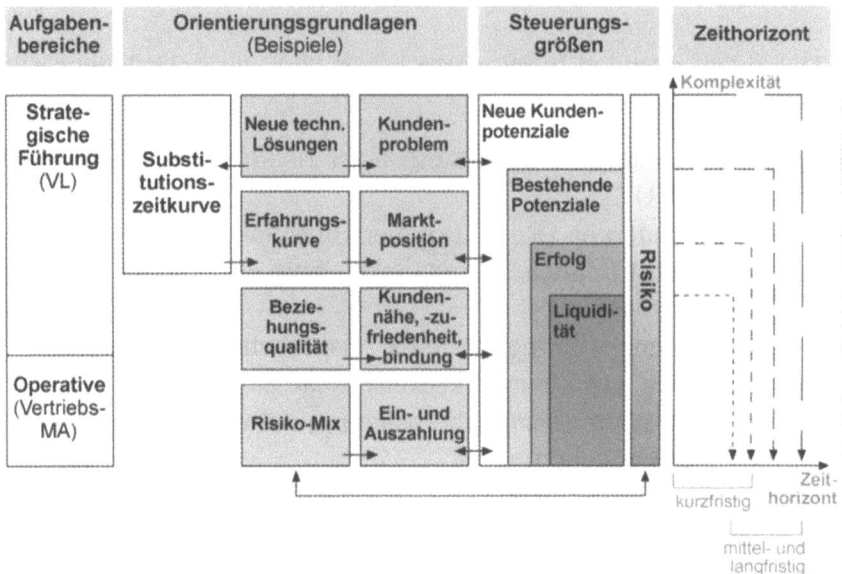

Abb. 4.7 Steuerungsgrößen im Risikomanagementsystem (in Anlehnung an Gälweiler, Strategische Unternehmensführung, 1987)

Es erscheint somit sinnvoll, das Risikomanagement auf zwei unterschiedlichen Ebenen zu betrachten:

- Der strategischen Ebene, die aufgrund des langen Planungszeitraums eine hohe Komplexität mit sich bringt
- Der operativen Ebene zur kurzfristigen Risikosteuerung.

Diese beiden Ebenen dürfen jedoch nicht losgelöst voneinander betrachtet werden. Sie werden durch ein **mehrstufiges Balanced Scorecard-System** miteinander verbunden.

Auf strategischer Ebene

Risikomanagement auf strategischer Ebene muss sich mit den bestandsgefährdenden Risikopotenzialen und ihren Steuerungsgrößen auseinandersetzen. Hierzu müssen in einem ersten Schritt unterschiedliche Risikofelder identifiziert werden. Sie lassen sich in die Bereiche globale Unternehmensumwelt, Wettbewerbsumwelt und das eigene Unternehmen einordnen.

Die einzelnen Analyse-Tatbestände werden als Risikofelder interpretiert. Die Risikofelder werden direkt der Balanced Scorecard zugeordnet.

Kundenperspektive	Systematische Umweltanalyse mit Ideenfindung
	Identifikation der geeigneten Branchen
	Wettbewerber
	Strategische Gruppen
	Wertschöpfungspartner
Prozessperspektive	Wertkette
Potenzialperspektive	Funktionen - Ressourcen
	Produkt- und Dienstleistungen

Diese Systematik gewährleistet gleichzeitig eine vollständige Kompatibilität zur Unternehmensplanung und zum Strategischen Marketing. Beide Funktionsbereiche werden neben dem Management auch als Verantwortliche für diese Balanced Scorecard-Ebene angesehen.

Strategische Ziele, Erfolgsfaktoren, Messgrößen und ihre Zielwerte werden in einer strategischen Balanced Scorecard (auf Unternehmensebene) abgebildet.

Um eine durchgängige Risikoaggregation zu erreichen wie auch - kommunikation zu ermöglichen, ist es jedoch notwendig, wichtige Zielgrößen in den einzelnen Perspektiven mit speziellen „Projekt"- Scorecards zu verknüpfen. Diese Projekt-Scorecards dienen dann als Steuerungsinstrument für die operativen Einheiten und bilden die Grundlage für eine Berichterstattung „bottom-up" direkt in die übergeordnete Unternehmens-Scorecard.

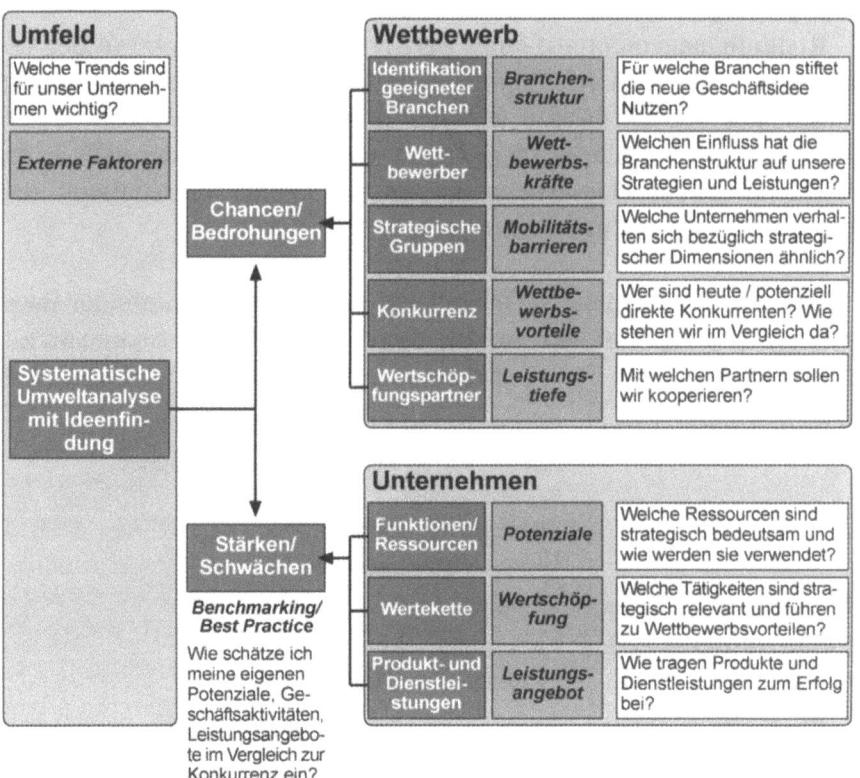

Abb. 4.8 Risikokarte Strategische Positionierung

Die CE-Pyramide stellt die Projekt-Scorecard für die Kundenperspektive dar. Der Customer Equity vereinigt in sich alle Chancen- und Risikoebenen. So werden bevorstehende Liquiditätskrisen über die Cashflow-Planung in der Forecast-Periode erkennbar und Erfolgspotenziale durch Berücksichtigung von Cross-Selling, Referenz- und Informationspotenzialen ausgewiesen.

Am Beispiel des Customer Equity lässt sich nachfolgender Grundsatz gut veranschaulichen. Er besagt, dass von einer untergeordneten Steuerungsgröße so gut wie nichts über ihre Verursachung bzw. die Steuerungsgröße höherer Ordnung gesagt werden kann, umgekehrt aber sehr zuverlässige Ableitungen vom Allgemeinen zum Spezifischen vorgenommen werden können. Je besser die Kunden-, Cross-Selling-, Referenz- und Informationspotenziale sind, umso leichter wird es fallen, die geplanten Ergebnisse zu erreichen; wo kein Erfolgspotenzial vorhanden ist, lässt sich allerdings auch bei noch so gutem Management kein Erfolg mehr erzielen.

Wirksames Risikomanagement auf strategischer Ebene versucht dabei nicht, jedes einzelne Risiko im Detail zu bestimmen und zu steuern. Vielmehr geht es darum, die als entscheidend erkannten Variablen – und dies sind relativ wenige – in eine günstige Bedingungskonstellation zu führen.

Konkret bedeutet dies, dass die Steuerungsgrößen höherer Ordnung über spezielle Scorecards direkt mit den Prozessen und somit mit den entsprechenden Steuerungsgrößen niedriger Ordnung verknüpft werden. Für die Steuerungsgröße Customer Equity ist dies die CE-Pyramide mit untergeordneten Steuerungsgrößen wie z.B. Beziehungsqualität, Prozessqualität, Kundenergebnis und Kundenpotenzial.

Steuerung der Kernprozesse

Auf der operativen Ebene werden zur Bedienung der strategischen Kundenperspektive verknüpfte Projekt-Scorecards genutzt. Dies sind die Customer Equity- sowie die Customer Value-Pyramide. Während die CV-Pyramide primär zur Steuerung der Kernprozesse, die die Leistungserstellung, Auftragsabwicklung und den Service betreffen, genutzt wird, dient die CE-Pyramide der Steuerung des Kernprozesses Vertrieb.

Anhand der Phasenstruktur des Prozesses erfolgt dabei die Klassifikation der Risikofelder. Risiken können dabei prinzipiell an zwei Stellen auftreten:

- Innerhalb der Phase wird Falsches getan / Richtiges unterlassen;
- falsche Entscheidung an der Phasenschnittstelle.

Ausgehend von dieser Überlegung lassen sich nun die risikobestimmenden Einflussfaktoren in speziellen, den einzelnen Phasen zugeordneten Risikokarten abbilden. Im Rahmen der Risikobewertung ist dann eine Analyse vorzunehmen, inwieweit sich die Risikofaktoren auf die Dimensionen des Verlustpotenzials auswirken.

Im Vertriebsprozess ist das kritische Ereignis der Auftragseingang. Die Wahrscheinlichkeit, dass dieser nicht eintritt, multipliziert mit den Prozesskosten (Personal, Kosten der Angebotserstellung etc.) entspricht dem kurzfristigen Verlustpotenzial.

Die Wahrscheinlichkeit, dass der Gesamtprozess fehlerfrei durchlaufen wird (Erfolgsquote EQ), ergibt sich aus der Multiplikation der Wahrscheinlichkeit eines erfolgreichen Abschlusses einer Teilphase. Die Risikowahrscheinlichkeit entspricht dann 1-EQ.

Neben diesem kurzfristigen Verlustpotenzial existiert aber auch ein langfristiges, das in dem Verlust einer aussichtsreichen Marktposition liegt. Dies wird in der Entwicklung des Customer Equity abgebildet.

4.2.8 Die Berücksichtigung des spezifischen Kundenrisikos in den Kapitalkosten

Von besonderer Bedeutung für das dargelegte Risikomanagement sind die Kapitalkosten der Kundenbeziehung. Prof. Barth (Universität Duisburg) und sein Doktorand Kai Wille haben die Voraussetzung dafür geschaffen, indem sie das Modell der Kapitalkostenermittlung auf die einzelne Kundenbeziehung übertragen haben.

Die Kapitalkosten ergeben sich aus Rendite-Risiko-Gesichtspunkten und werden anhand von Opportunitätsüberlegungen gebildet. Der Aufbau einer risikoreichen Kundenbeziehung ist nur dann sinnvoll, wenn sie einen vergleichsweise hohen Ertrag verspricht.

In den Kapitalkosten ist daher eine sogenannte Risikoprämie enthalten, die ein Äquivalent zum Risikograd einer Kundenbeziehung darstellt. Zur Ermittlung der Kapitalkosten der Kundenbeziehung wird auf die Investitionsmodelle CAPM (Capital Asset Pricing Model) und APT (Arbitrage Pricing Theory) zurückgegriffen. Wesentlich ist hierbei die Unterscheidung in einen systematischen und einen spezifischen (individuellen) Teil des Risikos. Während sich der systematische Teil in den Kapitalkosten der Kundenbeziehung niederschlägt, beeinflusst der spezifische Teil direkt die Entwicklung der Werttreiber der Kundenergebnisse und wird daher auch auf dieser Ebene abgebildet.

Um eine Analyse der Kundenbeziehungen durchzuführen, ist es also erforderlich, die Risikomenge des Unternehmens mit Blick auf die einzelne Kundenbeziehung zu differenzieren, da nicht alle Beziehungen zu Kunden gleiche Rendite-Risiko-Erwartungen haben. Würde mit einer einheitlichen Risikoprämie gearbeitet werden, bestünde die Gefahr, dass risikoreiche Kundenbeziehungen mehr finanzielle Mittel bekommen, als den Präferenzen der Kapitalgeber entspricht.

Wie bereits ausgeführt, versuchen Shareholder durch Diversifikation das Risiko ihres Portfolios zu reduzieren. Vergleichbar bedienen Unternehmen verschiedene Kunden, um das unternehmerische Risiko zu senken. Das Risiko einer Kundenbeziehung ist analog zum Risiko des Shareholders teilweise abhängig von der allgemeinen Unternehmensentwicklung, zum anderen von kundenspezifischen Determinanten.

Durch diese Überlegung eröffnet sich die Möglichkeit der Anwendung des CAPM auf Kundenbeziehungen. Das Beta des Unternehmens ergibt sich aus der Korrelation von Unternehmensrendite und allgemeiner Marktrendite. Durch Berechnung der Korrelation von Kundenrendite und Unternehmensrendite lässt sich das Kunden-Beta berechnen.

Dieser Ansatz ist allerdings mit dem Problem behaftet, dass sich die Rendite einer Kundenbeziehung nicht ermitteln lässt, da eine Zurechnung der Kapitalbasis nicht erfolgen kann.

Hier greift die Arbitrage Pricing Theory (APT). Der Gedanke dabei ist, dass sich das unternehmensspezifische Risiko als Summe der gewichteten Marktsegmentrisiken ergibt. Das spezifische Marktsegmentrisiko wiederum entspräche der Summe der einzelnen Kundenbeziehungsrisiken.

Das Gesamtrisiko eines Unternehmens lässt sich als Renditevarianz des Unternehmens messen. Verringert man dieses um den Teil, der in Korrelation zur Marktrendite steht, ist das spezifische Unternehmensrisiko bekannt.

Damit entspricht das spezifische Unternehmensrisiko der Summe der Marktsegmentrisiken, die in Anlehnung an die APT durch mehrere unterschiedlich gewichtete Risikofaktoren (in den Risikokarten) direkt bestimmt werden.

Um den systematischen Teil eines Marktsegmentrisikos zu bestimmen, muss die Kovarianz des unternehmensspezifischen Risikos und des Risikos des betrachteten Marktsegmentes ermittelt werden. Analog lässt sich über ein Scoring-Modell von Risikofaktoren auf Kundenbeziehungsebene schließlich das systematische Risiko einer Kundenbeziehung und somit das Kunden-Beta ermitteln.

Zusammenfassend lässt sich sagen:

- Auf allen Unternehmensebenen sind die vier Perspektiven der BSC zu berücksichtigen.
- Jede Unternehmensebene repräsentiert ein systematisches Risiko, welches sich aus der übergeordneten Ebene ableitet ...
- ... sowie ein spezifisches Risiko, welches sich aus den untergeordneten Ebenen ableiten lässt.

4.2.9 Praxis der Ermittlung der Risiken in der Industrie-Assekuranz

Industrieversicherer haben bereits heute quasi „von Berufs wegen" ihren Fokus auf der Risikoermittlung und -bewertung von Industrieunternehmen. Die Bewertung eines Risikos führt immer zur Kalkulation einer risikospezifischen „Risikoprämie", die sich in einem bestimmten Beitragssatz wiederfindet. Dabei unterscheiden Industrieversicherer nach systematischen Risiken die ein Unternehmen hat, weil es z.B. bestimmten Umwelteinflüssen ausgesetzt ist, einer bestimmten Branche angehört oder in bestimmte Märkte liefert, sowie spezifischen Risiken, die sich aus der individuellen Situation, z.B. Gebäudebestand, angewandte Fertigungsverfahren oder dem Qualitätsmanagement ergeben.

In der Regel wird daher ein Basistarif mit einer systematischen Risikoprämie (hierfür gibt es umfangreiche Branchenindizes-Handbücher) sowie einem individuellen Risikozuschlag multipliziert.

Die systematischen Risikoprämien werden über statistische Verfahren regelmäßig aktualisiert und damit den tatsächlichen Schadensverläufen angepasst (jedem aus den unterschiedlichen Kraftfahrzeugtarifen bekannt).

Es erscheint zweckmäßig, dieses bewährte Verfahren auf die Anwendbarkeit für weitergehende Fragestellungen der Risikobewertung zu überprüfen.

Darüber hinaus könnte es sinnvoll sein, die Vorgehensweise der Risikoermittlung und -bewertung mit dem der Industrieversicherer so zu synchronisieren, dass eine Risikoauslagerung an einen Versicherer erleichtert und ggf. auch günstiger, weil präziser, wird.

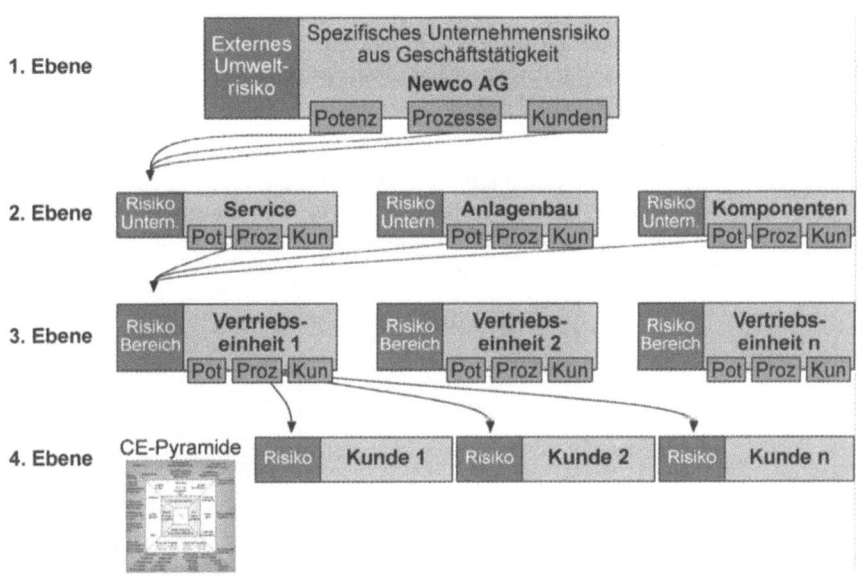

Abb. 4.9 Das Gesamtmodell

4.3 Risikomanagement in der Anwendung

Eine entscheidende Voraussetzung ist die Akzeptanz bei den Mitarbeitern und die Vermittelbarkeit theoretischer Grundlagen. Hiermit steht und fällt die Qualität und Aussagekraft eines Risikomanagements. Daher soll in diesem Kapitel der Fokus auf der Ausführung und praktikablen Umsetzung des CE-orientierten Risikomanagements liegen.

4.3.1 Das Risiko-Audit

In der Erläuterung des KonTra-Gesetzes sind wir bereits auf die Prüfungskriterien der Wirtschaftsprüfer eingegangen. Hier die einzelnen Punkte noch einmal im Überblick:

Schnelligkeit: Rechtzeitige Erfassung der Risiken, die in der jeweiligen Situation des Unternehmens dessen Fortbestand gefährden können.	Quantität: Die Risiken sind hinsichtlich der Höhe des drohenden Vermögensverlustes zu quantifizieren	Objektivität: Die Informationen müssen den Entscheidungsträger unbeeinflusst erreichen.
Zeithorizont: Die zeitlichen Abstände der Informationserhebung sind unter Berücksichtigung der Risikoreaktionszeiten und der Risikoart zu wählen.	Intensität: Die Intensitätsdimension der Risiken, d.h. ihre Eintrittswahrscheinlichkeit, ist zu beurteilen.	Interdependenzen: Die Informationen über Einzelrisiken sind zusammenzufassen
Vollständigkeit: Die bestandsgefährdenden Risiken sind vollständig zu erfassen.	Systematik: Die Informationserhebung darf nicht sporadisch erfolgen, sondern muss als standardisierter, routinemäßiger Prozess angelegt werden.	Dokumentation: Das Erfassungs- und Verarbeitungssystem ist so zu dokumentieren, dass die Risikoerfassung und -bewertung für die Mitarbeiter des Unternehmens nachvollziehbar und damit umsetzbar wird. Es sind auch die tatsächlichen Abläufe, d.h. die Informationserhebung, die Risikobewertung sowie die Verarbeitung der erkannten Risiken selbst zu dokumentieren.
Wirtschaftlichkeit: Es gilt der Grundsatz der Wirtschaftlichkeit bei der Risikoermittlung.	Flexibilität: Die standardisierte Datenerhebung muss regelmäßig an die sich ändernden Risiken angepasst werden.	

Sie ermöglichen eine Aussage darüber, in wieweit ein funktionierendes Risikofrühwarnsystem im Unternehmen etabliert wurde.

Verständlicherweise ist ein Unternehmen schlecht beraten, würde es diese Einschätzung alleine einem Wirtschaftsprüfer überlassen bzw. auf eine Abschlussprüfung und deren Ergebnis warten.

Vielmehr sollte bereits frühzeitig ein internes, fachlich fundiert durchgeführtes Audit den Status des Risikomanagements im Unternehmen erfassen und erforderliche Verbesserungsmaßnahmen initiieren. Dieses Audit sollte ähnlich einem Ökoaudit oder einer ISO-Zertifizierung regelmäßig wiederholt werden.

Das Analyse-Instrumentarium der Risikokarten sollte dabei auch im Risiko-Audit in Form von sogenannten Auditkarten eingesetzt werden, um arbeitsmethodisch stringent zu bleiben.

Im Unterschied zu den Risikokarten, die über inhaltliche Fragestellungen die eigentlichen Risiken innerhalb der Geschäftsprozesse sowie deren einzelnen Prozessphasen ermitteln sollen, wird in den Auditkarten nur die Qualität des prozessabdeckenden Risikofrühwarnsystems an Hand der beschriebenen Indikatoren beurteilt.

	Anforderungs-erfüllung	Ab-deckung wodurch?	Was ist gut?	Was ist zu opti-mieren?
Schnelligkeit: Rechtzeitige Erfassung der Risiken, die in der jeweiligen Situation des Unternehmens dessen Fortbestand gefährden können.	1—2—3—4—5			
Zeithorizont: Die zeitlichen Abstände der Informationserhebung sind unter Berücksichtigung der Risikoreaktionszeiten und der Risikoart zu wählen.	1—2—3—4—5			
Vollständigkeit: Die bestandsgefährdenden Risiken sind vollständig zu erfassen.	1—2—3—4—5			
Wirtschaftlichkeit: Es gilt der Grundsatz der Wirtschaftlichkeit bei der Risikoermittlung.	1—2—3—4—5			
Quantität: Die Risiken sind hinsichtlich der Höhe des drohenden Vermögensverlustes zu quantifizieren.	1—2—3—4—5			
Intensität: Die Intensitätsdimension der Risiken, d.h. ihre Eintrittswahrscheinlichkeit, ist zu beurteilen.	1—2—3—4—5			
Systematik: Die Informationserhebung darf nicht sporadisch erfolgen, sondern muss als standardisierter, routinemäßiger Prozess angelegt werden.	1—2—3—4—5			

	Anforderungs-erfüllung	Ab-deckung wodurch?	Was ist gut?	Was ist zu opti-mieren?
Flexibilität: Die standardisierte Da-tenerhebung muss regelmäßig an die sich ändernden Risiken angepasst werden.	1—2—3—4—5			
Objektivität: Die Informationen müssen den Entscheidungsträger un-beeinflusst erreichen.	1—2—3—4—5			
Interdependenzen: Die Informatio-nen über Einzelrisiken sind zusam-menzufassen	1—2—3—4—5			
Dokumentation: Das Erfassungs-und Verarbeitungssystem ist so zu dokumentieren, dass die Risikoerfas-sung und -bewertung für die MA des Unternehmens nachvollziehbar und damit umsetzbar wird. Es sind auch die tatsächlichen Abläu-fe, d.h. Informationserhebung, Risi-kobewertung sowie Verarbeitung der erkannten Risiken selbst zu dokumen-tieren.	1—2—3—4—5			

Bezogen auf das Markt-Management würde das Risiko-Audit der „Kundenperspektive" alle dem Customer Equity-Modell zugrunde-liegenden Prozesse abdecken. Im einzelnen sind dies:

1. Der Prozess der strategischen Positionierung
   - Umwelt
   - Markt
   - Wettbewerb

2. Die Transaktionsprozesse
   - Potenzialkonfiguration
   - Akquisition
   - Leistungserstellung und -abwicklung

3. Die Beziehungsprozesse
   - Kundennähe
   - Kundenzufriedenheit
   - Kundenbindung

Es ist fallweise in den einzelnen Unternehmen zu entscheiden, ob es sinnvoll ist, diese neun Basis-Auditkarten noch weiter in die Sub-prozess-Auditkarten zu differenzieren, wie wir es ja für die Risikokarten empfohlen haben. Ein solches Vorgehen würde zwar die Aussagekraft, aber auch den Aufwand erheblich erhöhen.

Sinn macht es daher, diese Detaillierung dort vorzunehmen, wo die Subprozesse weder von den gleichen Unternehmensbereichen und Mitarbeitern bearbeitet werden, noch mit einheitlichen IT- und Berichtssystemen ausgestattet sind.

Ein typisches Beispiel hierfür ist der Prozess Leistungserstellung im Maschinenbau, der ja von der Konstruktion über die Fertigung bis hin zu Projektmanagement, Montage und Service reichen kann. Hier ist eine weitergehendere Differenzierung zu empfehlen.

4.3.2 Das Risikofrühwarnsystem im täglichen Einsatz

Der Process-Owner hat die Aufgabe der selbständigen Erfassung und Analyse der in seinem Verantwortungsbereich liegenden Risiken und Chancen und die Verpflichtung, darauf zu reagieren.

Da wir uns zunächst mit der Risikobeschreibung des Kundenmanagements beschäftigt haben, soll in dem nachfolgenden Beispiel der Process-Owner ein Vertriebsmitarbeiter sein. Im Wesentlichen bearbeitet er transaktionsbezogen die Projekte seiner Kunden und ist darüber hinaus verantwortlich für die kontinuierliche Entwicklung und Festigung der Beziehungen.

Im Rahmen dieser Tätigkeit nutzt der Vertriebsmitarbeiter verschiedene, für seinen jeweiligen Prozess sinnvolle Tools, Medien und Informationsquellen.

In die Tools werden die relevanten Daten, die zur erfolgreichen Vertriebsarbeit benötigt werden eingegeben, z.B. bestimmte Kunden- und Projektinformationen. Die Grundstrukturen dieser Tools können alle wesentlichen für die Risikokarten relevanten Informationen aufnehmen.

Mit den einzelnen Tools besteht nun die Möglichkeit, die Risikoeinschätzung, also die Bewertung einzelner Indikatoren vorzunehmen. Die Indikatoren und die jeweilige Bewertung des Vertriebsmitarbeiters werden dann IT-gestützt in die Risikokarten übertragen.

Da die Risikokarten die Deskriptoren der CE-Pyramide darstellen, lassen sich die ermittelten Werte zuzüglich einiger weiterer Werte zu den Performance Drivern, den Key Performance Drivern und schließlich dem Customer Equity verdichten.

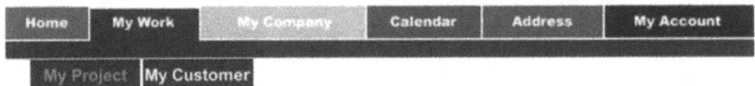
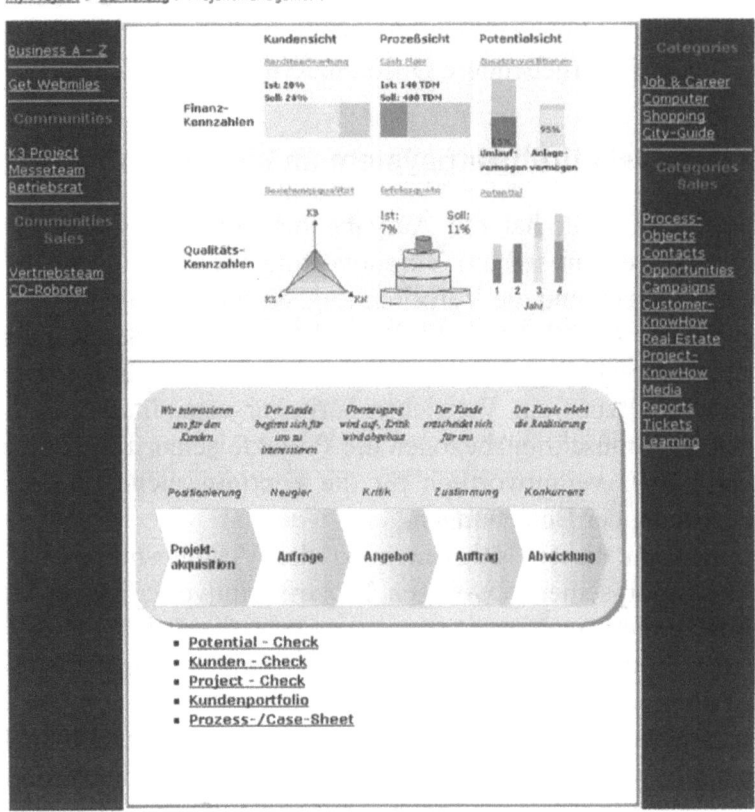

Abb. 4.10 Anwenderoberfläche mit integriertem CE-Cockpit

Der Vertriebsmitarbeiter erhält ein permanentes Feedback, indem in die Anwenderoberfläche seines PC-Arbeitsplatzes ein Customer Equity-Cockpit integriert ist, das ihm die ersten Ebenen seiner CE-Pyramide zeigt – übrigens wahlweise für einen spezifischen Kunden oder für die Summe seiner Kunden. Die Anzeige erfolgt in der Optik von realen Messinstrumenten, z.B. Ampeln oder „Tachometern". Bei Bedarf (z.B. rote Ampeln) kann die gesamte Pyramide angezeigt und in jede Risikokarte Einblick genommen bzw. bis auf die Grundlage der einzelnen Information zurückgegangen werden.

Auf diese Art und Weise kann der Vertriebsmitarbeiter sich alle seine Kunden betreffenden und spezifischen Risiken jederzeit vergegenwärtigen.

In einem identischen Verfahren lässt sich auch auf den darüber liegenden Ebenen, z.B. einer Niederlassung oder einer Vertriebseinheit, ein Monitoring der Risiken vornehmen, und über das CE-Cockpit kann man dann in die einzelnen Ebenen der CE-Pyramide gelangen und die Risikoursache und den zugehörigen Process-Owner identifizieren.

Dabei soll nochmals betont werden, dass die ermittelten Risiken der untergeordneten Einheit jeweils das spezifische Risiko der übergeordneten Einheit – ergänzt um weitere Risikofelder – ergeben.

Ein praktisches Beispiel: Das spezifische „Kundenrisiko" einer Niederlassung ergibt sich aus der Summe aller Risiken der einzelnen Kunden. Zusätzlich kommen aber noch spezifische Risiken der Niederlassung hinzu, die sich nicht einem Kunden zuordnen lassen, z.B. die Risiken der Gebäude, von Fertigungseinheiten oder Maschinen. Diese Risiken fallen in die Kategorien Prozessperspektive bzw. Potenzialperspektive.

Die Co-Varianz des gesamten Risikos der Niederlassung und des gesamten Risikos des Kunden bildet schließlich das systematische Risiko für die untergeordnete Einheit, z.B. des einzelnen Kunden.

4.3.3 Das Risiko-Audit eines CE-basierten Risikomanagements

Die Einführung des Customer Equity-Modells und des hierauf basierenden Risikomanagements führt dazu, dass Unternehmen in Bezug auf das Risikofeld Markt-Management „Bestnoten" im Audit erhalten. Nachstehend sehen Sie das Gesamtergebnis eines Risikoaudits bezogen auf das Markt-Management. Es wurde ein Unternehmen bewertet, dass das CE-Modell inklusive des CE-basierten Risikomanagements in seinem Vertrieb nutzt.

	Anforderungs-erfüllung	Abdeckung wo-durch?	Was ist gut?
Schnelligkeit	1—2—3—4—5	Risikokarten, integriert in die Vertriebstools	Prozessbasierte Erfassung der Risiken durch die Mitarbeiter im Rahmen ihrer täglichen Arbeit
Zeithorizont	1—2—3—4—5	Monitoring der Risiken durch die CE-Pyramide / CE-Cockpit	Permanentes Monitoring (Realtime), Risikoerfassung im Rahmen der ständigen Vertriebsarbeit
Vollständigkeit	1—2—3—4—5	Risikokarten aller Transaktions- und Beziehungsprozesse werden abgebildet	Vollständigkeit ist gegeben, alle Risiken sind systematisiert und in einen logischen Zusammenhang gebracht.
Wirtschaft-lichkeit	1—2—3—4—5	Integration in das Marktmanagement-System, kein separates Risikomanagement erforderlich.	Da Teil der Vertriebsarbeit und des Vertriebs-Controllings, ist das Risikomanagement kein gesonderter und Aufwand produzierender Bereich
Quantität	1—2—3—4—5	Die finanziellen Performance Driver	Risikoprämie als Teil der kundenbezogenen Kapitalkosten, Erfassung sowohl des Potenzialrisikos als auch des Cashflow-Risikos
Intensität	1—2—3—4—5	Definition von Grenzwerten und Zuordnung zu den qualitativen KPD	Qualitative KPD erfassen die Eintrittswahrscheinlichkeit von Risiken und Chancen sowohl der Kundenbeziehung als auch der Transaktion
Systematik	1—2—3—4—5	CE-Pyramide	Die Systematik ist der durchgängige Ansatz des CE-Modells und reicht von der Prozessebene bis zur Unternehmensführungsebene

	Anforderungs-erfüllung	Abdeckung wo-durch?	Was ist gut?
Flexibilität	1—2—3—4—5	Variabilität der Grenzwerte und der Gewichtungsfaktoren innerhalb der Risiko-karten	Freie Einstellbarkeit, modu-larer Aufbau der Risikokar-ten
Objektivität	1—2—3—4—5	Aggregation der In-halte der CE-Pyramide auf jeder Ebene	Entscheidungsträger können selber Informationen von der aggregierten Ebene bis auf die Detailebene jederzeit abrufen.
Interdepen-denzen	1—2—3—4—5	Ursache-Wirkungssystem der CE-Pyramide	Aus den Einzelrisiken ent-steht ein Gesamtbild „Chan-cen und Risiken der Kun-denbeziehung"
Dokumentation	1—2—3—4—5	Gesamtsystematik von der Erfassung in-nerhalb der Vertriebs-tools, der Abbildung in den Risikokarten bis zum Monitoring in der CE-Pyramide	Die Dokumentation ist so aufgebaut, dass sie einheit-lich über alle Unterneh-mensbereiche gestaltet ist, so dass sie für alle Mitarbei-ter nachvollziehbar und ü-bersichtlich ist.

5 Vom „Customer Transaction Management" zum „Customer Relationship Management"

Zu Beginn möchten wir eine These aufstellen. Wir meinen, dass vieles von dem, was heutzutage unter dem Titel Customer Relationship Management – kurz CRM genannt – an Produkten und Lösungen, insbesondere IT-Lösungen, angeboten wird, eine Mogelpackung ist. Viel zutreffender wäre für diese Produkte eigentlich der Titel „Customer Transaction Management".

Natürlich wollen wir Ihnen diese These auch begründen.

Customer Relationship Management bezeichnet das Management und die Kommunikation aller kundenbezogenen Aktivitäten eines Unternehmens. Eigentlich banal, möchte man meinen, denn welches Unternehmen würde es sich nicht zur Aufgabe machen, dieses Vorgehen in die Praxis umsetzen und täglich leben zu wollen?

Der Begriff Customer Relationship Management erinnert zunächst einmal stark an das in den Neunzigern bekannt gewordene „Key Account Management".

„Damals" machte man es sich zur Aufgabe, die wichtigsten Schlüsselkunden, die Key Accounts, effektiver, vielleicht auch besser zu betreuen als bisher. Anlass war die Erkenntnis, dass große Kunden häufig von verschiedenen Vertriebsmitarbeitern aus verschiedenen Bereichen parallel und unkoordiniert bearbeitet wurden.

Die Folge waren uneinheitliche Preise, Schwächung der Verhandlungspositionen, unzureichende Betreuung des Kunden und mangelnde Koordination der Auftragsabwicklung. Der Key Account Manager war die Antwort auf dieses Problem.

Er erhielt die Verantwortung für die Koordination und Synchronisation aller kundenbezogenen Aktivitäten. Darüber hinaus war die Entwicklung der Kundenbeziehung seine wesentliche, strategische

Aufgabe. Der Key Account Manager sollte nicht nur die Auftragsgenerierung und -abwicklung koordinieren. Ihm wurde auch ins Aufgabenbuch geschrieben, sich fundiert Gedanken über die zukünftige Entwicklung des Kunden und die Bedeutung für das eigene Unternehmen zu machen, die gestellten Aufgaben und Anforderungen zu analysieren und in geeignete Maßnahmen umzusetzen.

Die Einführung des Key Account Managements war in erster Linie eine Aufgabe der Personalentwicklung. Vorhandene oder neue Vertriebsmitarbeiter mussten in die neue Stellenbeschreibung hinein qualifiziert werden. Sie mussten mit dem dafür notwendigen Arbeitsinstrumentarium vertraut gemacht, teilweise in ihrem Auftreten „chefetagenfähig" werden. Außerdem war ihr unternehmerisches Denken zu fördern.

Eine zweite Herausforderung des Key Account Managements war es, die teilweise festzementierten Barrieren zwischen einzelnen Abteilungen und Unternehmensbereichen zu überwinden. Hierfür mussten Spielregeln vereinbart, neue organisatorische und kommunikative Zusammenhänge geschaffen werden. Der Key Account Manager wurde nicht nur zum ersten Verkäufer nach draußen, er musste gleichzeitig auch tagtäglich überzeugend nach innen verkaufen. Seine Autorität war weniger disziplinarischer Natur, sondern entstand aus seiner Fähigkeit, Kollegen und anderen Unternehmensbereichen nachvollziehbar die Anliegen und Erfordernisse des Kunden vor Augen führen und deren Realisierung koordinieren und steuernd begleiten zu können.

Wenn durchdachte und professionelle Qualifizierungskonzepte zur Verfügung standen, die Fähigkeiten, Fertigkeiten und Verhaltensweisen von Mitarbeitern und Unternehmensbereichen zu fördern, war ein wesentlicher Schlüssel zum Erfolg vorhanden.

Sehr zum Ärgernis der Softwareindustrie. Für sie war in den Key Account Management-Projekten nicht allzu viel zu holen. Lediglich kleine Softwareanpassungen an den ERP- und VIS-Systemen waren nötig, um den Anforderungen des Key Account Managements gerecht zu werden – schließlich ging es ja nur um wenige Kunden. Die Groupware- und Kommunikationssoftware bildete hier jedoch eine Ausnahme. Sie wurde für die übergreifende Teamarbeit dringend benötigt.

Die Limitierung des Key Account Managements steckt bereits in der Namensgebung. Diese Vorgehensweise war nur für die großen, überragend wichtigen Kunden, die Key Accounts vorgesehen. Die B- und C-Kunden kamen in der Regel nicht in den Genuss dieser bevorzugten Behandlung. Von daher war folgerichtig der nächste Schritt, die Grundzüge des Key Account Managements auf die Masse der Kunden zu übertragen. Kenntnis über alle mit dem Kunden in Zusammenhang stehenden Aktivitäten wurde zunehmend auch für die mittleren und kleineren Kunden gefordert. Die amorphe Masse der Kundschaft sollte transparent gemacht werden und sich in individuelle, identifizierbare Kundenprofile auflösen. Die Idee des Customer Relationship Managements war geboren!

Doch diesmal hatte die Softwareindustrie aufgepasst. Es sollte ihr nicht noch einmal widerfahren, dass Unternehmensberatungen und Trainingsinstitute ihr die Löwenanteile von Projektbudgets wegschnappten.

Und die Chancen standen gut, denn diesmal ging es um eine gewaltige Informationsflut, die zu bewältigen war. Tausende von Kunden waren zu administrieren, die unterschiedlichsten „Points of Communication" zwischen Kunden und eigenem Unternehmen waren zu vernetzen.

Wen wundert es, dass schon nach kurzer Zeit „CRM" ein Synonym für eine Software-Produktfamilie wurde.

Die sogenannten CRM-Lösungen. Softwarehersteller der unterschiedlichsten Provenienz – seien es ERP-, eBusiness-, Dokumentenmanagement- oder VIS-Anbieter – buhlen um einen rasant wachsenden Markt, der bereits für 2001 auf 20 Mrd. Dollar weltweit geschätzt wird.

Sie alle nehmen für sich in Anspruch, dass mit Hilfe der Software die Zielsetzungen des Customer Relationship Managements wie Umsatzsteigerung, Kundenorientierung, umfassende Informationsversorgung etc. erreicht werden. Dank gelungenen Marketings und knackigen Werbeaussagen werden infolgedessen landauf, landab unter CRM-Projekten meist CRM-Software-Projekte verstanden.

Die Ziele werden vom Vertrieb gesteckt, die Umsetzung erfolgt, da softwareorientiert, durch die IT-Abteilung. Die Personalentwicklung wird häufig nicht einbezogen und kann nur als staunender Zuschauer die Entwicklung verfolgen. Dabei ist gerade sie gefordert, zum Mitinitiator von CRM zu werden und sie müsste es doch aus den Erfahrungen des Key Account Managements besser wissen. Denn auch Customer Relationship Management kann man nicht kaufen, es ist keine Technologie. CRM ist vielmehr – wie schon das Key Account Management – Geschäftsstrategie, Teamarbeit und Verhaltenskultur der Mitarbeiter – mit oder ohne Software.

Das Ergebnis vieler IT-getriebener Projekte sind frustrierte Führungskräfte und fehlende Akzeptanz der Mitarbeiter. In mehr als 70% der Fälle (Forrester Research '99) führen Umsetzungsprobleme zu Investitionsruinen in Millionenhöhe.

Warum ist das so?

In der Ursachenforschung sollte mit der Definition von Begriffen begonnen werden. Zunächst ist festzustellen, dass Erwartungen und Ergebnisse in CRM-Projekten weit auseinander liegen.

Wie der Name schon sagt, verbindet man mit Customer Relationship tatsächlich die gesamte Kundenbeziehung. Tatsächlich aber ermöglichen die verfügbaren Softwaresysteme eher ein Customer Transaction Management, als ein Management der Kundenbeziehungen.

Der transaktionsorientierte Fokus der Softwarelösungen beinhaltet in der Regel Funktionalitäten wie Kontaktmanagement, Terminplanung, Anfragen- und Auftragsbearbeitung sowie das Handling von Versand, Service und Reklamationen.

Die in den jeweiligen Transaktionsschritten generierten Informationen, Dokumente und Aktivitäten werden in einem CRM-System protokolliert und stehen jedem Anwender in allen anderen Transaktionsphasen zur Verfügung.

So kann ein Mitarbeiter in einem Call-Center bei einem Reklamationsanruf des Kunden sehr schnell sehen, welche Kundenhistorie vorliegt, welche Verträge existieren und ob es sich um einen A-, B- oder C-Kunden handelt. Ein Vertriebsmitarbeiter kann sich mit Hilfe eines CRM-Systems beim Kunden ein Produkt konfigurieren lassen oder alle Aufträge in ihrem Lieferstatus verfolgen. Ohne Frage alles sehr sinnvolle und nützliche Möglichkeiten. Wohlgemerkt aber eben alles transaktionsorientiert.

Wie wir in den vorangegangenen Kapiteln ausgeführt haben, sollten Kundenbeziehung sehr viel differenzierter betrachtet werden. Neben dem Transaktionsprozess muss auch der Beziehungsprozess im Blickpunkt stehen. Kundennähe, Kundenzufriedenheit und Kundenbindung stellen andere Kategorien dar als die Auftragsverfolgung oder die Angebotsbearbeitung. Ein CRM-System, das hält, was es verspricht, müsste sie also ebenfalls abdecken.

Kommen wir zu dem Begriff „Management". Er beinhaltet die vier Funktionen Zielen, Planen, Ausführen und Steuern. Wenn man den Begriff des Customer Relationship Managements daraufhin ansieht, gelten diese vier Funktionen auch für das Management der Kundenbeziehung. CRM bedeutet somit definitorisch vollständig das Zielen, Planen, Ausführen und Steuern der Kundenbeziehungs- und Transaktionsprozesse. Dies wiederum setzt mehr voraus als eine transaktionsbezogene Software.

Vier Erfolgsfaktoren kennzeichnen gelebtes Customer Relationship Management:

- Gestaltung aller Geschäftsprozesse, die im weiteren Sinne mit Vertrieb zu tun haben.
- Qualifizierte Customer Relationship-Manager, die in der Lage sind die Geschäftsprozesse in Gang zu setzen, zu planen, zu realisieren und zu steuern. CR-Manager müssen organisatorisch und methodisch stark sowie kommunikativ überzeugend sein, kurzum: sie müssen mehr als „nur" Verkäufer sein.
- Sehr weitgehende Einbeziehung der Kunden in die Zusammenarbeit. Anforderungen und Erwartungen müssen bekannt sein und berücksichtigt werden. Die Geschäftsprozesse sollten so synchronisiert werden, dass eine individuelle und kundennahe Betreuung möglich wird.
- Integration in Managementkonzepte, wie Balanced Scorecard, Value- und Risikomanagement. CRM muss Fragen übergeordneter Systeme beantworten können und deren Strukturen und Kennzahlensystematik bedienen.

Diese vier Grundbedingungen für CRM – Gestaltung der Geschäftsprozesse, Qualifizierung der CR-Manager, Einbeziehung der

Kunden und Integration der Unternehmensstrategie – werden nachfolgend einzeln beleuchtet werden.

5.1 Gestaltung der Geschäftsprozesse

5.1.1 Prozessorientierung als Voraussetzung

Die Voraussetzung für die Gestaltung der Geschäftsprozesse ist die
Prozessorientierung des Unternehmens. Dies bedeutet, dass alle Ge-
schäftsvorfälle und Abläufe definiert und beschrieben werden. Jeder
Prozess – wie auch die Teilprozesse – hat einen Anfang (einen Aus-
löser) und ein Ende (ein Ergebnis). Die zur Ausführung des Prozesses notwendigen Ressourcen und Potenziale sollten aufgaben- und
anlassbezogen dem jeweiligen Prozessschritt zugeordnet werden.

Die Prozessorientierung bedingt mithin, dass alle relevanten Geschäftsprozesse konkretisiert sind, dass sie dargelegt werden und in
ihren Abläufen abgebildet dokumentiert werden.

Mit der Prozessorientierung werden damit auch die Anforderungen der DIN ISO 9000 ff. erfüllt.

Für viele Geschäftsprozesse ist diese Vorgehensweise mittlerweile
geübte Praxis bzw. vereinbarte Zielsetzung. Hierzu gehören beispielsweise die Finanzprozesse, die Produktions- oder Warenwirt-
schaftsprozesse.

Eher die Ausnahme bilden die Vertriebsprozesse. Insbesondere
dort, wo Vertrieb noch als „hohe Kunst" des Verkäufers verstanden
wird und wo die Auftragserlangung häufig einen mehrmonatigen,
komplexen und „geheimnisumwitterten" Vorgang darstellt.

Einfacher tun sich da schon die mengenorientierten Konsumarti-
kelverkäufer. Die zugrunde liegenden Prozesse erfordern eine orga-
nisierte, systematisierte Vertriebsarbeit und transparente Abläufe.

So ist es beispielsweise für ein Unternehmen der Mobilfunkbran-
che eine absolute Notwendigkeit, den vielen Hundert im Vertrieb
(z.B. in Call-Centern) tätigen Mitarbeitern Ablaufpläne an die Hand
zu geben. Nur so wissen die Mitarbeiter was sie zu tun haben, wenn
ein Kunde sein Passwort vergessen hat, einen neuen Vertrag ab-

schließen, seinen alten Vertrag umstellen oder eine Reklamation anhängig machen will.

Eine präzise Beschreibung der Abläufe ermöglicht es, von Prozess zu Prozess sauber überleiten zu können. So werden Schnittstellen z.b. vom Auftragseingang zur Auftragsabwicklung oder vom Call-Center zum Reklamationsmanagement präzise definiert und dargelegt.

Ziel ist es sicherzustellen, dass den Kunden eine gleichbleibend hohe Service- und Bearbeitungsqualität geboten werden kann – unabhängig davon wo, wann und von wem der Prozess bearbeitet wird.

Weiterhin bietet die Prozessabbildung auch die Möglichkeit, Arbeitsschritte hinsichtlich ihrer Effizienz und Effektivität zu untersuchen und gegebenenfalls optimieren zu können, was wiederum Prozesszeiten und -kosten positiv beeinflusst.

Und schließlich lassen sich nur präzise beschriebene und dargelegte Abläufe für die Anwender arbeitsökonomisch sinnvoll in einer Software abbilden.

Diese Ziele und Vorteile gelten auch für die Zusammenarbeit zwischen Unternehmen, dem Business to business (B2B)-Geschäft. Auch hier bedarf es der Abbildung der Vertriebsprozesse als Voraussetzung zur Optimierung der Abläufe, der Fähigkeit zur kollaborativen Zusammenarbeit verschiedener Teilprozesse und der Unterstützung durch eine Software. Diese Erkenntnis beginnt sich mehr und mehr durchzusetzen.

5.1.2 Varianten des Vertriebsprozesses

Aber welche Vertriebsprozesse sind abzubilden?

In den ersten Kapiteln dieses Buches haben wir bereits die Wichtigsten dargestellt:

- Den Beziehungsprozess, der das Ziel hat, die Kundenbindung über die Kundennähe und die Gewährleistung der Kundenzufriedenheit zu verbessern und
- den Transaktionsprozess, der sich mit der organisierten Auftragserlangung und -abwicklung befasst.

Abb. 5.1 Grundmodell des Vertriebsprozesses

Diese beiden Grundlagen der Vertriebsprozesse sind wiederum in Teilprozesse untergliedert.

Darüber hinaus gibt es verschiedene Ausprägungen dieser Prozesse; z.B. wird der Transaktionsprozess bei einem Neukunden ganz anders verlaufen als bei einem Stammkunden. Ein Komponentengeschäft ist anders zu betreiben als ein Projekt- oder Anlagengeschäft.

Auch die Art und Weise Kundenbindung zu erzielen, ist von Geschäft zu Geschäft und von Kundensegment zu Kundensegment unterschiedlich.

Daraus folgt die Notwendigkeit, sich von der Vorstellung zu lösen, es gäbe nur „den einen Vertriebsprozess". In der vielfältigdifferenzierten Welt der Wirtschaft lassen sich eine Vielzahl von Varianten und Modifikationen identifizieren, die allerdings immer auf dem vorgestellten Grundmodell aufbauen.

Aus durchgeführten Projekten wissen wir, dass regelmäßig 5 bis 10 Basis-Vertriebsprozesse zugrunde gelegt werden müssen, deren spezifische Gegebenheiten beachtet und keinesfalls über einen Kamm geschoren werden dürfen. Vielmehr müssen sie in ihren jeweiligen Anforderungen berücksichtigt werden – auch in der unterstützenden Software. Geht man von einem Unternehmen mit ca. 3 bis 5 Geschäftsbereichen aus, ergibt sich eine Anzahl von ca. 25 bis 50 unterschiedlichen Vertriebsprozessen!

Was uns in Anbetracht der genannten Zahlen immer wieder verblüfft, ist die Tatsache, dass viele CRM-Softwarelösungen überhaupt nicht die Möglichkeit bieten, Vertriebsprozesse, geschweige denn ein ganzes Bündel von unterschiedlichen Varianten und darauf abgestimmte vertriebliche Vorgehensweisen, abzubilden und zu unterstützen.

Die Bedeutung der Prozessorientierung möchten wir Ihnen an einem praktischen Beispiel vor Augen führen.

Ein im Anlagenbau tätiges Unternehmen hat seine Vertriebsprozesse analysiert und dabei eine Differenzierung nach Neukundengeschäft, Wiederholungskauf, Stammkundengeschäft, indirektem Partnergeschäft, Großprojektgeschäft und Contractinggeschäft vorgenommen.

Als eine im Neukundengeschäft wichtige Prozessphase wurde dabei die Vorakquise definiert. In ihr sind einzelne Arbeitsschritte vorzunehmen, beispielsweise die gezielte Beschaffung von Informationen oder eine Wettbewerbsanalyse, die zu einer Bewertung eines potenziellen Kunden hinsichtlich seiner Attraktivität und der relativen Wettbewerbsposition führen.

Die einzelnen Aktivitäten stehen in einem logischen Zusammenhang und stellen eine prozessuale Kette dar. Insofern macht es auch Sinn, die einzelnen Aktivitäten in einer Prozessphase zusammenzufassen. Ebenfalls sinnvoll wäre es, die zur Bearbeitung der Prozessphase notwendigen Arbeitsinstrumente, Informationsquellen und Ressourcen so miteinander zu verknüpfen, dass sie zum richtigen Zeitpunkt und am richtigen Ort zur Verfügung stehen. Hierzu gehören bestimmte Felder aus den Firmendatenbanken, ergänzende Informations-Ablagemöglichkeiten, Scoring-Tools zur Kundenbewertung sowie Portfoliomatrizen zur Positionierung.

Ein Hauptproblem der Vertriebsmitarbeiter lag darin, dass die erst vor zwei Jahren angeschaffte CRM-Vertriebssoftware diese Vorgehensweise nicht unterstützte. Die benötigten Funktionalitäten mussten aus den unterschiedlichsten Programmen einzeln, mehr schlecht als recht generiert werden. „Rein in die Untermenüs, raus aus den Untermenüs", war das Motto. Eine sehr ineffiziente Vorgehensweise, und nur von demjenigen zu leisten, der sich mit der Software auskannte. Einsteiger fanden erst gar nicht die relevanten Menüpunkte.

Darüber hinaus war die Ablage von Kundeninformationen uneinheitlich, das Ranking eines Kunden nur mittels einer eindimensionalen ABC-Liste möglich. Und noch vieles mehr fand sich auf der Mängelliste der Mitarbeiter.

Erst fast zwei Jahre nach der Implementierung der Software und nur ausgelöst durch eine analytische Beschäftigung mit dem eigenen Geschäftsprozess, kamen das aus Vertriebssicht wünschenswerte Anforderungsprofil sowie wesentlichen Mängel der Software auf den Tisch.

Quintessenz für das Unternehmen: Eine Softwareunterstützung macht nur noch dann Sinn, wenn sie die unterschiedlichen Vertriebsprozesse 1:1 zugrundelegt, abbildet und unterstützt.

5.1.3 Vernetzung aller kundenbezogenen Geschäftsprozesse

Aber es geht nicht nur um die Vertriebsprozesse. Der Vertrieb ist eng verzahnt mit den anderen kundenbezogenen Prozessen. Hierbei ist besonders zu berücksichtigen, dass gerade die Prozesse der Auftragsabwicklung und Leistungserstellung einen direkten Einfluss auf die Kundennähe und Kundenzufriedenheit haben. In der Verfolgung dieser Zielsetzung ist also sicherzustellen, dass der Vertrieb die jeweiligen Statusinformationen aus den anderen Geschäftsprozessen permanent zur Verfügung hat und deren Auswirkung auf die Beziehungsqualität erkennen kann.

Im Beispiel unseres Anlagenbau-Unternehmens wird dies deutlich. Der Vertrieb hat im Rahmen seiner Analyse die Potenziale der Bestandskunden ermittelt. In einem konkreten Fall war das Ergebnis ein Bedarf von sechs Anlagen in den kommenden drei Jahren. Hinzu kamen noch zu erwartende Serviceumsätze, Wartungsdienstleistungen und Ersatzteillieferungen, die von der Menge der tatsachlich beauftragten Anlagen abhingen.

Der Kunde machte allerdings die Beauftragung der weiteren Anlagen von der reibungslosen Abwicklung des ersten Auftrages abhängig. Das Unternehmen wollte nun sicherstellen, dass der Vertrieb jederzeit wusste, ob die Fertigung im Zeitplan liegt, ob die Montage ausreichende Kapazitäten eingeplant hatte und auf der Baustelle alles vorbereitet war. Ebenso war es aber von Bedeutung, dass auch der verantwortliche Projektleiter Informationen darüber besaß, welche Folgeaufträge von seiner Arbeit abhingen, welche Personen beim Kunden welche Rolle spielten und worauf er achten sollte („Tretminen", „heikle Themen" etc.), wenn er mit dem Kunden sprach. Und schließlich hatten alle Beteiligten ein gesteigertes Interesse, die mitlaufende Kalkulation um das laufende Geschehen zu erweitern, um gegebenenfalls steuernd einzugreifen.

Leider waren die notwendigen bereichsübergreifenden Möglichkeiten in den Informationssystemen nicht gegeben. Die Teilsysteme Vertriebs-, Projektmanagement- und Kalkulationssoftware waren nicht in der Lage, die Daten auszutauschen. Jeder Bereich tappte mehr oder weniger „im Dunkeln" oder musste sich die Informationen mühsam zusammensuchen. Auch in diesem Punkt wurde die eingesetzte Software dem Anspruch des Customer Relationship Management nicht gerecht.

Wenn die Kundenbeziehung Ausgangspunkt und Ziel aller Bemühungen des Unternehmens ist, müssen auch alle zum Kunden führenden und vom Kunden kommenden Prozesse miteinander vernetzt werden und transparent sein. Jeder Beteiligte muss im vernetzten Prozess an jeder beliebigen Stelle einsteigen und in benachbarte Prozesse gelangen können.

5.1.4 CE-Cockpit und Prozesslandkarte als Navigationsinstrument

Um in dem „Prozessdschungel" den Überblick zu behalten, wird eine Navigationshilfe benötigt. Der Ausgangspunkt kann das Customer Equity-Cockpit sein. Über eine Vorauswahl lässt sich beispielsweise ein Kunde auswählen, dessen Kennzahlen sowie die aktuelle Risikosituation über die Risikoampeln angezeigt werden. Ausgehend von den Key Performance Drivern lassen sich nun direkt die dazugehörigen Prozesse ansteuern.

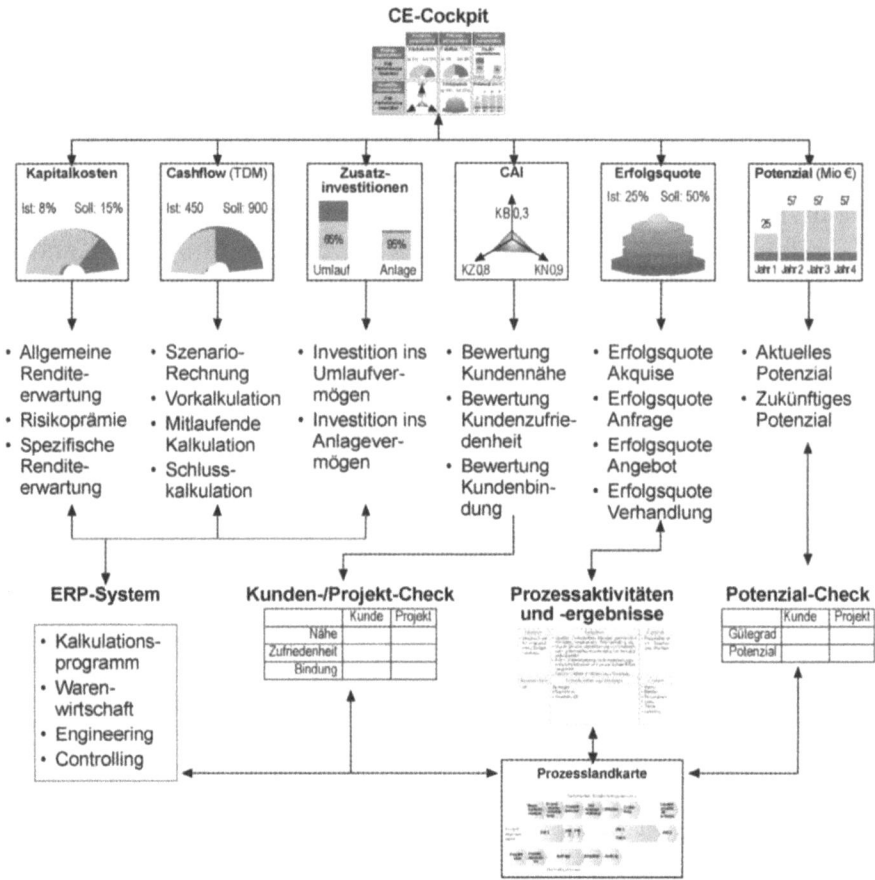

Abb. 5.2 Die Ansteuerung von Prozessen aus dem kundenbezogenen CE-Cockpit

Die Prozesse sollten, so unsere Erfahrung, durch spezifische „Prozesslandkarten" abgebildet werden. Sie visualisieren grafisch den Zusammenhang bestimmter miteinander verzahnter Teilprozesse.

Typische Beispiele hierfür sind die wichtigen Transaktionsprozesse Akquisition und Leistungserstellung.

Im Beispiel unseres Anlagenbauers ist es notwendig, bereits während der Vertriebsphasen „Angebot" und „Verhandlung" den technischen Projektleiter in den Kundenprozess einzubeziehen. Um eine vollständige fachgerechte Angebotserstellung und Projektorganisation – hier sind häufig bereits Konstruktions-, Projektentwicklungs- und Bauabteilung involviert – abzusichern, müssen sowohl der Kunden- als auch der Projektverantwortliche von Anfang an „voll im Bilde" sein. Eine Prozesslandkarte ermöglicht es allen Beteiligten, jederzeit die benachbarten Teilprozesse „einzusehen" und sich den Arbeits- und Informationsstand vor Augen zu führen.

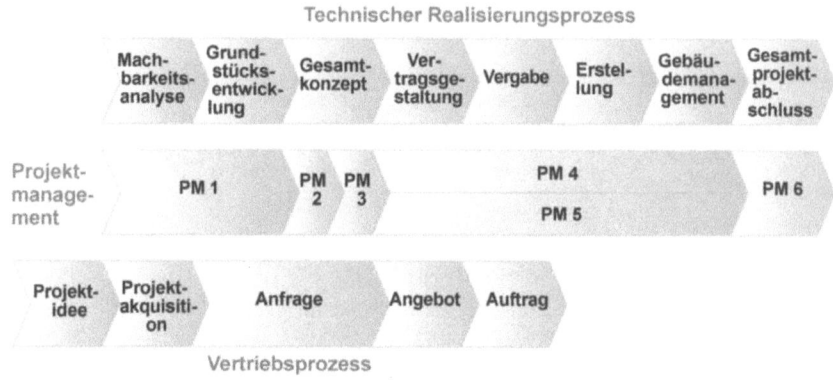

Abb. 5.3 Eine typische Prozesslandkarte im Anlagenbau

Besonders erfolgreich lassen sich Prozesszusammenhänge herstellen, wenn die Front-Endsysteme „webbasiert" arbeiten. Ein Problem bei der IT-Umsetzung ist die Tatsache, dass für die Bearbeitung von Teilprozessen in der Regel auch spezifische Teilsysteme eingesetzt werden. Versucht man nun diese Softwareanwendungen so miteinander zu verknüpfen, dass man von der einen Anwendung in die andere wechseln kann, scheitert man all zu häufig an der Schnittstellenproblematik und an der unterschiedlichen Benutzerführung und Funktionalität. Zur Auflösung wird eine über allen Teilsystemen liegende integrierende „Anwenderoberfläche" benötigt.

Die webbasierte Technologie schafft hier Abhilfe. Der gemeinsame Kommunikationsstandard der Internetsprachen HTML bzw. XML ermöglicht es allen Teilsystemen, eine gemeinsame Oberfläche anzusteuern. Benötigt wird in allen Anwendungen die Einrichtung einer einzigen Schnittstelle, z.B. der XML-Schnittstelle. In diesem zukunftsweisenden Modell gelangt der Anwender jederzeit über eine einfache Browseroberfläche, die die Prozesslandkarte abbildet, zu den jeweiligen Informationen aus den unterschiedlichsten Anwendungen. Dabei bleiben die Art der Benutzerführung und die internettypische Navigation, das sogenannte „Surfen", erhalten. Der Anwender surft aus der Prozesslandkarte in die einzelnen Teilprozesse und von dort zu den einzelnen Aktivitäten, immer in der folgerichtigen Logik, das alles beim Kunden seinen Ursprung hat und letztendlich dorthin auch wieder zurückführen muss.

	Projektidee	
Auslöser	**Aufgaben**	**Ergebnis**
• Gespräch mit A1 anlässlich eines Budgetmeetings	• Quellen: Zeitschriften, Messen, persönliche Kontakte, Insolvenzen, Telemarketing, etc. • Quelle bei uns: Identifizierung von Unternehmen, potenziellen Kunden mit Immobilienbeständen • A-B-C Klassifizierung nach Realisierungswahrscheinlichkeit und persönlichem Erfahrungswert • Kunden-Hitliste erstellen (aus Ranking)	• Projektidee ist o.k., Ticket an zust. Manager
Verantwortlich	**Schnittstellen und Beteiligte**	**Content**
• GF	Beteiligte • Backoffice • Assistent GF	• Memo • Medien • Ressourcen • Links • Ticket • Learning

Abb. 5.4 Die Prozesskarte eines Teilprozesses

Die Prozesslandkarte ist damit der Unterbau des Customer Equity-Cockpits und stellt sicher, dass der Anwender von übergeordneten Kennzahlen direkt und ohne Umschweife zu den dahinterliegenden Prozessen und einzelnen Prozessschritten gelangen kann. Womit der Anwender selber den Detaillierungsgrad der von ihm benötigten Informationen bestimmt.

5.2 Qualifizierung der CR-Manager

Irritiert fragte uns ein Personalleiter, wieso wir denn immer von CRM- und Marktmanagern sprechen würden. Schließlich hatte er all die Jahre doch immer „Verkäufer" eingestellt, ob die denn nun alle das falsche Profil hätten und sich das Unternehmen von diesen Mitarbeitern trennen sollte?

Was halb ironisch gemeint war, hatte doch einen ernsten Kern.

Die inflationäre Verwendung neuer Begriffe führte und führt häufig zu der hinter vorgehaltener Hand geäußerten Ansicht, dass es sich bei all diesen Begriffen letztendlich um Modewörter, schicke Anglizismen oder „alten Wein in neuen Schläuchen" handelt.

Deshalb sollte man sich zunächst von solchen Worthülsen lösen und tatsächlich, wie vom zitierten Personalleiter vorgeschlagen – aber sicher anders gemeint – das Anforderungsprofil eines CRM-Akteurs und seine Stellung im Unternehmen untersuchen.

Wir möchten unsere Anforderungen an den Marktmanager neuen Typs mit den folgenden vier K beschreiben:

- kollaborativ
- konstant
- kreativ
- kompetent

5.2.1 Kollaboration

Der Begriff kollaborativ bezeichnet einen bestimmten Arbeitsstil. Er ist gekennzeichnet durch die Fähigkeit, andere Menschen in die eigene Arbeit mit einzubeziehen, sie am eigenen Erfolg teilhaben zu lassen. Umgekehrt bedeutet kollaboratives Arbeiten aber auch, sich selbst wiederum ebenfalls in die Arbeit anderer einzubringen, zu deren Erfolg beizutragen.

In der Vergangenheit war eher das Gegenteil der Fall. Der Verkaufskünstler sah sich selbst gerne als „lonesome wolf", der sich mutig in das Feindesland begibt, um die Beute anschließend stolz den Daheimgebliebenen zu präsentieren. Archaische Assoziationen lassen sich dabei gar nicht verhindern, überkommene Klischees des „starken Mannes", des „Marlboro-Cowboys" wurden ausgelebt. Das

Vertrieb über Jahrzehnte eine Männerdomäne war, ist vor diesem Hintergrund sicherlich kein Zufall.

Kollaboratives Arbeiten wird häufig gleichgesetzt mit Teamwork. Beide Begriffe sind jedoch nicht identisch, sondern haben unterschiedliche Schwerpunkte. Genau genommen ist Teamwork eine besondere Form der Kollaboration. Sie setzt voraus, dass sowohl eine Team- als auch eine Aufgabenbindung existiert. Beides wird benötigt, um herausragende Leistungen zu erbringen, die ein Einzelner nicht erzielen könnte.

Die Teambindung bezeichnet das Empfinden einer gegenseitigen Verpflichtung der Teammitglieder. Sie entsteht durch ein Grundgefühl der Sympathie, durch ein Verständnis füreinander und durch das Bewusstsein einer relativen Abhängigkeit voneinander. Mein Erfolg geschieht nicht ohne Dein Zutun, Dein Misserfolg ist auch mein Misserfolg, ist dabei die unausgesprochene Losung. Darüber hinaus wird Teambindung durch das Praktizieren von bestimmten Teamritualen gefördert. Jedes lebendige Team entwickelt solche Rituale, die von Außenstehenden meist nicht verstanden werden und daher die Abgrenzung des Teams und damit die Schaffung einer Teamidentität positiv beeinflussen. Rituale können eine bestimmte „Geheimsprache" sein, Sitzungsgewohnheiten, eingespielte Arbeitsabläufe, das gemeinsame Feierabendbier oder eine bestimmte Art, Erfolge zu feiern.

Die Aufgabenbindung beschreibt die Verpflichtung für die Sache. Eine klar definierte Aufgabe steht an und sie muss bewältigt werden. Insofern setzt Teamwork auch die Formulierung einer solchen Aufgabe voraus, die idealerweise auch die Definition eines Anfangs- und Endpunktes haben sollte. Eine Aufgabenbindung entsteht auf dieser Basis dann, wenn sich über entsprechende Vereinbarungen jedes einzelne Teammitglied über die positiven wie negativen Konsequenzen der Erreichung oder Nichterreichung dieser Aufgabe bewusst ist. Die Relevanz einer Aufgabe für die eigene Person ist neben ihrer exakten Beschreibung die entscheidende Voraussetzung für die Aufgabenbindung.

Viele in Unternehmen gebildete Teams leiden allerdings darunter, dass Aufgaben nicht präzise genug beschrieben sind oder aber für den einzelnen keinerlei Bedeutung haben. Die Folgen sind „Dienst nach Vorschrift" und der Aufbau von Rückzugspositionen durch die

Teammitglieder. So ist beispielsweise ein häufiges Phänomen, dass Teammitglieder sich gerade in einer wichtigen Phase eines Projektes gerne mit anderen Aufgaben und Tätigkeiten beladen. Die dann nachweisbare Arbeitsüberlastung liefert eine schlüssige Argumentation, warum man zur Zeit nicht ausreichend an der Teamaufgabe arbeiten kann.

Dass auf diese Weise keine herausragenden Ergebnisse zustande kommen, liegt auf der Hand.

Kollaboratives Arbeiten kann zu Teamwork führen, setzt dieses aber nicht zwangsläufig voraus. Es bezeichnet eher die Fähigkeit, situationsbezogen und angemessen ein Netzwerk von Zu- und Mitarbeitern zu organisieren und zu bedienen. Diese Verbindungen können dabei durchaus flüchtiger Natur sein, eben situationsabhängig. Kollaboratives Arbeiten setzt voraus, dass sich jeder schnell, quasi aus dem Stand in einem Zusammenarbeits-Netzwerk zurechtfindet. Teilweise einander fast unbekannte Menschen finden sich zu einer Aufgaben- oder Themenstellung zusammen, benötigen keine große Aufwärm- oder Anlaufphase, sondern entwickeln schnell ein gemeinsames Verständnis über eine sinnvolle Vorgehensweise oder Arbeitsteilung (z.B. Cockpit- und Kabinenpersonal der Fluggesellschaften).

Ein neues Thema oder eine neue Aufgabenstellung führen wiederum zu einer neuen Konstellation von Arbeitsgruppen in neuer personeller Besetzung.

„Feste Seilschaften" und eingeschliffene starre Arbeitsabläufe von wenigen, aufeinander fixierten Menschen entsprechen daher nicht der Zielsetzung des kollaborativen Arbeitsstils. Sie engen mögliche, sinnvolle Konstellationen zur Bewältigung von Aufgaben entscheidend ein und reduzieren damit die Anzahl der alternativen Problemlösungen und Problemlösungsverhalten. Der Ausspruch „Das haben wir noch nie so gemacht", dokumentiert ein nicht kollaboratives Verhalten und zeugt von starren, festgefahrenen Strukturen. Gleichwohl ist aber genau das ein bisher häufig praktiziertes Verhalten, insbesondere im Vertrieb. Man klammert sich an den einen, vertrauten Ansprechpartner beim Kunden; man hat seine festen „Buddies" im eigenen Unternehmen, mit denen man einen Auftrag durchs Unternehmen schleust. Gefürchtet ist die Situation, wo diese Partner auf einmal wegfallen.

Warum die Kollaboration eine immer größere, ja überragende Bedeutung erhält, wollen wir nachstehend begründen.

Internet, Marktplätze und eNetworking

Unternehmen befinden sich in ständiger Veränderung. Reorganisationen, Merger & Acquisitions etc. sorgen dafür, dass „das einzig Beständige der Wandel ist".

Davon ist auch der Vertrieb betroffen. Immer mehr virtuelle Marktplätze entstehen, in denen Leistungen und Dienstleistungen ge- und verkauft werden. Unternehmen müssen sich daher „öffnen" und mit diesen Onlinemarktplätzen vernetzen, ansonsten werden sie auf Dauer teilweise vom Wettbewerb ausgeschlossen.

Die Vielfalt der Marktplätze und die Möglichkeiten des Internet entfalten auch eine neue Qualität: das „eNetworking". Die Bildung von Wertschöpfungsnetzwerken wird hierdurch entscheidend erleichtert. „eNetworking" setzt allerdings zwingend den kollaborativen Arbeitsstil voraus!

Merkmale der Internet-Marktplätze sind:

- **Trading**: Dynamische Preismodelle ersetzen starre Preislisten.
- **Agents:** Virtuelle Agenten übernehmen Standardaktivitäten, die bisher von Menschen mit viel Aufwand ausgeführt wurden, z.B. die Suche nach und die Zusammenführung von Nachfragern und Anbietern.
- **Community:** Die Marktplatzteilnehmer nutzen den Marktplatz über das reine Trading hinaus, um Interessengemeinschaften zu vielfältigen Themen zu bilden.

Dem Vertrieb ist das Prinzip „Marktplatz" nicht fremd – im Gegenteil, eigentlich ist es ja seine „ureigenste" Sache. Er vermarktet Produkte auf dem externen Kundenmarkt und beschafft sich auf dem unternehmensinternen Ressourcenmarkt alle Arbeits- und Sachleistungen, die er für seine Aufgabe benötigt. Daher kann man den internen Markt auch als den Lieferantenmarkt des Vertriebs bezeichnen.

Dieser Tatsache wird die bisherige Unternehmensstruktur aber nicht gerecht. Auch Aufbau- und Ablauforganisation entsprechen häufig nicht diesem Prinzip, sondern sind hierarchisch-funktional strukturiert. Diese Situation führt dazu, dass es nicht gelingt, interne und externe, Kunden- und Lieferanten-, virtuelle und reale Marktplätze zu synchronisieren. Die vorhandenen IT-Systeme sind Spiegelbild dieser Verhältnisse.

Anbieter und Nachfrager

Die Marktteilnehmer sind zum einen heterogen, zum anderen nehmen sie auf unterschiedlichen Marktplätzen unterschiedliche Rollen als Nachfrager bzw. Anbieter ein.

Auf dem internen Marktplatz ist der Vertrieb zunächst Nachfrager. Er benötigt Wissensprodukte (z.B. Kundenkontakte, Kunden- und Projektwissen ...), Medienprodukte (z.B. Werbemittel, Präsentationen, Modelle ...), Dienstleistungen (Zeitressourcen von Kollegen, technische Angebotskonzepte, Gutachten ...) und die konkreten Leistungsbündel, die der Kunde erhalten soll (z.B. Anlagen, Ersatzteile, Dienstleistungen, Service ...).

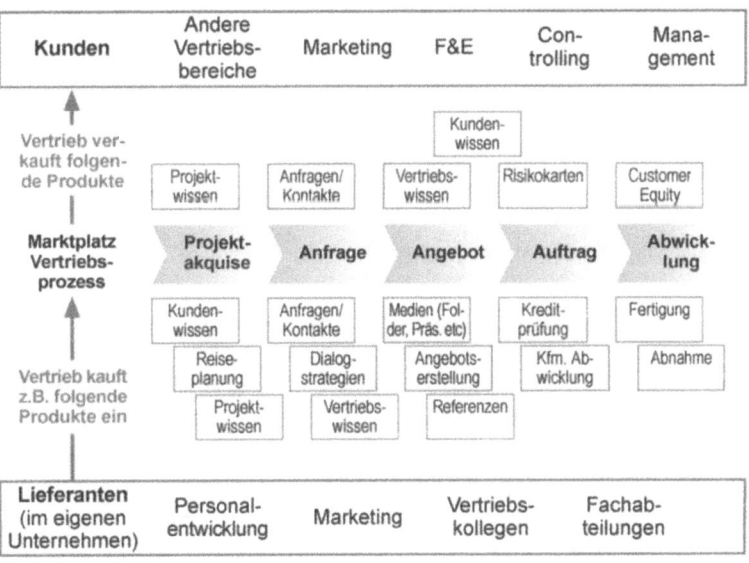

Abb. 5.5 Der „interne" Marktplatz Vertrieb

Gleichzeitig ist der Vertrieb im Unternehmen Anbieter. Wissensprodukte, wie z.B. „vergabefähige" Marktchancen, Aufträge, Wettbewerbssituationen etc. werden von ihm zur Verfügung gestellt, der

Ertragswert der Kundenbeziehung, der Customer Equity dargelegt und zur Ausschöpfung und Gestaltung vorbereitet.

Die gleichzeitige Funktion des Vertriebs als Nachfrager/Anbieter lässt sich auch auf die externen Marktplätze übertragen. Lediglich der Kreis der Marktteilnehmer und die Bandbreite der zur Verfügung stehenden Leistungen vergrößern sich erheblich.

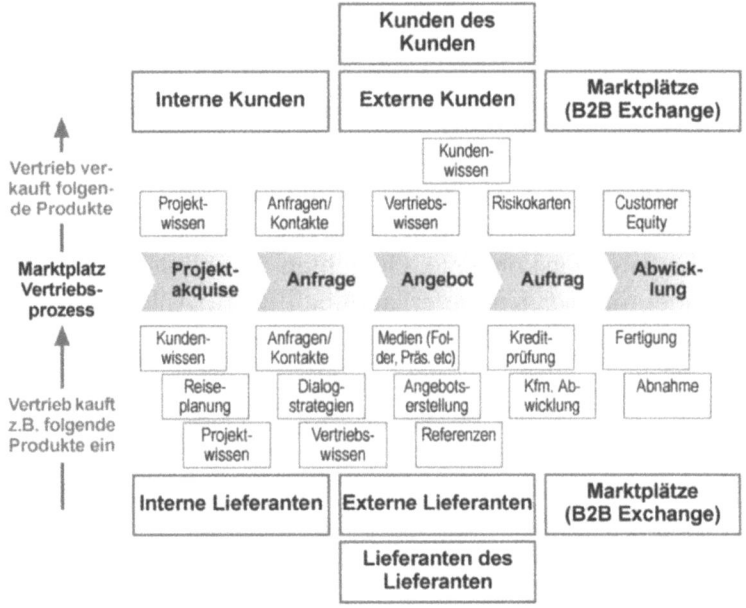

Abb. 5.6 Der „externe" Marktplatz Vertrieb

Zugang ist eine Nutzenebene der „Net Economy"

Das Streben nach Eigentum beherrscht und prägt unsere Welt, „Besitz" und Eigentum stehen gleichbedeutend für Reichtum, Wohlstand und Macht. Auch im Vertrieb herrscht bis heute die Vorstellung, dass das Kundenwissen Eigentum des einzelnen Vertriebsmitarbeiters ist, seinen Marktwert mitbestimmt und ihm Einfluss und Macht im Unternehmen sichert. Lange Jahre war dies tatsächlich eine Monopolstellung, die der Vertrieb für sich nutzen konnte.

Auch durch das Internet getrieben, verändern sich die Wertvorstellungen.

Eigentum ist in vielen Fällen nicht länger die entscheidende Größe, sondern der Zugang zu Informationen und Netzwerken definiert Erfolg, Einfluss und Reichtum. Im Einzelfall kann der Besitz einer Sache sogar von Nachteil sein. Denn das Kapital ist festgelegt und es kann die Situation eintreten, dass das Eigentum nicht mehr nützt, sondern für die Anleger wertlos geworden ist. Der Zugang und die „anteilige" bzw. temporäre Nutzung von Informationen, Anlagen, Kapital oder Beziehungs- und Wertschöpfungsnetzwerken haben in wichtigen Bereichen den „Kauf und Verkauf" abgelöst. Die Entwicklung von Miet-, Leasing- und anderen Zugangs- und Nutzungsmodellen belegt dies nachhaltig.

Für den Vertrieb bedeutet dies, dass nicht das Eigentum am „Kundenwissen" seinen Wert bestimmt, sondern seine Fähigkeit, anderen den Zugang und die Nutzung dieses Kundenwissens zu ermöglichen. Via Internet lässt sich heute oft mehr Kundenwissen generieren, als durch die einzelnen Vertriebsmitarbeiter. Deshalb haben auch diese ein großes Interesse daran, Zugang zu Informationen und Wissensprodukten anderer zu bekommen.

Wenn Zugang zu und Nutzung von Inhalt („Content") neue Werttreiber der „Net Economy" und damit wichtige Produkte auf den Marktplätzen sind, muss auch die Unternehmensorganisation dem Rechnung tragen. Es müssen Wertdefinitionen für Zugang und Nutzung gefunden werden – Angebot und Nachfrage müssen auch auf diesem Markt ihre Dynamik entfalten.

Kollaboration heißt vor diesem Hintergrund, dass der Wert der Zusammenarbeit bestimmt werden und transparent sein muss.

Für ein ganzheitliches CRM-Modell bedeutet es, dass es nicht sinnvoll sein kann, diese „neuen Produkte" unentgeltlich auf den internen wie externen Marktplätzen wie bisher bereitzustellen, zu verteilen und zu nutzen.

Vertriebsmitarbeiter haben sich bisher häufig geweigert, ihre Wissensprodukte im Unternehmen zu verteilen, und werden dies auch weiter tun, solange ihnen nicht der ökonomische Wert dieser Leistung „gutgeschrieben" wird. Die Vielzahl von Zugriffs- und Passwortregelungen in Vertriebsorganisationen spricht hier ebenso Bände wie das bislang meist vergebliche Unterfangen, ein Cross-Selling über verschiedene Unternehmensbereiche durch die Verteilung von Projekt- und Akquisewissen zu erzielen.

Der Customer Equity als Produkt

Unternehmen setzen sich das Ziel, mittels geeigneter Strategien eine Steigerung des Unternehmenswertes und damit auch des Shareholder Values zu erreichen. Wesentliche Quelle des Unternehmenswertes ist der Markterfolg, der sich durch die Realisierung der Unternehmensstrategie erzielen lässt. Markterfolg wiederum spiegelt sich in dem erzielten ökonomischen Wert aller Kundenbeziehungen, den das Unternehmen in seinem Markt realisiert.

Zentrale Aufgabe des Vertriebes ist es, durch geeignete Aktivitäten die Kundenbeziehung so zu gestalten, dass Kundenbindung und Auftragsvolumen und -häufigkeit erhöht werden und der Ertragswert der Kundenbeziehung gesteigert wird. Man könnte also auch sagen, dass der Vertrieb dem Unternehmen die „bewerteten Marktpotenziale" als „Produktmöglichkeit" zur Gestaltung und Ausschöpfung zur Verfügung stellt. Dieses Produkt wird, wenn der Ertragswert die angestrebte Wertsteigerung ermöglicht, realisiert und steigert damit den Anteilswert und den Shareholder Value.

Um den Customer Equity zu ermitteln bzw. seine Optimierung systematisch betreiben zu können, bedarf es der Analyse und Kenntnis des Netzwerkes von Werttreibern und Wertvernichtern. Die hierfür erforderlichen Messgrößen und die „Mechanik" haben wir bereits beschrieben.

Wichtig ist es, an dieser Stelle festzuhalten, dass der Vertrieb auf dem internen Marktplatz im Auftrag der Unternehmensführung das Produkt Customer Equity darzulegen hat, Zielvorstellungen zur Optimierung und verbesserten Ausschöpfung entwickelt, geeignete Maßnahmen zur erfolgreichen Gestaltung und Realisierung plant und durchführt und die Kundenbeziehung dauerhaft absichert.

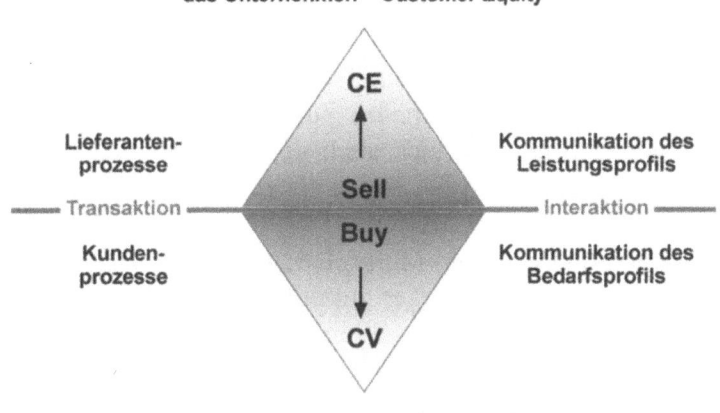

Abb. 5.7 Die Symbiose von Customer Equity und Customer Value

Der Customer Value als Produkt

Spiegelbildlich gilt das gleiche auch für die Kundenseite. Das Produkt, dass für den Kunden erstellt wird, kann im engeren Sinne eine bestimmte „Hardware" oder eine definierte Serviceleistung sein. Im eigentlichen Sinn ist es ein Wertbeitrag, den es leistet und den der Kunde benötigt, um wiederum seinen Kunden Wertbeitrag zu liefern. Der Customer Value spiegelt daher den ökonomischen Wert der Produkte und Dienstleistungen wider, den ein Lieferant für seinen Kunden erbringt.

Traditionell wird der vom Kunden geforderte Wertbeitrag nur indirekt bedient und argumentativ begründet. So kann der Austausch einer alten gegen eine neue Anlagenkomponente grundsätzlich zu geringeren Betriebskosten und einer verbesserten Umweltverträglichkeit führen. Aber wie sich dies für den Kunden als verbesserter Wertbeitrag auswirkt, lässt sich vom Lieferanten meist nicht direkt beantworten oder belegen.

Mehr und mehr Kunden suchen aber genau den Partner, der ihnen nicht Technik bzw. Hardware verkaufen will, sondern den Partner, der „Wertbeitrag", also Customer Value bieten und diesen nachvollziehbar und transparent darlegen kann. Ob man diesen durch bessere Technik, ein „Servicekonzept" oder andere Dienstleistungen erzielt, ist für den am Ergebnis interessierten Kunden nur Mittel zum Zweck.

Daher werden zunehmend große Anstrengungen unternommen, diese Wertbeiträge als vermarktungsfähige Produkte aufzufassen, zu entwickeln und bereitzustellen. Im Zuge dieser Entwicklung ergibt es sich zwangsläufig, dass sich auch der Vertrieb verändern muss, um den gesteigerten Customer Value als zentrales wettbewerbsdifferenzierendes Produkt zu begreifen.

Auf internen und externen Marktplätzen wird sich der Vertrieb als Customer Relationship-Manager zukünftig einen ganzen Baukasten von „Leistungen" zusammenstellen müssen, um das „Produkt" Customer Value-Optimierung für den Kunden verfügbar zu machen und realisieren zu können.

Der Vertrieb von Teilleistungen wird natürlich auch weiterhin wichtig sein, auf längere Sicht gesehen wird die Bedeutung gegenüber dem sich entwickelnden neuen Produkt, dem Customer Value, aber abnehmen.

Zusammenfassend lässt sich sagen, dass der Vertrieb zwei wesentliche Produkte erstellt und vermarktet: Den Customer Equity und den Customer Value. Erstgenannten bietet er seinen Unternehmen bzw. den Shareholdern, letzteren seinen externen Kunden. Für beide beschafft der Vertrieb sich auf internen wie externen Marktplätzen die notwendigen Leistungen.

Grundlegende Voraussetzung hierfür ist die Fähigkeit der CR-Managers, sich kollaborativ auf seinen Einkaufs- und Verkaufsmarktplätzen zu bewegen und zu verhalten.

Fakt ist aber auch, dass der Customer Relationship-Manager mehr und mehr sein eigener Unternehmer im Unternehmen wird. Sein Business ist die „Ertragswertorientierte Gestaltung und Optimierung der Kundenbeziehung".

5.2.2 Konstanz

Wenn Arbeitsbeziehungen zukünftig eher kollaborativer denn beständiger, unveränderlicher Natur sein werden, ist zu fragen, worin denn überhaupt noch die Kontinuität besteht?

Diese Frage führt uns zu einer weiteren Anforderung an Customer Relationship-Manager – der Konstanz.

Beständigkeit lässt sich auf vielen Gebieten erreichen. Zwei erscheinen uns bedeutsam. Zum einen gilt es, in einer Welt des ständigen Wandels den Partnern – Kunden- wie Lieferanten – Konstanz hinsichtlich des Geschäftsgebarens und der unternehmerischen Wert- und Zielvorstellung zu bieten.

Die Integrität eines Geschäftspartners erwächst aus der Übereinstimmung von Absichten, Versprechungen und Verhaltensweisen. Nur wer sich diesbezüglich authentisch und integer verhält, wird für sich in Anspruch nehmen können, ein zuverlässiger Partner zu sein.

Zum anderen sollte ein Customer Relationship-Manager auch Konstanz hinsichtlich seiner Arbeits- und Vorgehensweise an den Tag legen. „Rom wurde nicht an einem Tag erbaut", und Kundenbeziehungen sollten ebenfalls nicht kurzsichtig gesehen werden. CR-Manager, die „kurzgetaktet" auf den schnellen Erfolg aus sind, werden sicher auf der Transaktionsebene ein „Strohfeuer" entzünden können.

Dauerhafte Kundenbindung als Ergebnis wertorientierter Beziehungsqualität ist jedoch nur zu erzielen, wenn der CR-Manager – ungeachtet kurzfristiger Rückschläge – systematisch und diszipliniert seine Zielsetzung verfolgt und deren erfolgreiche Realisierung betreibt.

Konsequenz im Handeln, auch über einen längeren Zeitraum, heißt vor allem, in der Lage zu sein, sich beständig zu motivieren und auch Stressphasen bewältigen zu können. Konstanz ist damit Ergebnis dauerhafter Motivation. Deshalb möchten wir die Entstehung von Motivation und die von einem CR-Manager geforderte Fähigkeit, mit Druck umgehen zu können, etwas ausführlicher behandeln.

Druck aushalten

„Pressure" ist das Motto der Zeit. Nicht nur der Druck vorwärts zu kommen, sondern auch der Stress, mit einer Welt mitzuhalten, die jedes Mal wenn man sich umschaut, die Spielregeln verändert hat. Es gibt viele gute Gründe, sich unter Druck zu fühlen: die Welt um uns herum wird immer wettbewerbsorientierter und immer weniger vorhersehbar, das einzige Kontinuum, so meint man, ist die Veränderung!

Die Anforderungen an jeden Einzelnen steigen: So muss nicht nur immer häufiger der Arbeitsplatz (auch innerhalb eines Unternehmens) gewechselt werden – im Durchschnitt alle 3 Jahre! – sondern es ist auch täglich vierundzwanzig mal mehr Information zu bewältigen als noch vor einem Vierteljahrhundert.

Lebenslanges Lernen ist schon jetzt keine leere Formel mehr. Schon bald, so die Schätzungen, werden Manager 60% ihrer Arbeitszeit mit Lernen und nur 40% mit der Anwendung des Gelernten verbringen, und die Europäische Union hat lebenslanges Lernen für Jedermann zu einem strategisch bedeutsamen Ziel der Gemeinschaft ausgerufen.

Unternehmen haben bewusst in den letzten Jahren große Anstrengungen unternommen, interne Rationalisierungspotenziale zu heben, womit zwar die Wettbewerbsposition verbessert werden konnte, andererseits die Arbeitsbelastung jedes Einzelnen häufig deutlich zugenommen hat.

Angesichts dieser „Rahmenbedingungen" gehen Menschen sehr unterschiedlich mit Stress, Druck und Motivation um. Wo Höchstleistung gefordert wird, entwickeln Menschen unterschiedliche Strategien. Dabei lassen sich drei typische Verhaltensmuster erkennen, die Robert Kriegel und Marilyn Harris Kriegel (vgl. R. Kriegel, M. Kriegel, „The C-Zone", Fawcett Columbine, 1984) untersucht und zu ihrem Modell des C-Zonen-Managements entwickelt haben

Das Typ A-Verhaltensmuster

Eine häufig anzutreffende Reaktion auf Druck und Stress ist, die Herausforderung anzunehmen und SCHNELLER zu werden. Der gehetzte, geschwindigkeitsgetriebene Mensch ist schon von weitem erkennbar: Er redet schnell, isst schnell, geht schnell, und ist sich sicher, dass Entspannung und Pausen gleichzusetzen sind mit Versagen und Verlieren. Typ A-Menschen werden ungeduldig, wenn ihnen etwas zu lange dauert, wenn ein Kollege etwas länger braucht, um seine Gedanken zu formulieren und wenn sie im Geschäft nicht gleich bedient werden. Sie werden ausgesprochen aufgeregt, wenn die Verspätung eines Verkehrsmittels ihren engen Terminplan durcheinanderbringt, die eigenen Kinder sich nicht schnell genug anziehen, bewegen oder ihre Hausaufgaben erledigen.

Natürlich sind solche Menschen auch erfolgreich. Sie sagen sogar von sich selber, „dass sie den Stress brauchen, um gut zu sein". Allerdings bezahlen sie einen hohen Preis dafür: Ihr Kampf gegen die Uhr ist ein niemals endendes Training der Vergeblichkeit. Der Zeitdruck lässt sie frustriert, nervös und feindselig werden. Zahlreiche medizinische Studien zeigen, dass Stress und Zeitdruck zu den Hauptrisikofaktoren für Herz-Kreislauferkrankungen, Schlaganfälle und Hypertonie zählen.

Ironie des Schicksals ist allerdings, dass, obwohl die Typ A-Menschen die Richtigkeit ihres Verhaltens mit erzielten Erfolgen (Karriere, Verkaufserfolge etc.) belegen, sie dennoch nicht annähernd die Topleistung erzielen, die sie eigentlich bringen könnten. Sie sind hyperaktiv und versuchen zu viel zu schnell zu erledigen, mit der Folge geringer Arbeitsergebnis-Qualität und mittelmäßiger Effizienz!

Das Typ B-Verhaltensmuster

Auf der anderen Seite der Bandbreite möglicher Verhaltensmuster wartet geduldig der Typ B-Mensch. Er ist charakterisiert als nicht-wettbewerbsorientiert und antriebsarm. Ihm fehlt jeglicher Sinn für Dringlichkeiten und Zeitabhängigkeiten, der den Typ A auszeichnet.

Obwohl unter dem Gesundheitsaspekt das Typ B-Verhaltensmuster sicherlich erstrebenswerter ist, vermissen wir doch etwas. Es lässt sich umschreiben mit Feuer, Esprit, Leidenschaft, Enthusiasmus und Dynamik. Typ B-Menschen nehmen Herausforderungen erst gar nicht an und nehmen kein Risiko auf sich, auch nicht eines großen Erfolges wegen, weshalb sie ihn auch nie erzielen.

An dieser Stelle drängt sich die Frage auf, ob es denn nur A's oder B's gibt? Müssen wir uns für das herzinfarktgefährdete und karrieregetriebene oder das verschlafen-entspannte Leben auf dem Lande entscheiden?

Sind sie wirklich geeignete Antworten auf eine sich immer schneller verändernde Welt?

Offensichtlich sind beide Verhaltensmuster keine geeigneten Modelle, um in einem Umfeld der Herausforderungen bestehen zu können, ohne die nachteiligen Effekte in Kauf nehmen zu müssen.

Im übrigen passen A und B auch nicht zu den eigenen Erfahrungen mit Höchstleistungsfähigkeit und Topperformance, in denen alles „wie von selbst" zu gelingen schien. Die Frage dabei ist allerdings, ob dies lediglich „Unfälle" waren oder das Aufblitzen eines dritten, eines Typ C erfolgte, der es erlaubt, Höchstleistung ohne Stress zu erbringen.

In der Tat lässt sich ein Typ C-Verhaltensmuster beschreiben, das sich bei vielen Top-Athleten und Künstlern, aber auch bei Leistungsträgern in der Wirtschaft oder Politik wiederfindet. Es ist die Kunst, ein ausgefülltes Leben zu gestalten, bei dem kontinuierliches Lernen, Vitalität, Selbsterfüllung, Leistung und Erfolg in keinem Widerspruch stehen.

Die Typ C-Erfahrung

Wir haben es angedeutet: Die meisten von uns haben es in ihrem Leben bereits erlebt: Das Gefühl, dass einem alles gelingt, man zu Höchstleistungen fähig ist, eigene Rekorde bricht. „Ich hatte einen echten Lauf. Ich fühlte mich selbstbewusst, enthusiastisch, alles passte. Es passierte sogar, ohne dass ich mich anstrengen musste. Im Gegenteil, ich fühlte mich wirklich energiegeladen", beschrieb ein Vertriebsmitarbeiter seine Typ C-Erfahrung.

„Ich hatte eine Deadline, bis zu der ich das Konzept abgeben musste. Die Zeit raste nur so dahin. Aber dann versank ich so sehr in das Thema und die Erarbeitung des Konzeptes, dass ich alles um mich herum vergaß. Ich wurde ruhig, war hochkonzentriert und die Zeit blieb scheinbar stehen. Alles schien einfach und die Worte flossen wie selbstverständlich aus mir heraus in den Computer. Die beste Arbeit, die ich je gemacht hatte", erinnert sich ein weiterer.

Wertet man diese und ähnliche Beschreibungen aus, lassen sich immer wiederkehrende Merkmale des Typ C-Verhaltensmusters erkennen:

- **Überragend** – Sie sind effektiver und produktiver als normalerweise. Sie „überspringen" mit Leichtigkeit ihre eigene Meßlatte.
- **Unangestrengte Leichtigkeit** – Sie erzielen bessere Ergebnisse, ohne sich unbedingt mehr und härter anstrengen zu müssen. Was immer Sie tun, es geht Ihnen leichter von der Hand
- **Positives Denken** – Sie sind optimistisch und voller Selbstvertrauen. Sie finden gut, was und wie Sie es tun.

- **Spontaneität** – Sie empfinden einen nahtlosen, fließenden Übergang von dem, was Sie denken und dem wie Sie es umsetzen. Ihr Humor ist überzeugend. Sie tun das Richtige im richtigen Moment, quasi automatisch, es ergibt sich „wie von selbst".
- **Fokussierung** – Sie sind konzentriert und in Ihre Arbeit voll involviert.
- **Vitalität** – Sie erfahren einen Zustand hoher Energie, Sie fühlen sich wohl und im Einklang mit Ihrer Umgebung.

Befragt, wie viel Einfluss Menschen auf das Erleben einer solchen Typ C-Situation hatten, erhält man meist als Antwort: „Keine. Es ist halt passiert, sozusagen ein Unfall! Ich glaube auch nicht, dass ich das bewusst reproduzieren könnte!" Offensichtlich fehlen die geeigneten An-/Ausschalter, sogenannte Trigger, um sich bewusst in das, was wir den C-Typ nennen, hineinbringen zu können. Da wir die beschriebenen Merkmale als Ergebnis eines Typ C-Verhaltens auffassen, erscheint es sinnvoll, die hierfür notwendigen Voraussetzungen zu definieren.

Persönlichkeit

Durch die selbstverwirklichende Entfaltung von Charakter, Intuition und Leistung entwickelt sich der Mensch zur Persönlichkeit. Persönlichkeitsentwicklung lässt sich demzufolge definieren als das Streben nach gezielter Entfaltung der eigenen Potenziale.

Persönlichkeitsentwicklung ist ein Prozess. An seinem Anfang steht die Entwicklung von Selbstbewusstsein, an seinem Ende ein Ziel, die Selbstverwirklichung. Dazwischen liegt die Entwicklung von Selbstkontrolle, -disziplin und -vertrauen. Alle diese Voraussetzungen stehen miteinander in Verbindung, sie fordern und verstärken sich gegenseitig.

Persönlichkeitsentwicklung, d.h. die Entfaltung des persönlichen Potenzials, geschieht regelmäßig durch das Lernen nach Versuch und Irrtum: Der Lernende reagiert auf ihm unbekannte Anforderungen mit verschiedenen Verhaltensweisen, bis sich allmählich die zum Erfolg führenden herausschälen. Dies bedeutet auch, dass sich eine Persönlichkeit nicht im luftleeren Raum entwickelt, sondern durch die Widerstände, denen sie sich stellt, geprägt wird.

Abb. 5.8 Die fünf Phasen der Persönlichkeitsentwicklung

Beim Lernen nach Versuch und Irrtum sind Menschen unterschiedlich erfolgreich. Dies hat – einem häufig geäußerten Verdacht zum Trotz – seine Hauptursache weder in fehlender Lernfähigkeit noch in mangelnder Intelligenz; der Persönlichkeitsentwicklungsprozess wird vielmehr regelmäßig blockiert durch eine ungünstige Kombination geistiger Kräfte. Die moderne Lernpsychologie weiß, dass solche falschen „Betriebsprogramme" aufgelöst werden können. Dazu ist es erforderlich, das was bislang unbewusst geschah, bewusst und dadurch zugänglich zu machen. Hierbei gilt: Wenn Du weißt, was Du tust, kannst Du tun, was Du willst!

Die C-Zone: Zwischen Herausforderung und Können

Ständig befinden wir uns in immer neuen Situationen, die bewältigt werden wollen. Nicht immer ist das Umfeld geeignet, uns zu motivieren. Manchmal stirbt man fast vor Langeweile, im nächsten Moment erlebt man Stress und völlige Überforderung. Daher lässt sich nach Kriegel unsere Leistungsfähigkeit in bestimmten Situationen in drei Zonen einteilen: Die Panikzone, die Typ-C-Zone und die Monotonie-Zone. Jede Zone ist von einem unterschiedlichen Verhaltensmuster gekennzeichnet und lässt sich definieren aus dem Abgleich zwischen dem subjektiv wahrgenommenen Schwierigkeitsgrad einer Situation und der subjektiv wahrgenommenen Fähigkeit, sie zu meistern.

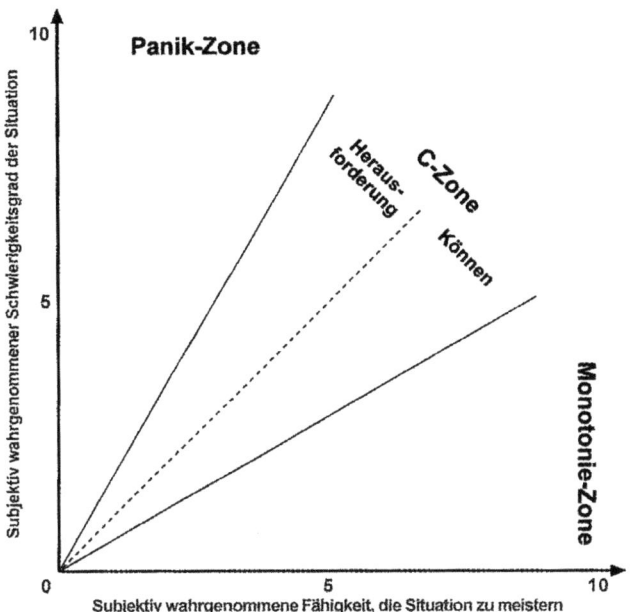

Abb. 5.9 Das 3-Zonen-Modell

In der C-Zone bewegen wir uns permanent zwischen der Herausforderung und dem Können. Dabei bedeutet „Können" das Erreichen von Kompetenz und Expertise. In der Herausforderung steckt immer eine Portion Risiko, das benötigt wird, um sich selber auf eine neue Könnensstufe zu heben. Typisch für „Höchstleister" ist die Fähigkeit, den ständigen Wechsel zwischen dem Können und der Herausforderung sicherzustellen und zu organisieren. Es ist ein bisschen so wie das Erklimmen einer Leiter, Sprosse für Sprosse. Das Können ist die solide Basis, der sichere Halt, der es einem ermöglicht, den nächsten Schritt zu gehen. Das Können liefert uns das Selbstvertrauen, die nächste Sprosse auch erreichen zu können.

Die Herausforderung ist der Moment, wo man zwar einen Fuß auf der Sprosse hält, den anderen aber löst und frei in der Luft bewegen muss, um die nächste Sprosse zu erreichen. Das Risiko, seinen sicheren Stand kurzzeitig zu verschlechtern, mit der Aussicht auf den

Zugewinn an Erfolg und Können, ist in der C-Zone – wie das Steigen auf der Leiter – eine bewusste Entscheidung, die einem niemand abnehmen kann.

Der Wechsel von Herausforderung und Können bringt sie von der Aufregung, etwas Neues und Unbekanntes zu entdecken, zu der Befriedigung und dem Wohlgefühl, eine Aufgabe gut erledigt zu haben. Es ist ein kontinuierlicher Wechsel von Unsicherheit zu Sicherheit und wieder zurück und sorgt für Lernen, Wachstum und Entwicklung.

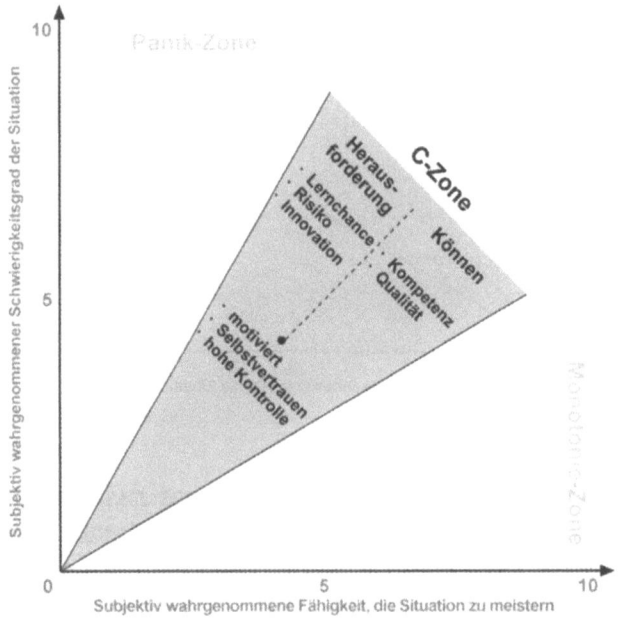

Abb. 5.10 Die C-Zone

Die Panik-Zone

Weil viele Menschen so hochmotiviert sind, neigen sie zu Selbstüberschätzung und setzen sich zu anspruchsvolle, ja unrealistische Ziele. Sie übernehmen zu viel Verantwortung, ein zu hohes Risiko – sie versuchen zu viel in zu kurzer Zeit. Damit bringen sie sich selbst in die Zone, die wir Panik-Zone nennen.

In der Panik-Zone erlebt man den Ausbruch höchster Energie, die allerdings durch Panik gespeist wird. Die Gedanken rasen von einem Ort zum anderen, es herrscht eine seltsame konzentrierte Unkonzentriertheit. Adrenalin wird verstärkt ausgeschüttet und alle „Symptome" dieses Stresshormons werden sichtbar: Feuchte Hände, erhöhter Puls und Blutdruck. Kurzum, man fühlt sich in etwa so wie in einem Tennismatch, bei dem man den Gegner unbedingt schlagen will und dieser leider eindeutig besser ist als man selbst. Man jagt von einer Ecke des Platzes zur nächsten, schafft es gerade noch, den Ball übers Netz zu bringen, schnauft, ächzt und stöhnt – und muss ohnmächtig zusehen, wie der Gegner den Ball am Netz „totmacht".

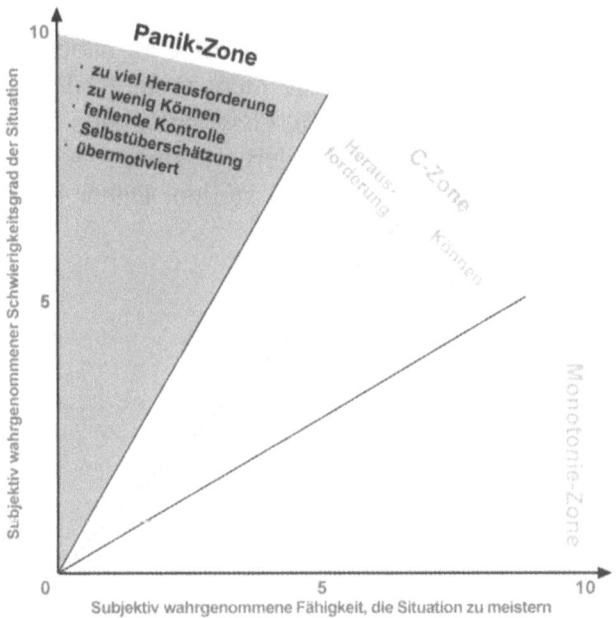

Abb. 5.11 Die Panik-Zone

Wenn Sie sich in der Panik-Zone befinden, haben Sie nicht mehr die Kontrolle in einer Situation, sondern reagieren nur noch. Sie haben keine Zeit mehr zu planen, kreative Strategien zu entwickeln, ein Problem effektiv zu lösen oder sich in ihren Fähigkeiten zu verbessern. Ihre gesamte Energie muss darauf verwendet werden, den Ball noch zu erreichen, den Sie eigentlich nicht mehr erreichen können.

Unser Verhaltensmuster Typ A ist ein exzellentes Beispiel für jemanden, der in der Panik-Zone lebt und handelt.

Die Monotonie-Zone

Am anderen Ende der C-Zone befindet sich die Monotonie. Man beherrscht alles, bewältigt mit seinem Können jede Aufgabe des Tages
mit Leichtigkeit. In dem, was man tut, ist man sehr kompetent und
riskiert nicht einen Moment, die Kontrolle über den nächsten Schritt
zu verlieren. Durch den Mangel an Herausforderungen wird die Arbeit berechenbar, gerät zur Routine – und wird monoton. Über kurz
oder lang wird ein solches Umfeld zu einem eher lethargischen Verhalten führen.

Menschen, die in der Monotonie-Zone leben, haben durchaus ein
Bewusstsein dafür, dass ihr Job sie nicht mehr fordert und fördert.
Aber die Angst, etwas zu riskieren, Gewohntes aufs Spiel zu setzen
und die Angst vorm Versagen hindert sie daran, sich Herausforderungen zu suchen und sich ihnen zu stellen. Daher bleiben sie, wo
sie sind – auf der sicheren Seite.

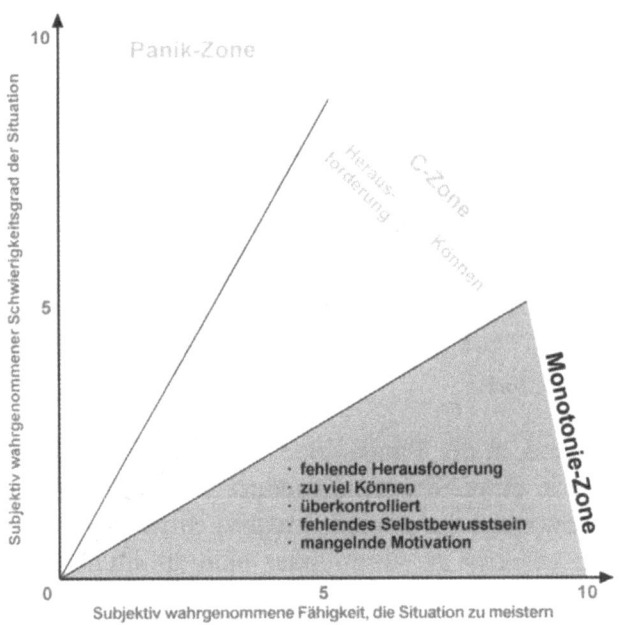

Abb. 5.12 Die Monotonie-Zone

Auch dies erzeugt Stress und kann einen ebenso negativen Einfluss auf die Gesundheit haben wie das Leben in der Panik-Zone.

Der „Panik-Zoner" hat negativen Stress, weil er Situationen nicht mehr unter Kontrolle hat. Der „Monotonie-Zoner" hat zwar die Situation unter Kontrolle, aber er hat sein Leben nicht mehr im Griff!

Natürlich empfindet auch der „C-Zoner" Stress, allerdings positiven Stress. Dieses Phänomen ist in der Biologie seit langem bekannt und beschrieben. Die Wissenschaft unterscheidet in zwei Arten von Stress: Den positiven, sogenannten Eustress und den negativen Disstress.

- Der **Eustress** fördert Lernen, Wachstum und Entwicklung in der Natur – ohne Eustress verkümmert jedes Lebewesen.
- Der **Disstress** behindert Wachstum und Entwicklung, sei es durch Überforderung oder Mangel.

Der Teufelskreislauf

Eine negative Grundhaltung hat nicht nur Auswirkungen darauf, wie Sie in einer konkreten Situation bestehen und in welcher der drei Zonen Sie sich befinden. Sie beeinflusst auch ihre Verhaltensmuster und entscheidet darüber, ob Sie in einen Teufelskreislauf der Verhaltensänderung oder in einen Vitalkreislauf der kontinuierlichen Verbesserung eintreten.

Ein Beispiel: Eine Mitarbeiterin beschließt, nachdem sich Personalreduzierungen, Lohnsenkungen und eine Verschärfung der Arbeitsbedingungen abzeichnen, sich nach einem neuen Arbeitgeber und Arbeitsplatz umzusehen.

Ihr erstes Bewerbungsgespräch galt einem vergleichbaren Arbeitsplatz im Bereich Produktmanagement. Obwohl Ihre Qualifikation und ihr Lebenslauf positiv sind, war sie sehr beunruhigt. In ihrer Wahrnehmung sah sie sich als jemanden, der sich nicht besonders gut in Bewerbungsgesprächen verkaufen konnte. Objektiv gesehen passte ihre negative Grundhaltung eigentlich gar nicht zu ihren bisherigen Erfahrungen. Der Verlauf des Interviews war entsprechend. Sie war zu aufgeregt, schaffte es nicht, pointiert ihre Fähigkeiten ins rechte Licht zu rücken, verblasste gegen andere Mitbewerber. Das Ergebnis: Sie bekam den Job nicht. Entsprechend groß war ihre Aufregung vor einem weiteren Bewerbungsgespräch. Jetzt passte die gerade gemachte Erfahrung, bestärkte sie in ihrer Auffassung, Angst und Lampenfieber haben zu müssen.

So oder ähnlich beginnt fast jeder Teufelskreislauf. Das Ergebnis ist abzusehen. Die subjektiv wahrgenommene Schwierigkeit einer Situation und die empfundene Fähigkeit zur Problemlösung entfernen sich von dem tatsächlich vorhandenen Sachverhalt. Außenstehende würden sofort eine große Diskrepanz zwischen der objektiven und subjektiven Bewertung der Situation entdecken.

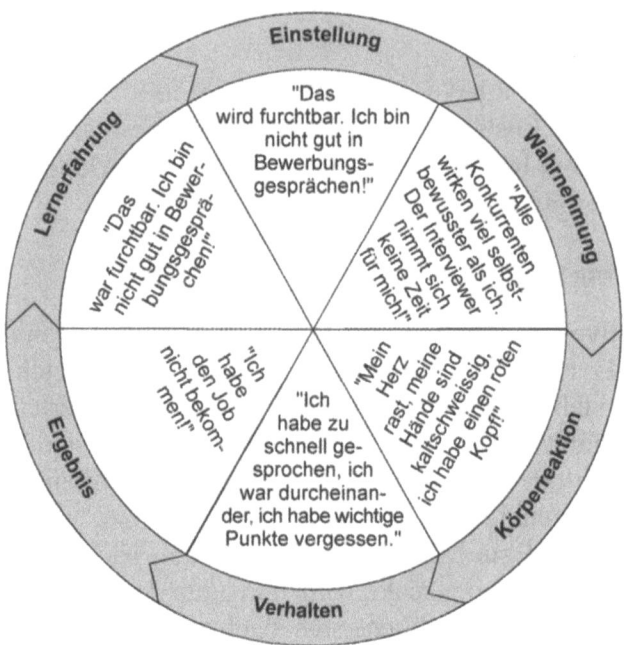

Abb. 5.13 Der Teufelskreislauf

Der „Spin-Off"

Ein Teufelskreislauf hat nicht nur Einfluss auf die konkrete Einzelsituation oder direkt vergleichbare Situationen, sondern kann sich auch auf andere Verhaltensmuster auswirken, beziehungsweise sogar in eine Überdimensionierung und Generalisierung führen. So ist im geschilderten Beispiel denkbar, dass die Mitarbeiterin nach dem misslungenen Bewerbungsgespräch zurück in die Firma kommt und ihren Frust an einer Kollegin ablässt, was sie im Nachgang noch unzufriedener macht. Wenig später nimmt sie an einem internen Meeting teil. Sie wird vielleicht noch abgelenkt und unkonzentriert sein, entsprechend unsicher in ihren Antworten und Beiträgen, was zu einer entsprechenden Quittierung durch ihren Vorgesetzten führt und letztendlich für weitere Verunsicherung und Missstimmung sorgt. Nimmt sie diese Frustration auch noch mit in die Familie, ist der „Spin-Off" perfekt.

Was ist das Resümee dieses kurzen Ausflugs in die Motivationsmethodik?

Zur Entfaltung der persönlichen Potenziale wie zum Aufbau langfristiger Kundenbeziehungen benötigt der CR-Manager Konstanz und dafür dauerhafte Motivation. Wesentliche Stellhebel sind ein bewusster Umgang mit der eigenen Persönlichkeit und ihrer Entwicklung, die Fähigkeit, sich in der C-Zone aufzuhalten, und die Vermeidung des Teufelskreislaufs der Frustration bzw. eines Spin-Off.

5.2.3 Kreativität

Die Entwicklung neuer Ideen, Erfindungen und Innovationen sind wesentliche Quellen unternehmerischen Erfolges. Dies leuchtet ein – insbesondere wenn man von Produktinnovationen und -erfindungen spricht. Ein Verständnis für die Methoden schöpferischer Problemlösung ist daher für die Entwicklung neuer Konzepte unerlässlich. Die Beherrschung dieser Methoden wird Kreativität genannt.

Kreativität wird jedoch nicht nur von Produktentwicklern, Forschern und Erfindern benötigt. Auch der Customer Relationship-Manager ist auf seine Fähigkeit zur schöpferischen Problemlösung angewiesen. Dabei stehen nicht nur Kundenprobleme auf seinem „Kreativzettel". Vielmehr ist er kontinuierlich gefordert, intelligente Strategien zur Kundenbindung und zur Auftragserlangung zu entwickeln. Schließlich entscheiden sie neben den klassischen Produktvorteilen mehr und mehr über die erfolgreiche Wettbewerbsdifferenzierung. Sich „mehr" einfallen zu lassen als die Konkurrenz, ist eines der wesentlichen „Wertschöpfungspotenziale" des Vertriebs.

Man könnte auch sagen, dass der CR-Manager ständig darum bemüht sein muss, Prozess- und Verfahrensinnovationen im Markt-Management voranzutreiben.

Häufig jedoch werden Vertrieb und Markt-Management als das genaue Gegenteil verstanden. Prozessorientierung wird mit mechanistischer Vorgehensweise verwechselt, die Strategien zur Kundengewinnung und -bindung sind häufig so alt wie die Vertriebsorganisation selber und die Innovationsrate im Vertrieb liegt meist deutlich unter der Mitarbeiterfluktuationsrate. Man ist froh, Wege zur Marktbearbeitung gefunden zu haben und löst sich nur ungern von „Bewährtem".

Eine oft gewählte Vorgehensweise bei der Einarbeitung neuer, junger Mitarbeiter tut ein übriges. Die Einweisung durch die „alten Hasen" nach dem Motto: „Komm mal mit, ich zeig Dir, wie Vertrieb geht ..." zementiert alte Verfahren und nimmt jungen Leuten schnell den Mut, etwas Neues auszuprobieren. Kreativitätstraining steht nur in den seltensten Fällen auf dem Bildungsplan der Vertriebsorganisationen.

Häufig trifft man auch auf Vorurteile, die da lauten „Kreativität kann man nicht erlernen, die hat man oder man hat sie nicht", oder „Wenn Kreativität meine Stärke wäre, wäre ich nicht im Vertrieb gelandet, sondern in der Abteilung Forschung und Entwicklung". Meinungen, die schlimme Auswirkungen auf die Zukunftsfähigkeit des Markt-Managements haben können. Grund genug, sich definitorisch wie auch inhaltlich mit Kreativität und Innovation im Vertrieb zu beschäftigen.

Kreativität lässt sich nach Heinz Hoffmann (vgl. H. Hoffmann, „Kreativitätstechniken für Manager, mi Paperbacks, 1987) auf fünf verschiedenen Ebenen abbilden.

- Ausdruck-Kreativität
- Produktive Kreativität
- Erfinderische Kreativität
- Innovative Kreativität
- Emergentive Kreativität

Ausdruck-Kreativität beschreibt die Fähigkeit, bestehende Gedanken und Informationen auf eine „neue" Art und Weise darzustellen. Dieses kann in Form von Bildern, Modellen, aber auch mittels Sprache und Text geschehen. So ist es für den CR-Manager ein typischer ausdruckskreativer Akt, eine komplexe und abstrakte Produktinformation dem Kunden so zu vermitteln, dass der Kunde sich wiederfindet und ein Bezug zu seiner Welt hergestellt wird. Auch die Erstellung einer kundenindividuellen Präsentationsunterlage ist ein Beispiel für diese Form der Kreativität.

Produktive Kreativität ist streng genommen eine eher reproduktive Tätigkeit. Sie ist gekennzeichnet durch unser Vermögen, bekannte Dinge zu kopieren. Sie schafft zwar nichts wirklich Neues, ist aber dennoch eine kreative Fähigkeit, zur Problemlösung beizutragen. Indem wir uns an Vorhandenes erinnern und dieses in einen konkreten Kontext projizieren können, helfen wir uns und anderen, sich eine Lösung anschaulich zu machen. Ein Beispiel aus dem vertrieblichen Alltag: Der Kunde schildert eine bestimmte Problemstellung, für die es im Standard-Produktprogramm kein Angebot gibt. Allerdings erinnert sich der Vertriebsmitarbeiter an eine vergleichbare Aufgabenstellung bei einem anderen Kunden, die mit einer Speziallösung realisiert werden konnte. Er kann dem Kunden direkt am Tisch den Lösungsweg aufzuzeigen und der Kunde wird diese Besprechung wahrscheinlich mit den Worten „Das war produktiv und kreativ!" in Erinnerung behalten.

Kann der Vertriebsmitarbeiter diese Sonderlösung sogar spontan mit einigen wenigen Strichen skizzieren, hat er die produktive Kreativität mit der Ausdruck-Kreativität verbunden.

Die **erfinderische Kreativität** geht über die ersten beiden Phänomene hinaus. Um erfinderisch kreativ zu sein, bedarf es der Fähigkeit, eine Art Verwandtschaft zwischen zwei scheinbar völlig verschiedenen Sachverhalten oder Dingen herzustellen und aus dieser Betrachtung heraus z.B. eine neue Anwendungsmöglichkeit zu erschließen. Eine erfinderische Kreativität ist beispielsweise denjenigen zuzusprechen, die zuerst eine Verbindung zwischen einem Fertigungsprozess und einem Auftragserlangungs- also Vertriebsprozess herstellten. Die Analogie, die dazu führte, dass sich bereits längst vorhandenes Know-how der Prozessanalyse, -bewertung, -steuerung und Qualitätssicherung auf den Vertrieb übertragen ließ, schaffte zwar keine völlig neuen Erkenntnisse, aber sehr wohl ganz neue Anwendungsmöglichkeiten für bestehende Grundprinzipien.

Unter **innovativer Kreativität** verstehen wir dagegen die Weiterentwicklung vorhandener Technologien und Verfahren. So lässt sich die Entwicklung von virtuellen Internet-Marktplätzen und deren Realisierung durch neue Softwaretechnologien als Ergebnis innovativer Kreativität bezeichnen. Innovative Kreativität wird im Vertrieb vor allem dann gebraucht, wenn Kundenanforderungen an das Unternehmen gestellt werden, für die es momentan noch keine Lösungen gibt. Hiermit sind nicht nur technische, sondern auch kommunikative oder prozessuale Anforderungen gemeint.

Die **emergentive Kreativität** stellt die höchste, aber auch seltenste Stufe der Kreativität dar und bedeutet die Fähigkeit, aus den eigenen Erfahrungen heraus etwas wirklich Neues, Anderes und Noch-Nie-Dagewesenes zu entwickeln. Die „großen" Erfindungen des Industriezeitalters, aber auch Einsteins Relativitätstheorie sind der emergentiven Kreativität zuzuordnen.

Durch die Beschreibung dieser fünf Ebenen lässt sich erkennen, dass es die Kreativität für das Alltägliche ebenso gibt wie die Kreativität für den „großen Wurf". Kreativität ist daher auch im Vertrieb die Voraussetzung, ohne die Problemlösungen nie wirklich kundenorientiert und passgenau erbracht werden können. Kreativität hilft, die bessere Idee als der Wettbewerb zu haben, Partner und Kollegen für diese Idee einzunehmen und jeden Tag die Widerstände, die bei der Umsetzung auftreten, zu meistern. Kreativität ist die Voraussetzung, um Prozesse zu optimieren, die Zusammenarbeit untereinander zu verbessern und Vertrieb „anders" zu machen als bisher.

Der Kreativitätsprozess

Kreativität bedarf einer methodischen Herangehensweise.

Dieser Satz erscheint vielen auf den ersten Blick widersprüchlich. Ist nicht Kreativität ein reiner „Denkprozess", der gerade nicht durch eine Systematik und Methodik gekennzeichnet ist? Sind nicht Daniel Düsentrieb und seine plötzlich aufleuchtende Ideen-Glühlampe oder der berühmte Ausspruch „Heureka, ich hab's" Beispiele für die Fähigkeit, quasi aus dem Nichts eine Idee zu generieren?

Diese Vermutungen entstammen eher unserer Bewunderung für die „Kreativen" als einer sorgfältigen Untersuchung dessen, was tatsächlich bei der Ideenfindung passiert. (Übrigens auch bei den „Genies", die bewusst methodisch an die Ideenentwicklung herangehen). Kreativitätsmethoden lassen sich nach Hoffmann in zwei Kategorien unterteilen:

- Analytische Methoden
- Intuitive Methoden

Die analytischen Methoden sind gekennzeichnet durch eine systematische Ausrichtung von Denkvorgängen und Arbeitsabläufen.

Probleme werden in ihre einzelnen Bestandteile zergliedert, Lösungsvariablen werden strukturiert und kombiniert, Leistungs- und Wirkungsparameter untersucht. Bei den intuitiven Methoden findet eine kreative Anregung durch spontane Geistesreaktionen statt. Problemlösungen werden entwickelt durch eine Artverfremdung des Problems, neue Betrachtungsweisen, durch Vergleiche mit Hilfe von Analogien und spontane ungefilterte Assoziationen. Allerdings, und das ist bedeutsam, legen auch die Promotoren der intuitiven Methoden großen Wert darauf, dass der kreative Prozess systematisch erfolgen muss. So sind z.B. beim „Kreativ-Klassiker", dem Brainstorming, strenge Spielregeln zu beachten und einzuhalten.

Beiden Methodenklassen gemeinsam ist die grundlegende Logik der Vorgehensweise. Im einfachsten Fall lässt sich ein vierstufiger, kreativer Arbeitsprozess zugrunde legen:

1. Das Erkennen einer Notwendigkeit
2. Das Sammeln von relevanten Fakten und Informationen
3. Das kreative Produzieren von Alternativlösungen
4. Die Beurteilung und Bewertung der Handlungsalternativen

Osborn, ein bekannter Vertreter der Kreativitätsmethodik, hat diese Grundstufen verfeinert und zu sieben Prozessphasen erweitert:

1. **Orientierung**: Einfaches Aufzeigen eines bestehenden Problems.
2. **Vorbereitung**: Das Zusammenstellen der nötigen und geeigneten Informationen und Tatsachen.
3. **Analyse**: Die Auswahl des Materials, das wichtig erscheint.
4. **Ideenformung**: Die Suche nach neuen Ideen; Berücksichtigung anderer möglicher Lösungen, ohne dabei kritisch zu sein.
5. **Ausarbeitung**: Eine starke Aktivität des Unterbewusstseins; es lässt sich am besten beschreiben mit einer Art Grübeln, eines sich Versenkens zum Zweck der „Illumination".
6. **Synthese**: Das Zusammenfügen und Kombinieren der Details und Vorgänge dieser Arbeit.
7. **Auswertung**: Die Beurteilung und Bewertung der sich ergebenden Ideen und Lösungen.

Bei der Betrachtung dieser Arbeitsschritte hinsichtlich ihrer Verwendung durch den CR-Manager fällt auf, dass eine Voraussetzung zur Ideenproduktion das Zusammenstellen von Informationen und

Tatsachen und deren anschließende Analyse ist. Übertragen auf die Kundenbeziehung bedeutet dies, dass kundenbezogene Informationen und Tatsachen gesammelt und erfasst werden müssen. Weiß man nichts über den Kunden, seinen Markt, die Kundeskunden, Stärken und Schwächen des Kundenmarktes und die strategischen Ziele des Kunden, wird man wenig bis gar keine Ideen zur Unterstützung des Kunden bei der Erlangung seiner Markterfolge entwickeln können. Kennt man die Ansprechpartner beim Kunden nicht, weiß nichts von deren Motiven, Erwartungen und Bedürfnissen, hat man wenig Chancen, aussichtsreiche Vorschläge und Kommunikationsstrategien zu erarbeiten.

Das Kunden- und Marktwissen als Eingangsvoraussetzung für die kreative Entwicklung kundenorientierter Lösungsangebote wird von allen kundennahen Bereichen des Unternehmens benötigt, von F&E ebenso wie von Marketing und Service. „Ohne Kunden-Know-how keine kundenbezogene Kreativität", so lässt sich diese Erkenntnis auf den Punkt bringen. Damit rückt die Beschaffung, Verteilung und gemeinschaftliche Nutzung von Kundenwissen in den Mittelpunkt der Aufgaben des Customer Relationship Managements.

Wenn man sich noch einmal den Kreativprozess vor Augen führt – Problem beschreiben - Fakten sammeln - Analyse - Interpretation, Bewertung, Zielsetzung, Lösungsideen - Handlungsalternativen abwägen – erkennt man die Verwandtschaft zu den Aufgaben eines Ingenieurs. Die ingenieurhafte Bearbeitung einer Problemstellung beinhaltet exakt den Arbeitsprozess, wie wir ihn als kreativen Arbeitsprozess beschrieben haben. Diese Analogie hat uns veranlasst, den „Markt-Ingenieur" zu kreieren. Der Market-Ing. beschreibt unserer Ansicht nach sehr zutreffend das neue Berufs- und/oder Funktionsbild des Vertriebsmitarbeiters bzw. des CR-Managers.

Der Begriff Market-Ing. beinhaltet nicht nur den Aufgabenbereich – das Marketing – sondern auch die Vorgehensweise – den „ingeniösen" Arbeitsprozess – eines Vertriebsmitarbeiters im Zeitalter des Customer Relationship Managements. Anhand des Vertriebsprozesses im Projektgeschäft lässt sich die kreative Vorgehensweise des Market-Ing. veranschaulichen.

Er besteht im wesentlichen aus sieben abgestimmten Schritten.

1. Evaluierung: Der Market-Ing. **evaluiert** die „Einstiegsmöglichkeiten" in ein konkretes Kundenprojekt (z.B. durch einen besonderen Kundennutzen bzw. -wert). Dabei ist durch geeignetes Vorgehen vor allem die Wissensgrundlage zu schaffen. In dieser Phase können bereits erstmals Indikatoren für mögliche Kundenwünsche, Entscheidungsstrukturen, die Werthaltigkeit des Projektes und die Erfolgsaussichten des Projektes aufgenommen werden.

2. Untersuchung: Der Market-Ing. **untersucht** die eigene Positionierung beim Kunden und den vorhandenen oder möglichen Wettbewerb. Seine Sensorik liegt dabei auf den Anforderungen, Erwartungen und Bedürfnissen des Kunden, aber auch des Kundeskunden. Bereits hier bietet sich die Möglichkeit, den Kunden so zu beeinflussen, dass das eigene Unternehmen einen optimalen Projekteinstieg und Wettbewerbsvorteil hat. Es müssen konkrete Fakten und Informationen gesammelt werden. Gleichzeitig sollte das Kundenverhalten in den Entscheidungsprozessen aufgenommen und die Reaktion auf Alternativvorschläge getestet werden.

3. Konzeption: Der Market-Ing. erarbeitet auf der Grundlage der Kundenvorstellung im Team das **Konzept**. Es muss abgeklärt sein, ob das eigene Unternehmen und seine Partner in der Lage sind, die beste Kundenlösung vorzulegen. Ungeachtet aller ermittelten und ggf. einengenden Rahmenbedingungen liegt die Kreativität vor allem darin, ein Konzept zu entwickeln, dass sich von dem des Wettbewerbs differenziert. Das anbietende Team muss klare, erreichbare Ziele abstecken und deren Realisierungsmöglichkeit prüfen. Anschließend muss dem Kunden das Konzept wahrnehmbar vermittelt werden. Wichtig ist, dass der Kunde von der sich abzeichnenden Lösung und den Fähigkeiten des anbietenden Teams überzeugt wird. Die Chance, mit dem Kunden das Konzept in einem gemeinsamen Arbeitsprozess zu optimieren, sollte genutzt werden.

4. Strukturierung: Der Market-Ing. **strukturiert** schließlich sein Projekt so, dass es als **Zielprojekt** qualifiziert werden kann. Es wird also festgestellt, ob

- das Projekt wirklich realisiert werden wird,
- sein Unternehmen den für den Kunden „wertvollsten" Lösungsvorschlag hat,
- die Entscheidung für das eigene Unternehmen ausfallen muss oder kann und

- es einen möglichst großen Deckungsbeitrag erzielen wird.

Hierbei muss eine konsequente Bewertung der eigenen Lösungs-möglichkeit im Hinblick auf den Kundenwunsch und die Wettbe-werbssituation durchgeführt werden. Dazu müssen Stärken und Schwächen sowie Chancen und Risiken klar herausgearbeitet werden. Darauf aufbauend sollte die **Projekt-Eroberungsstrategie** festgelegt werden. Dabei müssen klare und eindeutige Strategien und zielorientierte Maßnahmen für den Entscheidungsprozeß festge-legt werden. Erst danach kann ein Commitment des Unternehmens zur Erstellung eines belastbaren Angebotes erfolgen.

5. Entscheidung
Der Market-Ing. führt schließlich im Entscheidungsprozess die Ak-tivitäten so, dass die „Überlegenheit" des Angebots dem Kunden bewusst wird und das eigene Unternehmen den Auftrag erhält. Ge-meinsam mit seinem Team wird an Verbesserungs- und Risikomi-nimierungs-Möglichkeiten gearbeitet. Ziel ist es, den bestmöglichen Deckungsbeitrag bei minimalen Abwicklungsrisiken zu vereinbaren. Die Projekt-Eroberungsstrategie muss ständig auf die sich situativ einstellenden Notwendigkeiten angepasst werden.

6. Implementierung
Die **Abwicklung** des Projektes bereitet der Market-Ing. u.a. durch die Zurverfügungstellung aller notwendigen Informationen und Kontakte vor. Hierdurch soll sichergestellt werden, dass Reibungs-verluste und Anlaufschwierigkeiten minimiert werden.

7. Begleitung und Auswertung
Während der Abwicklung und nach Ausführung des Auftrags wer-den die Kontakte zum Kunden gehalten und für zukünftige Mög-lichkeiten neue Erkenntnisse und Anstöße gesammelt. Dieses erwei-terte Funktions- und Berufsbild findet sich auch in der Tätigkeitsbezeichnung der im Vertrieb tätigen Ingenieure wieder. Erste Unternehmungen nennen ihre Vertriebsingenieure Market-Ings.

In unserem ebenfalls im Springer-Verlag erschienenen Buch „Vom Vertriebsingenieur zum Market-Ing." haben wir diesen Wan-del unter die Lupe genommen und praxisnah beschrieben.

Kreativitätshemmnisse

Nach Prof. John Arnold gibt es drei große Bereiche von „Gedanken-sperren". Es sind dies

* Wahrnehmungshemmungen
* Kulturelle Hemmungen
* Emotionale Hemmungen

Wahrnehmungshemmungen sind dadurch begründet dass man sprichwörtlich „den Wald vor lauter Bäumen nicht sieht". Begründet liegt dies in Schwierigkeiten, naheliegende oder weit auseinander liegende Beziehungen zu erkennen, in der mangelhaften Gliederung des Problems in seine Einzelteile, sowie der fehlenden Differenzierung in wichtig und unwichtig, in Ursache und Wirkung.

Hierzu ein einfaches Beispiel, an dem Sie selbst sehr schnell eine typische Wahrnehmungshemmung erkennen können. Vor Ihnen liegen sechs Geldstücke auf einem Koordinatenkreuz. Aufgabe ist es zu erreichen, dass durch das Verlegen eines Geldstücks anschließend auf jeder Achse vier Geldstücke liegen.

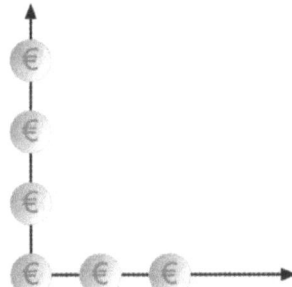

Abb. 5.14 Die Übung zur Wahrnehmungshemmung

Sollten Sie die Lösung nicht erkennen, finden Sie die Aufklärung auf der folgenden Seite.

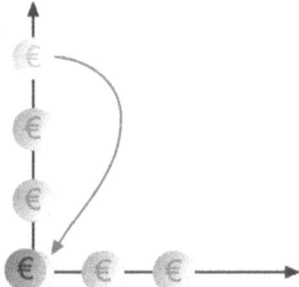

Abb. 5.15 Die Lösung

Kulturelle Hemmungen bestehen im wesentlichen aus der Ge-
wohnheit einerseits und dem äußeren Zwang andererseits, in Normen zu denken und zu handeln.

Hierbei ist nicht nur die Gesamtgesellschaft und ihr kulturelles
Hemmnispotenzial für die Kreativität von Relevanz, sondern auch
die kulturelle „Normierung" in einem Unternehmen. Gerade im Vertrieb gibt es „ausgetretene Trampelpfade", die mit den Regeln „das
macht man bei uns so und nicht anders", „das haben wir schon immer so gemacht" begründet und damit zementiert werden.

Ist man lange genug im Unternehmen, hat man derartige Gewohnheiten und Verhaltensnormen hinreichend verinnerlicht und
große Schwierigkeiten, sich davon zu lösen und etwas Neues zu
entwickeln.

Viele Probleme und Aufgaben werden in Unternehmen unter anderem deswegen nicht gelöst, weil die dafür notwendige Kreativität
von festen Regeln und Normen derart eingeengt wird, dass sie erst
gar nicht zur Problemlösung genutzt werden kann. Vor- und Nach-
denker werden in einem solchen Fall als Querdenker „geoutet" und
das Kopieren von Patentrezepten in der Regel als Problemlösungs-
ansatz gegenüber neuen Ideen bevorzugt.

Emotionale Hemmungen sind im wesentlichen getrieben von
Versagensangst, dem Verlangen nach sozialer Sicherheit und Miss-
trauen gegenüber Mitarbeitern und Vorgesetzten. Alle drei emotionalen Komponenten führen zu einer Blockade kreativer Energie –
vielmehr wird die Energie verwandt, um Sicherungsmaßnahmen
durchzuführen (typische Beispiele sind die Inflation von Aktennoti-
zen und das Overengineering) und sich dem Mainstream durch Un-
auffälligkeit und allgemeinem Opportunitätsverhalten anzupassen.

5.2.4 Kompetenz

Ein Vertriebsmitarbeiter kann eine Menge Fähigkeiten in sich vereinigen. Sie alle lassen sich in drei große Kategorien einteilen: die Fachkompetenz, die Sozialkompetenz und die Methodenkompetenz.

Bezogen auf die Tätigkeit eines Customer Relationship-Managers verstehen wir unter **Fachkompetenz** das Wissen um Technologien, Produkte und Dienstleistungen, aber auch betriebswirtschaftliches und insbesondere Vertriebs- und Marketing-Know-how.

Die **Sozialkompetenz** beinhaltet kommunikative Fähigkeiten (die „Kunst zu reden"), aber auch persönliche Integrität, Team- und Führungsfähigkeiten.

Unter **Methodenkompetenz** sind die konkrete Beherrschung von Arbeitsinstrumenten und Ablaufprozessen im Markt-Management zu verstehen. Hierzu gehören beispielsweise die Techniken zur Kundenselektion, zur Potenzialkonfiguration, aber auch Methoden zur Produktkonfiguration und -demonstration. Besonders bedeutsam sind für CR-Manager die Beherrschung von Methoden zur Kundengewinnung und -bindung.

Wirklich relevant ist jedoch für einen CR-Manager seine Handlungskompetenz. Hierunter verstehen wir das Vermögen, in einer Situation adäquat und der Zielereichung bestmöglich zuarbeitend zu agieren und zu reagieren – zu handeln. Wesentliches Charakteristikum unzureichender Handlungskompetenz ist eine einseitige Befähigung, die zu einem befriedigendem Handlungsvermögen nicht ausreicht. Handlungskompetenz entsteht erst aus der Schnittmenge von Sozial-, Methoden- und Fachkompetenz.

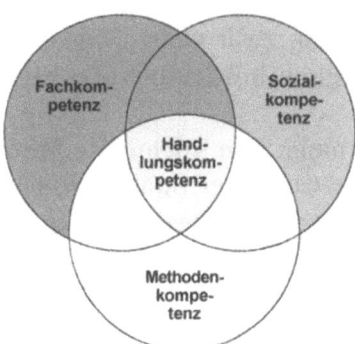

Abb. 5.16 Die Handlungskompetenz als „Schnittmenge" der Teilkompetenzen

Ein Vertriebsmitarbeiter, der zwar technologisch beschlagen, aber nicht in der Lage ist, die Kundenvorteile der Technologie „rüberzubringen" wird ebenso erfolglos sein wie einer, der zwar ein Ass in der Gesprächsführung ist, aber nie dazu kommt, sich mit den wirklich wichtigen Kunden zu unterhalten, weil er keine Methoden kennt und einsetzt, diese zu selektieren.

Daher sollten alle Qualifikationsmaßnahmen darauf abzielen, die drei Bereiche in Übereinstimmung zu entwickeln. Erinnern Sie sich an Justus von Liebig: Wachstum ist nur durch eine abgestimmte Versorgung mit den Vitalstoffen möglich. Analog ist eine volle Handlungskompetenz nur durch die gleichmäßige, z.T. parallele Entwicklung der Teilkompetenzen sichergestellt.

5.3 Einbeziehung der Kunden

Dass zu einer Beziehung mindestens immer zwei gehören, ist eine selbstverständliche Feststellung, die eigentlich gar nicht erwähnt werden müsste.

Auch die Silbe „Ein-" vor der Beziehung erscheint nicht der Rede wert, denn wie sonst, wenn nicht durch eine Integration des Partners in das eigene Denken und Handeln, sollte die Entwicklung von einem losen Verhältnis zu einer dauerhaften Beziehung gelingen?

Was scheinbar im privaten Bereich so „normal" ist, sollte auch für die Beziehung, die „Relations", zwischen Unternehmen gelten.

Häufig wird jedoch Customer Relationship Management dahingehend betrieben, Beziehungen einseitig aufzufassen und zu definieren. CRM-Tools erfassen zwar viele „Signale" des Kunden, werten diese aber meist lediglich hinsichtlich der eigenen „Verkaufschancen" aus.

Dabei geht es um mehr. Die Stichworte hierzu liefern uns die im zweiten Kapitel, „Das Customer Equity-Modell", beschriebenen Indikatoren und Deskriptoren der Beziehungsqualität.

5.3.1 Kundennähe durch Offenheit gegenüber Anregungen und Meinungen

In dem Subprozess Kundennähe befinden sich in der Kategorie „Kundennähe im Interaktionsverhalten" verschiedene Indikatoren, die die Offenheit eines Lieferanten gegenüber Anregungen der Kunden beschreiben. Es sind dies:

- Wertschätzung der Meinung in Fragen der Geschäftspolitik
- Umfassende Beteiligung an der Produktentwicklung
- Offenheit für Vorschläge bezüglich der Prozessoptimierung
- Schnelle Reaktion auf Anregungen

Sie alle drücken die Fähigkeit des Unternehmens zur Interaktion mit dem Kunden aus. Das Feedback des Kunden nicht nur zur Kenntnis zu nehmen, sondern dessen Anliegen in die eigene Geschäfts-, Produkt- und Informationspolitik zu integrieren, ist eine wesentliche Voraussetzung zur Schaffung von Kundennähe.

Da das Management der Kundenbeziehung auch die Gestaltung der Kundennähe beinhaltet, muss ein funktionierendes CRM-System sicherstellen, dass die Anregungen der Kunden und deren Meinungen zu Fragen der Geschäftspolitik organisiert ins Unternehmen getragen werden. Sicher reicht es nicht aus, sporadisch eine Kundenbefragung durchzuführen oder „bei Gelegenheit" den Kunden informell nach seiner Meinung zu fragen.

Solche Maßnahmen sind nur flüchtiger Natur. Gesagtes gerät schnell in Vergessenheit, dem Kunden wird nicht das Gefühl vermittelt, dass er wirklich ernst genommen wird und seine Meinung zählt.

Außerdem besteht die große Gefahr, dass Informationen nicht zuverlässig die richtigen Empfänger erreichen. Gute Ideen zur Produktinnovation erreichen Forschung und Entwicklung erst gar nicht, Erwartungen an eine Prozessoptimierung werden nicht an das zuständige QM-Team oder die betroffenen Bereiche weitergeleitet.

Es bedarf also organisierter Einrichtungen und strukturierter Informationswege, um sicherzustellen, dass die genannten Anforderungen an die Kundennähe tatsächlich berücksichtigt werden.

Unter konkreten organisierten Einrichtungen verstehen wir Qualitäts- und Innovationszirkel, die in Form von Workshops, Gesprächsforen oder Kundeninterviews durchgeführt werden können. Hierzu gehören mittlerweile aber auch internetbasierte Communities, in denen Mitarbeiter aus Kunden- und Lieferantenunternehmen miteinander – moderiert oder frei – diskutieren können.

Strukturierte, „feste" Informationswege sollen sicherstellen, dass vom Kunden geäußerte Anregungen, Meinungen und konkrete Verbesserungsvorschläge auch tatsächlich einen geeigneten oder zuständigen Empfänger erreichen. Dazu müssen Informationen häufig über Abteilungsgrenzen hinweg weitergeleitet werden, so zum Beispiel vom Vertrieb über die Produktion zum QM-Team. Besonders wichtig ist dabei, dass einzelne Informationen nicht als „belanglos" eingestuft werden und deswegen ohne Wirkung bleiben.

Dies gilt vor allem für Informationen, die nicht in Workshops oder Foren strukturiert aufgenommen wurden, also für die vielen, situativ erhobenen oder anfallenden Informationen, zum Beispiel im Rahmen eines Gesprächstermins von Vertriebsmitarbeiter und Kunde.

Wie oft bemühen sich Vertriebsmitarbeiter vergeblich, Anforderungen ihrer Kunden ins Unternehmen so weiterzuleiten, dass sie nicht nur vom Richtigen wahrgenommen, sondern auch hinsichtlich ihrer Verwendung verfolgt werden können. Entweder werden die Mitarbeiter und damit die Information als nicht kompetent eingeschätzt und als wertlos abgetan, oder aber die Bedeutung der Einzelinformation wird erst erkannt, wenn sich plötzlich aus vielen Ecken immer wieder die gleiche Anforderung meldet –meist ist es dann zu spät, zu agieren.

5.3.2 Kundenbeziehungsindizes als Bestandteil des Unternehmens-Kennzahlensystems

Ein weiteres wichtiges Indiz für die gelungene Einbeziehung der Kundenmeinung in das Unternehmensgeschehen ist die Übernahme von kundenorientierten Kennzahlen in das Unternehmens-Controlling. Mal Hand aufs Herz: Wird im Zuge eines Quartalsberichts über gestiegene oder gesunkene Umsätze und Ergebnisse hinaus, z.B. über die positive oder negative Veränderung der Kundenzufriedenheit berichtet?

Oder anders gefragt: Angenommen, Sie würden von einem Unternehmen hören, dass seine Umsätze gesteigert hat, in punkto Kundenzufriedenheit aber um 30 Prozentpunkte „abgestürzt" ist? Wie wäre Ihre Bewertung der Marktsituation? Welche Überlegungen würden Sie im Hinblick auf die Entwicklung der Marke und – damit verbunden – des Markenwertes anstellen?

Wahrscheinlich die Gleichen, die wir dem Customer Equity-Modell zugrunde gelegt haben. Dass nämlich Kundennähe, Kundenzufriedenheit und – in der Folge – Kundenbindung Variablen sind, die direkte Auswirkungen auf den zukünftigen Unternehmenserfolg haben und damit fester Bestandteil eines Controllingsystems im Unternehmen sein müssen.

5.3.3 Prozessverkürzung durch Vernetzung von Kunden- und Lieferantenprozessen

Kostensenkung, Produktivitätssteigerung und kürzeste Reaktionszeiten auf Kundenanforderungen, -bestellungen und Marktveränderungen sind wesentliche Motive darüber nachzudenken, wie gemeinsam mit weiteren Lieferanten und Kunden die *Leistungsprozesse* verkürzt und „verschlankt" werden können. Gemeinsam bearbeitete Prozesse sind weniger Arbeit und damit auch geringere Kosten. Diese einfache Rechnung erschließt sich jedem und führte dazu, dass vermehrt Prozessoptimierungsprojekte initiiert werden.

Wird beispielsweise wirklich eine Qualitätsausgangskontrolle beim Lieferanten und eine Qualitätseingangskontrolle beim Kunden gebraucht? Muss ein Produkt beim Lieferanten aufwändig verpackt werden, um beim Kunden wieder ausgepackt zu werden?

Warum lassen sich Bestellung, Auftragsbestätigung, Versandkontrolle und Lieferinformationen nicht digital austauschen, um die Administration zu beschleunigen und zu vereinfachen?

Dies sind Fragen, die von Unternehmen ständig gestellt und beantwortet werden müssen.

Ein wesentlicher Schlüssel zur Verkürzung von Prozesszeiten und -kosten ist die Verminderung der vielen „Medienbrüche" innerhalb der Wertschöpfungskette. Sie behinderten bislang vor allem den durchgängigen und effizienten Austausch von Informationen.

Unter einem Medienbruch verstehen wir den Wechsel eines Mediums während einer Informationsübertragung. Eine typische Kette von Medienbrüchen stellt die Bestellung eines Artikels im klassischen Konsumenten-Versandhandel dar. Im gedruckten Katalog (Printmedium) sucht sich der Kunde den gewünschten Artikel aus und schreibt dessen Artikelnummer und -bezeichnung auf ein Blatt Papier (erneutes Medium Papier – allerdings Handschrift). Dann ruft er beim Versandhaus an und gibt telefonisch seine gewünschten Artikel durch (Sprachmedium). Auf der anderen Seite erfasst ein Call-Center Mitarbeiter am Terminal (Digitales Medium) die Bestellung, die anschließend elektronisch in den Versand weitergeleitet wird (manchmal nicht einmal das). Dort wird der Versand vorbereitet, die Versand- und Rechnungspapiere werden erstellt und ausgedruckt (wieder Wechsel in das Printmedium). Der Kunde erhält die Lieferung und die Rechnung, füllt einen Überweisungsträger aus (erneuter Printmedien-Bruch von gedruckt auf handschriftlich) der in der Bank digitalisiert und elektronisch ausgeführt wird.

In unserem Beispiel wurde sieben Mal das Medium gewechselt – immer verbunden mit einer „Konvertierung" der Information in einen neuen Code. Ein ungeheurer Mehrfachaufwand bei einer derart „simplen" Transaktion! Dieser informationsbezogene Mehraufwand stellt für viele Unternehmen ein wichtiges Kostensenkungs-Potenzial dar, das z.B. mit Projekten zur Vernetzung von Logistik und Fertigungsprozessen genutzt wird.

Seit fünf Jahren steht nun mit dem Internet eine Technik zur Verfügung, die es tatsächlich „jedermann" ermöglicht, sich während des gesamten Prozesses ausschließlich in einem, dem digitalen Medium, zu bewegen.

Für unser Beispiel heißt das konkret, dass der Kunde sich online den digitalen Katalog anschaut, per Mausklick seinen Einkaufswagen füllt und die Bestellung direkt an die Versandabteilung des Versandhauses übermittelt wird. Die Bezahlung erfolgt durch Aufgabe der Kreditkartennummer oder einer digital erstellten Banklastschrift. Die gedruckte Rechnung erhält der Kunde lediglich aus formalen Gründen zugesandt.

Man sieht bereits an der Länge der Absätze, welche gewaltige Prozessverkürzung hier realisiert werden kann.

Dieses Vorgehen ist das Geschäftsmodell der Online-Shopsysteme, die die Prozesskostensenkung für sich nutzen – neben den anderen Vorteilen eines Internetshops wie Reichweite, Verfügbarkeit und zentraler Informationsverwaltung.

Aber auch in den Business-to-Business-Bereich werden diese Shoplösungen übertragen, hier meist B2B-Portale oder B2B-Marktplätze genannt.

5.4 Integration von CRM in die Unternehmensstrategie

Richtig praktiziertes Customer Relationship Management führt zu verbesserten, weil beständigeren Kunden-Lieferantenbeziehungen.

Belastbare Beziehungen versprechen gesicherte Erträge sowie eine verbesserte Prognosesicherheit finanzieller und kundenbezogener Kennzahlen.

Daher muss ein aktiv betriebenes Kundenbeziehungs-Management im Zentrum des Interesses eines Unternehmens und unter besonderer Beobachtung der Unternehmensführung stehen.

Wohl verstandenes CRM ist nicht mehr nur die Sache von Vertrieb und Marketing. Nahezu das gesamte Unternehmen, alle Bereiche und alle Mitarbeiter sind aufgefordert, ihren Teil zur positiven Entwicklung der Kundenbeziehung beizutragen. Deshalb muss CRM integraler Bestandteil der Unternehmenskultur und -strategie sein.

Customer Relationship Management darf nicht zu einer neuen, schicken Formulierung für den Vertrieb verkommen. Auch sollte Customer Relationship Management nicht zum „fünften Rad" am Wagen der Unternehmensstrategie werden.

Doch wie soll man die Orientierung behalten bei der Vorgabe, neben Balanced Scorecard, Value-Management, Prozessorientierung und Risikomanagement nun auch noch Customer Relationship Management in Konzeption und Tagesarbeit zu berücksichtigen?

Klarheit erhält man nur, wenn man wieder „Ordnung in die Sache" bringt. Hier hilft die Balanced Scorecard, denn sie ist sozusagen das einigende Dach, das den Zusammenhang herstellt.

Jeder Managementansatz deckt nämlich eine Perspektive der BSC ab. So unterstützt das Value-Management die Finanzperspektive und das Supply Chain Management die Prozessperspektive, während das Customer Relationship Management die Kundenperspektive und schließlich das Risikomanagement die Potenzial- (= Chancen und Risiken) -perspektive abbildet.

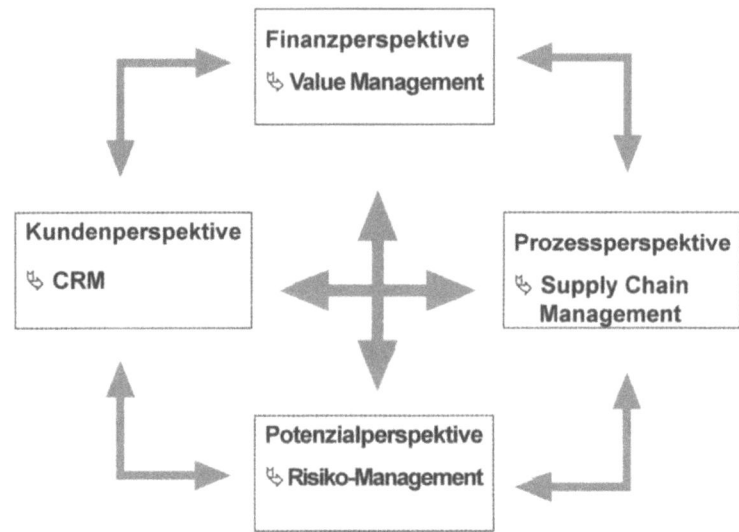

Abb. 5.17 Die Zuordnung der Managementansätze zur Balanced Scorecard

Alle vier Managementansätze haben daher ihre Daseinsberechtigung auf der Ebene der marktbezogenen Balanced Scorecard, die ja, wie bereits ausgeführt, die Projekt-Scorecard für die Strategieentwicklung und Umsetzung der Kunden- und Marktbeziehungen darstellt.

Das Customer Equity-Modell liefert zu den vier Managementansätzen im Rahmen der Balanced Scorecard quasi das „Verbindungsstück", das benötigt wird, um die Ansätze zu synchronisieren und in der Praxis anzuwenden.

So wird Customer Relationship Management Teil der Unternehmensstrategie und so wird gleichzeitig Strategie zum Tagesgeschäft im Customer Relationship Management!

6 Einführung des Customer Equity-Modells in die Unternehmenspraxis

6.1 Die Einführung des CE-Modells ist ein Transformationsprozess

In den vorangegangenen Kapiteln haben wir die Grundlagen des Customer Equity-Modells dargelegt und Möglichkeiten eines ertragswertorientierten Markt-Managements beschrieben, Zusammenhänge und Verbindungen zu modernen Managementansätzen aufgezeigt und transparent gemacht.

Das letzte Kapitel beschäftigt sich mit der Frage, wie ein Unternehmen sich sinnvoll einer Umsetzung in die Praxis annähert. Wir berichten von Erfahrungen aus Projekten und wollen die aus unserer Sicht erforderlichen Maßnahmen, aber auch die zu überwindenden Hürden und Schwierigkeiten vor Augen führen.

Grundsätzlich ist jede Einführung eines neuen Ansatzes, also auch die Umsetzung des CE-Modells, als Transformations- und Entwicklungsprozess aufzufassen. Es werden eben nicht nur „ein paar Kennzahlen" eingeführt. Vielmehr werden wesentliche Abläufe, Vorstellungen und Verhaltensweisen im Unternehmen beeinflusst. Deswegen ist eine gesteuerte, ganzheitliche Vorgehensweise erforderlich.

Es wäre fahrlässig und würde den Erfolg eines Projektes gefährden, wenn man unter Praxisumsetzung lediglich die Implementierung einer Software oder die Vermittlung konkreter Lehrinhalte verstehen würde. Dieser Fehler wird bereits zu oft in CRM-Projekten oder BSC-Einführungen gemacht, mit meist absehbaren negativen Ergebnissen.

Andererseits wäre es sicher realitätsfremd zu behaupten, man müsse ein Unternehmen erst „komplett" umkrempeln, bevor man diese doch so naheliegende und nachvollziehbare Marktbearbeitung praktizieren könnte. Denn dies würde ja bedeuten, dass man bei Null starten würde, ohne jegliche Fähigkeiten und Fertigkeiten – eine recht abwegige Vorstellung.

Folgerichtig gibt es also bei der Umsetzung des CE-Modells immer einen Ausgangs- und damit auch einen Startpunkt, den es zu definieren gilt. Abhängig von den Ausprägungen und Ergebnissen einer Ist-Analyse lassen sich die Vorgehensweise und der Umfang eines Umsetzungsprojektes präzise ableiten.

Bemüht man die Analogie zum Fliegen, lässt sich ein Transformationsprozess nach Rolf Bronner (vgl. Günther Berndt, „Personalentwicklung", Carl Heymanns Verlag, 1986) in drei Phasen unterteilen: Die „Start"-, „Flug"- und „Landephase". Wie in der Fliegerei ist es in einem Veränderungsprojekt wichtig, neben den Start- auch die Landebedingungen zu kennen. Wie sieht das Ziel aus, welche qualitativen und quantitativen Parameter sind zur Messung der Zielerreichung heranzuziehen, wie weit möchte man überhaupt gehen und wie gelangt man von der Lern- in die Konsolidierungsphase? Dies sind einige Fragen, die im Zusammenhang mit der „Landung" zu beantworten sind.

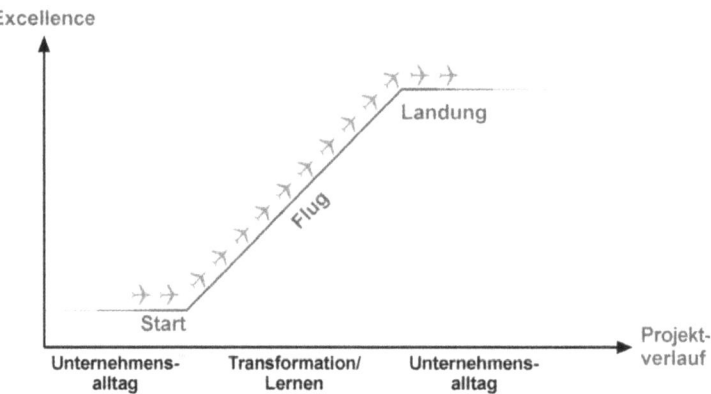

Abb. 6.1 Die Transformationsphasen in Analogie zu den Flugphasen

Start und Landung bedürfen auch deswegen besonderer Aufmerksamkeit, weil sie die kritischsten Momente in einem Transformationsprozess darstellen. Sie benötigen einerseits die größte Energie, aber auch ein perfektes Timing. Ist dies nicht der Fall, wird ein Projekt entweder niemals „abheben", oder aber bei der Umsetzung in der Praxis „zerschellen" bzw. nie wieder auf dem Boden der Tatsachen und des Alltags landen.

Der eigentliche Veränderungs- und Lernprozess entspricht der Flugphase, einer relativ stabilen Situation für das Flugzeug, in der das Navigieren und das Prozess-Controlling eine überragende Bedeutung haben.

6.2 Grundlagen schaffen – Excellence entwickeln

Wir unterteilen den Transformationsprozess inhaltlich in zwei Subprozesse: Den einen nennen wir „**Grundlagen schaffen**", den zweiten „**Excellence entwickeln**". In beiden Teilprozessen gilt es, sowohl die Organisation in ihren funktionalen Einheiten als auch die einzelnen Mitarbeiter in ihren Fähigkeiten und Fertigkeiten zu entwickeln. Aus den Begriffen ergibt sich bereits, dass der Prozess „Grundlagen schaffen" dem der Entwicklung der Excellence vorgeschaltet sein muss.

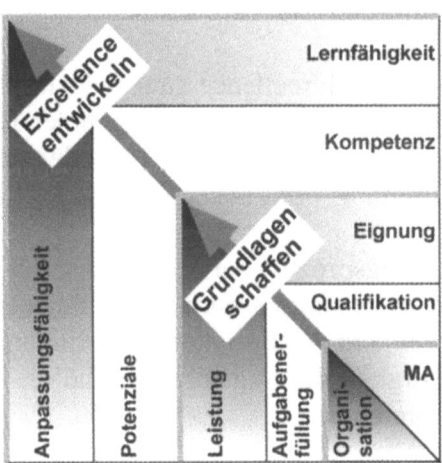

Abb. 6.2 Das CEO-Excellence-Modell

In der Grafik wird der synchrone Entwicklungsprozess von Organisation und Mitarbeiter mit seinen wesentlichen Prozessphasen beschrieben und in der Folge ausführlich erläutert.

Betrachten wir zunächst die Entwicklung der Organisation und die funktionalen Einheiten wie Vertrieb, IT, Marketing, Controlling etc.

Zunächst ist die Ausgangssituation mit der Aufgabenstellung einer konkreten Sollvorstellung abzugleichen. Im Bereich IT ist beispielsweise festzustellen, inwieweit mit der installierten Hard- und Software Vertriebsprozesse (insbesondere die Beziehungsprozesse) differenziert abgebildet werden können.

In einem ersten Veränderungsschritt muss die Organisation die Abweichungen zwischen Soll und Ist hinsichtlich der Aufgabenerfüllung auflösen. Ziel ist es, eine bestimmte gesamtheitlich wirkende Leistung bzw. Performance zu erbringen, die die Grundlage für das Arbeiten mit dem Customer Equity-Modell bildet.

Parallel ist in der persönlichen Qualifikation der Mitarbeiter nach dem gleichen Modell vorzugehen. Auf der Basis des im Kapitel „Customer Relationship Management" beschriebenen Fähigkeitenprofils muss ebenfalls ein Soll-Ist-Vergleich vorgenommen werden. Dieser führt dann zu einem Qualifikationsprogramm für die Mitarbeiter, welches die Eignung für das Markt-Management nach dem CE-Modell zum Ziel hat.

Zur Entwicklung von Excellence sind jedoch diese ersten Transformationsschritte nicht ausreichend, denn unter Excellence verstehen wir die dauerhafte Fähigkeit zur Höchstleistung, die mit einer grundsätzlichen Eignung bzw. Leistungsfähigkeit noch nicht gegeben ist.

In dem Entwicklungsprozess zur Excellence von Organisation und Mitarbeitern geht es vor allem darum, die Potenziale und Kompetenzen zu verstärken und zur Entfaltung zu bringen. Ziel ist es dabei, die Anpassungsfähigkeit der Organisation und die Lernfähigkeit der Mitarbeiter zu optimieren.

Was ist darunter zu verstehen?

Untersucht man den Unterschied zwischen „durchschnittlichen" und „überragenden" Vertriebsorganisationen, stellt man fest, dass die Unternehmen, die sich den Marktveränderungen schnell anpassen, leistungsfähiger sind als solche, die nur langsam reagieren.

Mitarbeiter, die bereit und in der Lage sind, mit jedem neuen Kunden und jedem neuen Kundenproblem auch selber etwas Neues hinzu zu lernen, schaffen die Voraussetzung für dauerhaften „Mehrwert" für ihr Unternehmen, den Kunden – und sich! Neue Technologien anzuwenden, neue Aufgaben anzunehmen und sie als Lernchance zu nutzen, ist nicht nur eine Einstellungssache, sondern die Fähigkeit, sich kontinuierlich zu verbessern und in Richtung Excellence zu bewegen.

Organisationen, die das tun, werden sich ein Repertoire an vorbereiteten Handlungsoptionen aneignen, die sie in die Lage versetzen, schnell und adäquat auf Chancen und Risiken reagieren zu können.

Mitarbeiter, die sich so verhalten, werden erleben, wie die sich selbst verstärkende Kompetenz sie selbstsicher und flexibel und damit zu wertvollen Partnern des Kunden macht.

Das von uns entwickelte Excellence-Modell ermöglicht, zunächst in einer Bestandsaufnahme die Ist-Situation der Organisation und Mitarbeiter aufzunehmen, um sie dann durch geeignete Qualifizierungsmaßnahmen zu einem gewünschten Soll-Zustand zu entwickeln.

Dabei gilt vor allem der Grundsatz, die Organisations- und Personalentwicklung in den betroffenen Bereichen koordiniert und ausgewogen zu betreiben. Besteht in einem Bereich eine „Mangelsituation", wird sie die Entwicklung des Gesamtsystems behindern. Auch hier findet sich der bereits vorgestellte Liebigsche Ansatz der engpassorientierten Entwicklung eines Organismus wieder.

In der Abbildung sind die zu untersuchenden und zu entwickelnden Elemente der Organisations- und Personalentwicklung veranschaulicht. Gleichzeitig sind in der Abbildung zwei Matrizen enthalten – je eine für die Organisations- und Personalentwicklung. In jeder Pyramide werden die Qualitätsindikatoren und die Entwicklungsstufen in Beziehung gesetzt. Den daraus entstehenden Feldern lassen sich entsprechende Entwicklungsmaßnahmen sowie deren gewünschtes Ergebnis zuordnen.

	Fachkompetenz	Methodenkompetenz	Sozialkompetenz	Kontinuität	Kollaboration	Kreativität
Lernfähigkeit	Spin-off andere Bereiche	KVP im Vertrieb	Neue Dialogmodelle	Neue Ziele, Herausforderungen	Neue Partner, Marktkräfte	Neue Wertschöpfungslösung
Kompetenz	CE-Optimierung	Produktivität	Integrität, Value Communicator	C-Zone-Management	Networking	Value Creator
Eignung	Analyse CE-Cockpit	Ressourcenallokation	Partnerorientierung	Zielorientierung, Motivation	Team-Selling	Lösungsorientierung
Qualifikation	Grundlagen CE Modell	Prozesse strukturieren	Kommunikationstechniken	Motivationstechniken	Zusammenarbeit im Projekt	Kreativitätstechniken
MA	Fachkompetenz	Methodenkompetenz	Sozialkompetenz	Kontinuität	Kollaboration	Kreativität

Anpassungsfähigkeit	Potenziale	Leistung	Aufgabenerfüllung	Orga
Neue Kundenprozesse	Vernetzung Marktplätze/Partner	Systematische Bearbeitung VPs	Modellieren VPs	**Prozesse**
Neue Wissensinhalte, Prioritäten	Ereignisprofile & Maßnahmen	Kunden-/Projektselektion & Know-how	Wissens-Bewertung	**Tools**
Neue Strategien	Erweiterung um BSC, VM, RM-Rep.	Risikofrühwarnsystem	CE-Kennzahlen	**Kennzahlen**
Vernetzung Einkauf/Verkauf	Vernetzung On-/Offline Vertrieb	Unternehmensweite Transparenz	Techn. Abbildung Tools etc.	**IT**
Das virtuelle Unternehmen	Führung ist "Marktplatz betreiben"	Führungssitzung, Zielvereinbarungssystem	Optimieren Führungsprozess	**Führung**

Abb. 6.3 Die PE-/OE-Entwicklungs-Pyramide

Die relevanten Qualitätsindikatoren in der Organisationsentwicklung sind die

- Vertriebsprozesse
- Tools
- Kennzahlen
- IT-Organisation
- Führung

In der Mitarbeiterentwicklung interessieren die
- Fachkompetenz
- Methodenkompetenz

- Sozialkompetenz
- Kontinuität
- Kollaboration
- Kreativität

Bezogen auf diese Kriterien und deren Deskriptoren ist in der Ist-Analyse eine Aussage darüber zu treffen, wie der momentane Entwicklungsstand ist. Daraus abgeleitet ist zu beurteilen, in welchen Feldern der größte Handlungsbedarf im Sinne eines gleichmäßigen, synchronen Entwicklungsprozesses vorliegt. Die ermittelten Engpassfaktoren bestimmen dann die Reihenfolge der einzelnen Maßnahmen und Aktivitäten im Rahmen einer CE-Projektplanentwicklung. Nachstehend werden die jeweiligen Entwicklungsprozesse bis zur Excellence für jeden einzelnen Qualitätsindikator vorgestellt. Im Anschluss wird ein Beispiel der Entwicklung eines Transformations-Projektplans gegeben.

6.3 Die Organisationsentwicklung

6.3.1 Prozesse

Zunächst interessieren die direkten Vertriebsprozesse, wenngleich das Excellence-Modell sehr wohl auch auf andere Unternehmensbereiche übertragbar ist.

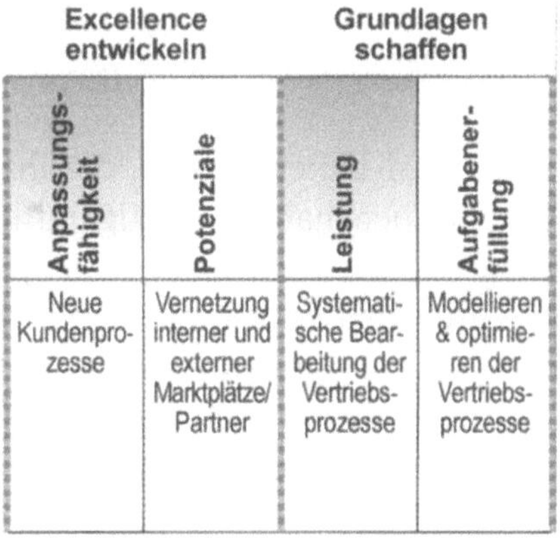

Excellence entwickeln		Grundlagen schaffen	
Anpassungs-fähigkeit	Potenziale	Leistung	Aufgabener-füllung
Neue Kundenprozesse	Vernetzung interner und externer Marktplätze/ Partner	Systematische Bearbeitung der Vertriebsprozesse	Modellieren & optimieren der Vertriebsprozesse

Abb. 6.4 Die Prozesse: Von der Aufgabenerfüllung zur Excellence

Aufgabenerfüllung

Der erste Schritt in der Organisationsentwicklung der Vertriebsprozesse ist die Überprüfung und Sicherstellung der Aufgabenerfüllung. Es ist festzustellen, welche verschiedenen Prozesse – wir hatten ja bereits ausgeführt, dass es in Unternehmen meist nicht nur einen, sondern mehrere unterschiedliche Vertriebsprozesse gibt – im Alltag praktiziert werden. Welche dieser Prozesse sind in die Rubrik Beziehungsprozess und welche in die Kategorie Transaktionsprozess einzuordnen? Aus wie vielen Phasen bestehen diese Prozesse? Welche Aktivitäten sind typisch für die einzelnen Prozessphasen und welche Ressourcen und Medien werden für die Durchführung der Aktivitäten benötigt? Diese und einige weitere Fragen sind im Rahmen der Bestandsaufnahme zu beantworten.

Anschließend werden die Prozesse modelliert und – wo notwendig – optimiert.

Wichtig ist es dabei, die Betroffenen zu Beteiligten zu machen, sie also in die Prozessmodellierung – wie auch in die anderen Teilprojektgruppen – zu integrieren. Nur so werden Akzeptanz und Praxisrelevanz gewährleistet.

Interessanterweise machen wir häufig die Erfahrung, dass in dieser Phase der tatsächliche Ablauf der Vertriebsarbeit erstmalig zu Papier gebracht wird. Die bewusste Auseinandersetzung mit dem, was man tut, führt dann bei den Projektmitgliedern sehr schnell dazu, dass Optimierungs- und Verbesserungsansätze gefunden werden, die sowohl Effektivität als auch Effizienz positiv beeinflussen können.

Aber wir stoßen auch auf Unternehmen, die ihre Vertriebsprozesse dargelegt und beschrieben haben, häufig initiiert durch die ISO 9000 ff -Zertifizierung.

Die modellierten Vertriebsprozesse müssen schließlich dokumentiert und von allen Beteiligten gewollt und akzeptiert sein. Schließlich halten wir es in dieser Phase auch für wichtig und nützlich, die erarbeiteten Ergebnisse zu „verproben", womit die Überprüfung der Praxistauglichkeit anhand ausgewählter Fallbeispiele gemeint ist.

Leistung

Im Ergebnis der Aufgabenerfüllung drückt sich die Fähigkeit der Organisation aus, die definierten Vertriebsprozesse systematisch und in einer **reproduzierbaren Qualität** bearbeiten zu können. Die aktuellen Kunden und Projekte können den einzelnen Vertriebsprozessen und -phasen zugeordnet werden, die notwendigen Arbeitsschritte sind nachvollziehbar und transparent dargestellt.

Hierfür ist eine komplexe und aufwändige IT-Unterstützung noch nicht zwingend erforderlich. Prozessorientierte Vertriebsarbeit lässt sich in dieser Phase auch erfolgreich „zu Fuß", d.h. mit einfachen Instrumenten betreiben. Sehr viel wesentlicher ist die Etablierung einer prozessorientierten Vertriebskultur, die neue Verhaltensweisen und Zielsetzungen aufnimmt.

Potenziale

Die Phase Leistung besteht im wesentlichen aus der Bearbeitung „eindimensionaler" Vertriebsprozesse, die in der Vertriebsabteilung initiiert und von Vertriebsmitarbeitern verfolgt und zum Abschluss gebracht werden. In der Entwicklungsstufe „Potenziale" werden die internen Vertriebsprozesse mit den Kundenprozessen, aber auch mit weiteren externen und internen Partnerprozessen, die vielfältiger Natur sein können, vernetzt.

Mit Hilfe der Internettechnologie sind bereits viele neue virtuelle Marktplätze entstanden. Mit den dort ablaufenden Prozessen müssen die internen Vertriebsprozesse synchronisiert werden, um weitere Potenziale erschließen zu können.

Ebenso bedeutsam ist die Vernetzung der Beschaffungsprozesse auf der Einkaufsseite des Kunden mit den Verkaufsprozessen der Vertriebsseite. So sind erhebliche Prozessverkürzungen durch einen frühzeitigen Austausch von Informationen denkbar. Das „Durchstellen" von Ergebnissen der Lieferantenbewertung vom Einkäufer direkt zum Verkäufer spart beiden Parteien beispielsweise den Aufwand, sich diese Informationen aufwändig und indirekt, bzw. „inoffiziell", zu besorgen.

Die Verknüpfung der Vertriebsprozesse mit weiteren internen Unternehmensprozessen wird zukünftig wichtig werden. Hier sind insbesondere die Marktforschungs- und Produktentwicklungsprozesse anzusprechen, die ein vitales Interesse daran haben, Informationen aus den Vertriebsprozessen in die eigenen Prozesse eingestellt zu bekommen.

Anpassungsfähigkeit

In der höchsten Entwicklungsstufe, der Excellence, beherrscht das Unternehmen die Klaviatur der Vertriebsprozesse so virtuos, dass es jederzeit adäquat auf neue, veränderte Kundenprozesse und auf neue Informationsanforderungen interner Bereiche reagieren kann.

„Für jede Kunden- und Marktsituation den passenden Ansatz, den richtigen Prozess" lautet die Devise und ist das Ergebnis der vorangegangenen Excellence-Lernkurve des Unternehmens.

Die Anpassungsfähigkeit beinhaltet allerdings auch, dass die erarbeiteten Abläufe und Prozesse schnell veränderbar sein müssen, mit wenig Aufwand neue Elemente integriert werden können.

Das setzt voraus, dass regelmäßig die Aufgabenerfüllung vorhandener Prozesse auf den Prüfstand gestellt wird und die Organisation den Willen haben muss, kontinuierlich an der Optimierung des Vorhandenen zu arbeiten.

6.3.2 Tools

Abb. 6.5 Die Tools: Von der Aufgabenerfüllung zur Excellence

Aufgabenerfüllung

Welche Arbeitsinstrumente auch immer im Vertrieb eingesetzt werden – letztendlich sollten sie drei Aufgaben erfüllen:

- Notwendiges Wissen über Märkte, Kunden und Projekte in **Wissens-Tools** dokumentiert den Beteiligten verfügbar machen.
- Mit Hilfe von **Bewertungs-Tools** Zielgruppen, Kunden und Projekte bewerten und selektieren können.
- Die Auswahl zwischen verschiedenen Handlungsalternativen und Vorgehensweisen mit **Entscheidungs-Tools** unterstützen.

Es sollte daher in der Bestandsaufnahme zunächst untersucht werden, welche Möglichkeiten in diesen Bereichen zur Verfügung stehen.

Häufig besteht ein Überangebot und kein Mangel an Tools. Es fehlt meist zum einen an der Möglichkeit, in die notwendige Tiefe und Detaillierung zu gehen und damit verbunden an der Präzision der Instrumente, zum anderen an der Durchgängigkeit und Transparenz der Nutzung. Jeder benutzt irgend etwas – nur das, was für ein gemeinschaftliches Handeln im kollaborativen Team zweckmäßig und wünschenswert wäre, ist nicht verfügbar!

Daher müssen die Tools und ihr Detaillierungsgrad für den jeweiligen Verwendungszweck bestimmt und angepasst werden.

Leistung

Mit der Toolanpassung wird die Voraussetzung für die konkrete Nutzung im Arbeitsalltag geschaffen. Im Vordergrund steht dabei die Verwendung innerhalb der einzelnen Vertriebsprozesse. Die Befähigung zur objektiven Projekt- und Kundenselektion führt zu einer zielgerichteten Vertriebsarbeit, die Nutzung des Kundenwissens zu einer verbesserten Ansprache und im Ergebnis zu einer kundenbezogenen Lösung. Letztendlich bewirkt beides einen effizienteren Einsatz der eigenen Ressourcen.

Potenziale

Mit der verbesserten Leistungsfähigkeit und Anwendung der Tools sammelt die Organisation im weiteren Verlauf Erfahrung. Der nächste Schritt besteht in der Entwicklung und Nutzung des Merkmals- und Ereignisprofils. Mit dessen Hilfe werden Kundenmerkmale so analysiert und strukturiert, dass sich daraus Handlungsempfehlungen und geeignete Maßnahmen, z.B. die Durchführung eines konkreten Vertriebsprozesses, initiieren lassen. Auch bestimmte Ereignisse können über die Ereignisprofile zu einer definierten Reaktion des Unternehmens führen. Damit wird das entscheidungsorientierte um das ereignisorientierte Instrumentarium erweitert.

Voraussetzung hierfür ist aber eine abgesicherte Erfahrungsgrundlage, die in der Leistungsphase zu gewinnen und aufzubauen ist.

Anpassungsfähigkeit

Neue Internet-Technologien (siehe IT) können dafür genutzt werden, Informationen aus völlig neuen Quellen zu erschließen, die dem einzelnen bis dahin – wenn überhaupt – nur mit großem Aufwand zur Verfügung standen.

Der Anteil digitalisierter Informationen wird rasant zunehmen. Damit erwächst die Möglichkeit, schneller als bislang zu größeren und validen Datenmengen über Transaktionsverhalten von Kunden und Beziehungszusammenhängen von Added-Value-Leistungen zu gelangen. Deutlich verkürzte Lernkurven vergrößern die Anpassungsfähigkeit an geänderte Verhaltensweisen und Kundenprozesse.

An dieser Stelle noch einmal der Hinweis auf unser Praktikerbuch „Vom Vertriebsingenieur zum Market-Ing.", in dem wir detailliert die für das Markt-Management notwendigen Tools beschreiben.

6.3.3 Kennzahlen

Excellence entwickeln		Grundlagen schaffen	
Anpassungs-fähigkeit	Potenziale	Leistung	Aufgabener-füllung
Neue Strategien und Markt-szenarien	Erweiterung um direktes BSC, VM & RM-Reporting	Risiko-frühwarn-system & Kundenbe-ziehungs-Controlling	Qualitative und quanti-tative CE-Kenn-zahlen

Abb. 6.6 Die Kennzahlen: Von der Aufgabenerfüllung zur Excellence

Aufgabenerfüllung

Das CE-Modell beinhaltet das CE-Cockpit mit seinen sechs Kennzahlen. Sie zur Verfügung zu haben ist eine der Voraussetzungen, um wert- und risikobasiertes Kundenmanagement überhaupt betreiben zu können. Daher besteht die Aufgabenerfüllung darin, die sechs CE-Kennzahlen zur Verfügung zu stellen. Während die qualitativen Kennzahlen direkt aus den Tools abgeleitet werden können, bedarf es zur Bereitstellung der quantitativen Kennzahlen der Unterstützung des Controllings.

Eine immer wieder schwierige Aufgabe ist die Beantwortung der Frage, wie man aus dem Rechnungswesen kundenbezogene Cash-flow-Rechnungen erhalten kann. Ein Großteil der Unternehmen ist offensichtlich in der Lage, Kleinstbeträge einzelnen Produktgruppen zuzurechnen. Aber die erheblichen, von Kunden verursachten Kosten bzw. für die Kundenbeziehung erbrachten Leistungen bewerten und den einzelnen Kunden verursachergerecht wieder zuordnen zu können, ist erstaunlicherweise bislang noch nicht vorgesehen.

Wenn man bedenkt, dass der Vertrieb eines Handys höhere Kosten als die Herstellung desselben verursacht, lässt sich die Bedeutung unschwer erkennen, die diesem Thema zukommt.

Zu den Kennzahlen gehört auch das Monitoring der im Vertrieb vorhandenen Chancen und Risiken. Das Risikofrühwarnsystem sollte in der Lage sein, für die einzelnen CE-Kennzahlen mittels einer Ampelfunktion einen Risikostatus anzuzeigen. Bei einer gelben oder roten Ampel sollte die Ursache für das Risiko, ausgehend von der Kennzahl, zurückverfolgt und ermittelt werden können.

Leistung

Der Aufbau eines Kundenbeziehungs-Controllings und ein funktionierendes Risikofrühwarnsystem sind das Ergebnis der Entwicklungsarbeit in der Phase der Aufgabenerfüllung.

In der folgenden Leistungsphase sind diese Controlling-Funktionen einzuüben und als operativer und strategischer Bestandteil in das Unternehmens-Controlling zu integrieren. Nun muss das Bewusstsein für die Chancen und Risiken, die sich in den sechs Customer Equity-Kennzahlen wiederspiegeln, im Unternehmen und in der täglichen Arbeit entwickelt werden.

Auf der Grundlage der wachsenden Datenbasis ist es eine weitere wichtige Aufgabe, eine Anpassung der CE-Berechnung vorzunehmen. So sind die Korrelationen zwischen den Kundenbeziehungs-Indizes ebenso zu überprüfen wie die Risikoprämien der einzelnen Kundenbeziehungen.

Potenziale

Den Bezug des Controllings zu den anderen Managementansätzen haben wir in den vorangegangenen Kapiteln hergestellt. Um die Potenziale einer integrierten Unternehmensplanung und -entwicklung nutzen zu können, liegt der Schwerpunkt dieser Entwicklungsphase darauf, die Verbindung der CE-Kennzahlen zu den Shareholder Value-Berechnungen, der Balanced Scorecard und dem Risikomanagement auf Unternehmensebene herzustellen.

Wie werden die Kennzahlen des CE-Cockpit in das Unternehmensrisikomanagement integriert? Wie fließen die in der Unternehmens-Scorecard entwickelten Strategien in die Planung innerhalb des CE-Modells ein?

Diese Fragen sind nicht nur grundsätzlich, sondern in konkreten Fallsituationen der Praxis zu klären und zu beantworten.

Anpassungsfähigkeit

Die größte Herausforderung für das Controlling ist es, das unerwartete zukünftige Geschehen bewertet zu antizipieren. Zwei Quellen speisen diese Fähigkeit, schon im Vorfeld auftretender Veränderungen notwendige Anpassungen vorzubereiten oder vorzunehmen.

Zum einen werden valide Prognosewerte benötigt. Marktbezogen stammen sie aus dem CE-Kennzahlensystem.

Andererseits ist ein „Szenariotool" zu etablieren, das es ermöglicht, Annahmen in unterschiedlichen Konstellationen in ein System einzupflegen, um zu ermitteln, welches Ergebnis eine bestimmte Faktoren-Konstellation erzielen kann und wie die Entwicklung verlaufen wird. Szenario-Systeme lassen sich nur aufbauen, wenn genügend Bezugsgrößen aus der Vergangenheit zur Verfügung stehen.

Diese Fähigkeit ist zwar sehr bedeutsam, gleichzeitig eine große Herausforderung, die Erfahrung mit zukunftsorientierten Kennzahlensystemen erfordert.

6.3.4 Informationsverarbeitung

Excellence entwickeln		Grundlagen schaffen	
Anpassungs- fähigkeit	Potenziale	Leistung	Aufgabener- füllung
Vernetzung Einkauf/Verkauf & Wertschöpfungspartner	Vernetzung Online- & Offline-Vertrieb	Unternehmensweite Transparenz und Datenkonsolidierung	Technische Abbildung der Prozesse, Tools und Kennzahlen

Abb. 6.7 Die Informationsverarbeitung: Von der Aufgabenerfüllung zur Excellence

Die Aufgabenerfüllung

Die Mindestanforderung an eine das CE-Modell unterstützende Software ist die Möglichkeit zur Abbildung der beschriebenen Prozesse, Tools und Kennzahlen. Die IT ist damit die technische Ebene des Markt-Managements, nicht mehr und nicht weniger. Sie ersetzt weder die erforderliche Qualifikation der Mitarbeiter noch die Notwendigkeit, sich vor einer IT-Realisierung vor allem Gedanken über die Inhalte der Prozesse und Tools sowie die Herkunft notwendiger Informationen zu machen.

Dabei ist es in dieser Phase unerheblich, ob die IT-Abbildung in Form von Client-Server- oder webbasierten Architekturen, auf Lotus Notes- oder SQL-Datenbanken erfolgt. Auch ist es nicht wirklich von Bedeutung, ob alle Mitarbeiter auf einer zentralen Datenbank arbeiten oder aber auf einer eigenen lokalen Datenbank.

Wir haben in einigen Projekten sogar zunächst für einen mehrmonatigen Zeitraum mit einer „handgestrickten" Microsoft-Office-Lösung gearbeitet, die in der konkreten Projektsituation neben ihren Nachteilen zwei alles entscheidende Vorteile hatte: Alle Mitarbeiter konnten mit Word und Excel umgehen und die Anwendungen standen auf allen Arbeitsplätzen zur Verfügung. Damit konnte im Rahmen der ersten Entwicklungsphase, der Aufgabenerfüllung, sichergestellt werden, dass es keinerlei Zeitverzug gab und jeder sofort und direkt handlungsfähig war. Es konnte gearbeitet werden!

Leistung

Im nächsten Schritt kommt es darauf an, die notwendige Performance der Software sicherzustellen. Sie muss unternehmensweit verfügbar sein, akzeptable Zugriffszeiten bieten und es dem Mitarbeiter ermöglichen, das System mobil, also auch von unterwegs, nutzen zu können. Die sichere Konsolidierung aller Daten, insbesondere der Kennzahlen über verschiedene Unternehmensbereiche und -hierarchien hinweg, ist ein wichtiges Thema in dieser Phase.

Aufmerksamkeit sollte ebenfalls dem funktionierenden Risikofrühwarnsystem gewidmet werden, das unternehmensweit für die erforderliche Transparenz zu sorgen hat.

Potenziale

Wie kaum ein anderer Bereich ist der IT-Bereich von den Umwälzungen und Veränderungen der Internettechnologie betroffen – im positiven wie im negativen Sinne. Das Internet erfordert es, einige technologische wie strukturelle Nachteile in Kauf zu nehmen. Man denke nur an die Probleme der Datensicherheit, die neuen Programmiersprachen sowie die veränderten Datenim- und -exportstandards. Aber es bietet, wie der Name schon sagt, ganz neue Möglichkeiten der unternehmensweiten und -übergreifenden Vernetzung.

Die größte Herausforderung liegt in der Öffnung der Unternehmensgrenzen. Die „Grenze" zwischen Innen und Außen verwischt mehr und mehr.

Die Zeiten, in denen man einen wichtigen, weil „exklusiven" Internet-Knopf drücken musste, um online zu gehen, sind in vielen Unternehmen und IT-Lösungen schon Vergangenheit. Der Anwender merkt überhaupt nicht mehr, ob er im Internet, im Extra- oder im Intranet ist – er ist, sofern er es will, immer „mittendrin"!

Auch die anlässlich einer Softwarepräsentation gestellte Frage, ob die vorgestellte Weblösung nun eine Intranet oder Internet-Lösung sei, ist bereits eine Frage von Gestern. Wie gesagt – die Grenzen zwischen Außen und Innen verschwimmen!

Diese Veränderung betrifft nicht nur die IT-Abteilung, die aufgefordert ist, diese Grenzen zu öffnen und „passierbar" zu machen.

Sie betrifft auch alle Mitarbeiter anderer Abteilungen, insbesondere des Vertriebsbereiches, denn die „Grenzöffnung" findet nicht nur in den IT-Systemen, sondern auch im Kopf jedes Einzelnen statt. Wie oft haben wir in den vergangenen Jahren Sätze gehört wie: „Morgen muss ich *raus* zum Kunden", oder „Ich arbeite im *Innen*dienst und habe daher keinen direkten Kundenkontakt". Sie entstammen der Vorstellung, dass das Unternehmen eine feste Burg ist, die einen gegen eine feindliche Außen- und Marktwelt abschirmt.

Die Zukunft sieht anders aus!

Wer „zuhause" am Online-Arbeitsplatz sitzt, kann mehr Kundenkontakt haben als jemand, der physisch „Außendienst" spielt. Wer sich auf den Online-Marktplätzen mit potenziellen neuen Kunden trifft und Informationen austauscht, kann mehr Marktnähe und

Transparenz, ja zukünftig auch mehr Wachstum erzeugen als jemand, der „Klinken putzt", um neue Kunden kennen zu lernen.

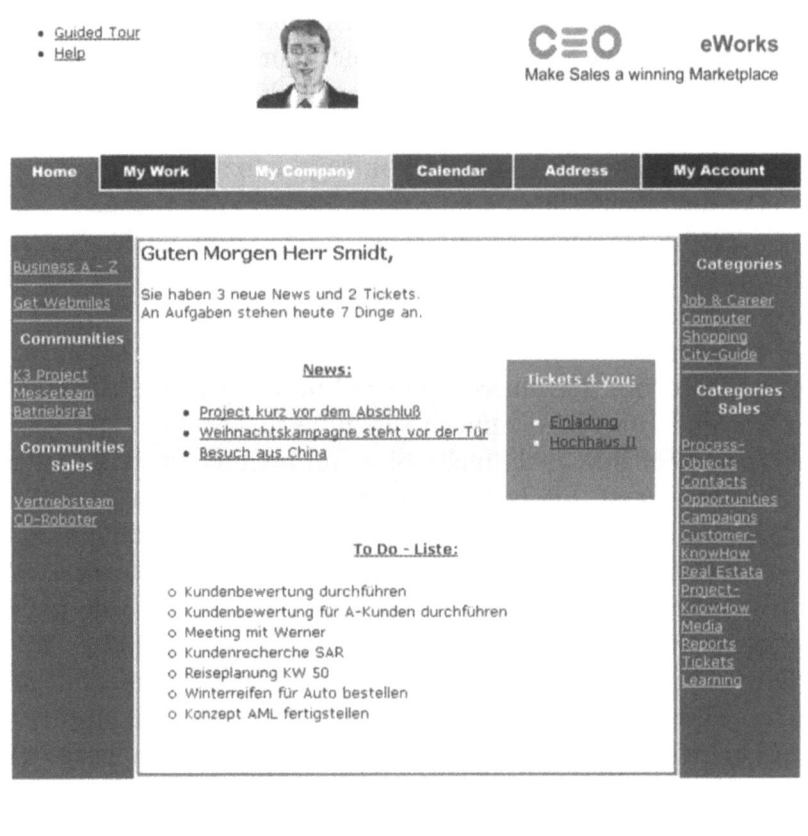

Abb. 6.8 CEO eWorks – Das neue Markt-Management

„Draußen ist drinnen" ist das neue Motto!

Um diese Potenziale für das Unternehmen erschließen zu können, müssen auch die IT-Systeme konsequent auf die Online-Funktionalität ausgerichtet sein.

So muss beispielsweise sichergestellt werden, dass die Online-Vertriebsprozesse mit den Offline-Vertriebsprozessen koordiniert werden. Es sollte unerheblich sein, ob ein Kundenkontakt auf einem virtuellen Branchenmarktplatz oder auf einer Branchenmesse geknüpft worden ist – in beiden Fällen bedarf es einer konsequenten Nachbearbeitung, die der Vertrieb zu leisten und zu verantworten hat.

Daher sollte in der dritten Entwicklungsphase der Schwerpunkt der Organisationsentwicklung darauf liegen, Online- und Offline-Vertrieb miteinander zu vernetzen.

Im Übrigen gehört in diesen Entwicklungsschritt neben den CE-orientierten Themen auch die Vernetzung von Arbeits- und Freizeitwelt hinein. Virtuelle Welten eröffnen dem Anwender im Büro die Möglichkeit, von seinem Arbeitsplatz aus privat online shoppen zu gehen, um so nicht mehr auf Ladenschlusszeiten achten zu müssen. Der Home-Office-Mitarbeiter befindet sich online in seiner virtuellen Arbeitswelt, während er sich gleichzeitig in seiner privaten, familiären Umgebung aufhält.

Anpassungsfähigkeit

Die Anpassungsfähigkeit als vierte Entwicklungsstufe hat zwei Dimensionen: Eine inhaltliche und eine technische Aufgabenstellung.

Inhaltlich geht es um die konsequente Weiterentwicklung der in der Phase „Potenziale" begonnenen Vernetzung. Nachdem Online- und Offline-Vertrieb zusammengeführt sind, müssen Einkauf und Verkauf ebenso integriert werden wie die Prozesse der internen und externen Wertschöpfungspartner. Die praktische Bedeutung haben wir bereits erläutert. In der Konsequenz bedeutet es eine komplette Vernetzung innerhalb des internen wie externen Netzwerkes.

Technisch gesehen wird es darum gehen, Plattformstrategien zu entwickeln, die so anpassungsfähig sind, dass sich das Unternehmen mit Marktplätzen, Marktteilnehmern und Partnern jederzeit vernetzen kann. Daher wird es eine Abkehr von proprietären Softwarelösungen geben, die in punkto Zukunftssicherheit und Flexibilität ein erhöhtes Risiko bedeuten.

Der Trend geht zu offenen Systemen, in die man sich einmietet und aufgaben- und situationsgerecht Funktionalitäten nutzt. Den Anwender interessiert an einer Software nur noch der Nutzen, der in drei Kategorien gesucht wird. Es sind dies die Nutzung von Inhalt (Content), Kommunikation (Communities) und Geschäftsaktivierung (Commerce).

Die wohl zukunftsweisendste, weil universellste Plattformlösung ist die Marktplatztechnologie, die bisher nur für den Online-Vertrieb genutzt wurde, sich aber nun anschickt, als offene Plattform das gesamte Markt-Management zu erobern. Sie beinhaltet in idealer Weise bereits die Möglichkeit der Nutzung aller drei „Cs" und löst, wie bereits angesprochen, die Systembrüche zwischen internen und externen Marktplätzen und Plattformen auf.

6.3.5 Führung

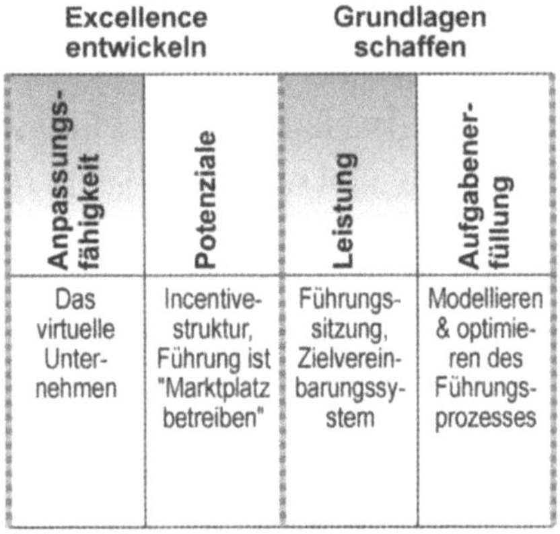

Excellence entwickeln		Grundlagen schaffen	
Anpassungs-fähigkeit	Potenziale	Leistung	Aufgabener-füllung
Das virtuelle Unternehmen	Incentive-struktur, Führung ist "Marktplatz betreiben"	Führungs-sitzung, Zielverein-barungssy-stem	Modellieren & optimie-ren des Führungs-prozesses

Abb. 6.9 Die Führung: Von der Aufgabenerfüllung zur Excellence

Aufgabenerfüllung

Auch Führung ist kein Zustand und erst recht kein Titel, sondern ein höchst dynamischer Prozess – streng genommen ist es sogar ein Regelkreis. In der Bestandsaufnahme ist daher zu überprüfen, in welche Prozessphasen der Führungsprozess aufzugliedern ist und aus welchen Aktivitäten und Arbeitsschritten er besteht.

Gegebenenfalls ist diese Untersuchung der Anlass, den Führungsprozess in einigen Elementen und Phasen zu optimieren, bzw. zu modifizieren. Am Ende der Modellierung steht eine klare Vorstellung, wie Führung im Unternehmen und in der Vertriebsorganisation betrieben werden sollte.

Leistung

Die zwei wichtigsten Ergebnisse in bezug auf die Führung im CE-Modell sind die klare Struktur des Ablaufes einer periodischen Führungssitzung sowie ein erweitertes Zielvereinbarungssystem. Beide Strukturelemente sind sicherlich in den meisten Unternehmen vorhanden, allerdings bereichert das CE-Modell das bisher Praktizierte vor allem um den Zukunftsaspekt.

Was ist damit gemeint?

Unternehmerisches Handeln hat drei Zeit- und Ergebnisdimensionen zu berücksichtigen:

- Die aktuelle Liquidität, die durch die Abrechnung erbrachter Leistungen positiv beeinflusst wird.
- Die Erfolge, die in Form von Aufträgen oder Kundenanbahnungen die Liquidität von morgen sicherstellen.
- Die Erschließung von Erfolgspotenzialen, welche die Erfolge von morgen und die Liquidität von übermorgen erst ermöglichen.

Unternehmerisches Handeln bedeutet, diese drei „Töpfe" richtig zu füllen, verbunden mit entsprechenden Investitionen und operativen Ausgaben und Einnahmen. Ziel ist es, gleichermaßen und gleichzeitig sowohl die aktuelle als auch die zukünftige Unternehmensexistenz sicherzustellen. Das Customer Equity-Modell in Form des CE-Cockpit berücksichtigt alle drei Ebenen. Gleiches muss auch für den Führungsprozess im CE-Modell gelten.

Konkret sollten daher alle drei Ebenen den Ordnungsrahmen für die Agenda einer Führungssitzung bilden und die Inhalte auch dort behandelt werden. Ebenso sollten die in den Zielvereinbarungen festgehaltenen Punkte um diese drei Elemente erweitert werden.

In der Leistungsphase der Organisationsentwicklung sollte die CE-Führungskultur hinsichtlich Führungssitzung und Zielvereinbarung zu routinierten, akzeptierten und funktionierenden Abläufen geführt werden.

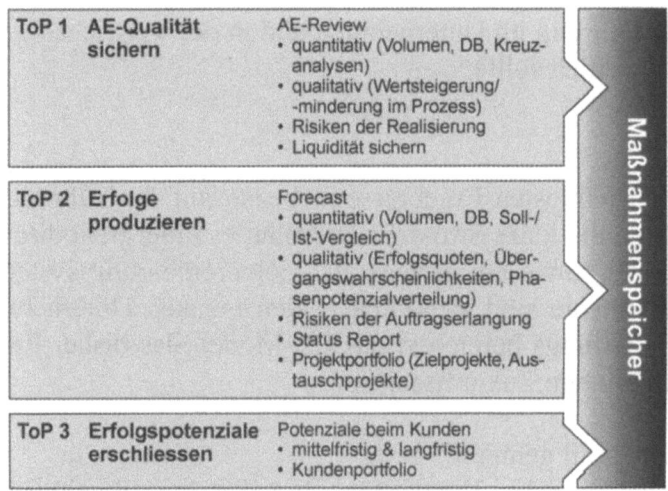

Abb. 6.10 Beispiel für die Struktur einer Führungssitzung

Potenziale

Führung hat unter anderem die wesentliche Aufgabe, Leistungspotenziale bei Mitarbeitern und in der Organisation zu verstärken bzw. freizusetzen. Wesentliches Strukturelement hierfür kann ein Incentiveprogramm sein. Hierunter wird häufig ein „Motivationsstrauß" verstanden, der für besondere Leistungen, innerhalb oder außerhalb der vereinbarten Ziele liegend, eingesetzt wird.

Incentiveprogramme unterstützen die Mitarbeitermotivation und Eigeninitiative im Unternehmen. Daher werden Incentiveprogramme häufig in Unternehmen auch „Initiativprogramm" genannt, um die Stoßrichtung dieses Konzeptes zu unterstützen.

Der Aufbau eines verantwortungs- und aufgabengerechten, vor allem durchgängigen Incentiveprogramms, welches die Inhalte und Kennzahlen des CE-Modells berücksichtigt, ist eine wichtige Aufgabe in der dritten Entwicklungsstufe. Es ist zu empfehlen, Incenti-

ves nicht nur, wie häufig üblich, auf die erzielten Auftragseingangs-
(= Transaktions-) -ergebnisse auszurichten, sondern auch die Ver-
besserungen der Beziehungsqualität oder die Entwicklung von neuen
Kundenpotenzialen zu berücksichtigen.

Vor dem Hintergrund des CE-Modells, den bereits diskutierten
Veränderungen durch das Internet und dem Wandel zur Informati-
onsgesellschaft ist in der Potenzialphase eine weitere Transformation anzustoßen, die in der letzten Phase ihre volle Verwirklichung er-
fährt.

Dass Unternehmen sich mehr und mehr öffnen, dass innere und
äußere Grenzen sich verwischen, dass es einen Trend zum Aufbau
virtueller Unternehmen gibt, all dies sind keine Geheimnisse mehr.
Gleichzeitig mit dieser Entwicklung geht auch die nachlassende Bedeutung disziplinarischer bzw. hierarchisch begründeter Führungs-
ansprüche einher.
Mit der Begründung „... weil ich nun mal Ihr Vorgesetzter bin ...“
lässt sich immer weniger erreichen. Auch die Führung über altruisti-
sche Motive wie „... denken Sie doch an das Wohl der Firma ...“
trifft immer seltener auf offene Ohren.
Immer häufiger erhält man die Gegenfrage „...und was habe ich
davon?“. Der Gegenwert für eine Leistung, über das Gehalt hinaus,
wird eingefordert – ein neuer Aspekt im Rahmen der Führungsarbeit!
Diese Entwicklung wird durch die weiter abnehmende Loyalität
von Mitarbeitern zu Unternehmen verschärft. Die Wechselfreudig-
keit von Mitarbeitern nimmt stetig zu – die Bindung zum Arbeitgeber dagegen ab.
Die bislang neben der disziplinarisch begründeten Führung funktionierende Aufgaben- und Teambindung als wesentliches Füh-
rungsprinzip ist häufig nur noch temporärer, nicht mehr existentiel-
ler Natur und verliert daher ebenfalls an Bedeutung – nicht
allerdings an Notwendigkeit!

Das Marktplatzmodell bietet neue Möglichkeiten an, Führung
durch die Steuerung über Angebot und Nachfrage zu praktizieren.
Wie dargestellt, lassen sich auf einem virtuellen, internen Marktplatz

Leistungen und Know-how wie Kundenwissen, Zugang zu Informationen und Netzwerke und vieles mehr „handeln". Der Führungsverantwortliche, will er dieses Instrument nutzen, muss sich daher als „Marktplatzbetreiber" verstehen. Er beeinflusst, lenkt und generiert Angebote und Nachfrage und richtet damit seine Organisation und seine Mitarbeiter auf gewünschte Potenziale und Zielsetzungen aus.

Oder anders gesagt: Der Vertriebsleiter neuer Prägung ist sowohl für den funktionierenden Betrieb der externen (Kunden-) Marktplätze wie auch der internen (Mitarbeiter-) Marktplätze verantwortlich.

Das Verständnis für diese veränderte Führungskultur in der kollaborativen Online-Gesellschaft gilt es in der dritten Entwicklungsphase zu wecken und in der vierten Phase zu etablieren.

Anpassungsfähigkeit

Wie beschrieben ist die wichtigste Aufgabe der Führung, ihre Fähigkeit auch in einem virtuellen Unternehmensgebilde zu behalten.

Die Marktgesetze von Angebot und Nachfrage werden zukünftig einen weitaus stärkeren Einfluss auf die Führungsarbeit haben als die Gesetze von Befehlsgewalt und Gehorsam.

Will ein Unternehmen zukünftig anpassungsfähig sein, ist es gefordert, in dieser vierten Phase die Führungsprozesse auf die Möglichkeiten, aber auch die Limitierungen von virtuellen Unternehmen, losen Netzwerken und Marktplätzen abzustellen.

6.4 Die Personalentwicklung

6.4.1 Fachkompetenz

Fachkompetenz wird von jedem Vertriebsmitarbeiter gefordert. Wie sonst soll er vernünftig beraten und einem Kunden ein Produkt empfehlen, wenn nicht mit dem notwendigen Hintergrund- und Produktwissen ausgestattet? Da das jeweilige Fachwissen von Branche und Produkten abhängt, beschränken wir uns auf den uns zugänglichen und für das CE-Modell relevanten Teil, die betriebswirtschaft-

liche   Fachkompetenz   des   ertragswertorientierten   Markt-
Managements.

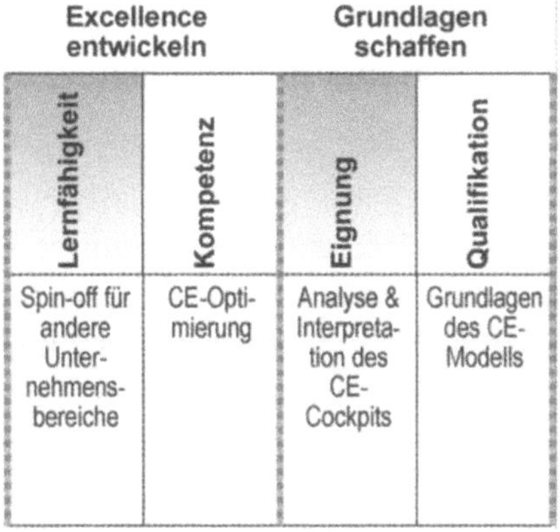

Abb. 6.11 Die Fachkompetenz: Von der Qualifikation zur Excellence

Qualifikation

Eine Mindestanforderung an Mitarbeiter, die im CE-Modell arbeiten, ist, dass sie die Grundlagen des Modells kennen. So sollten alle
Vertriebsmitarbeiter wissen, was unter der Beziehungsqualität verstanden wird, wie sich ein Vertriebsprozess in verschiedene Phasen
unterteilen lässt, welche Vertriebsprozesse im Unternehmen praktiziert werden und worin der Unterschied zwischen Customer Value
und Customer Equity besteht.

Ein Vertriebsmitarbeiter sollte sich und seine bisherige Arbeit in
dem erweiterten CE-Modell wiedererkennen können, allerdings in
eine veränderte Struktur eingebettet.

Das Grundverständnis für das CE-orientierte Arbeiten im Vertrieb
ist die Voraussetzung für die Akzeptanz der Mitarbeiter in einem
Umsetzungsprojekt.

Eignung

Die Analyse und Interpretation des CE-Cockpits und damit die Steuerung des eigenen Geschäftes über das CE-Kennzahlensystem geht
über die Grundqualifikation hinaus.

In diesem Lern- und Erfahrungsschritt geht es um die Fähigkeit,
einen Bezug herzustellen zwischen den Zahlen und optischen An-

zeigen einerseits und der eigenen Arbeit andererseits. Es ist wichtig, an Hand von praktischen Beispielen, vor allem aber im Rahmen der täglichen Arbeit an den eigenen Kundenbeziehungen, reale Kennzahlen für die Analyse und Interpretation heranzuziehen.

Kompetenz

Ein Mitarbeiter ist wirklich kompetent, wenn er nicht nur Kennzahlen und Arbeitsergebnisse interpretiert, sondern wenn er daraus auch die richtigen Schlüsse zieht, um sein Geschäft noch besser zu managen. Das Ziel ist dabei die Optimierung des Customer Equity. Das Wissen um das ertragswertorientierte Management der Kundenbeziehung ist die neue Fachkompetenz und Profession der Vertriebsmitarbeiter.

Die Stufe der Kompetenz erreichen zu können, bedingt das Wissen um Wirkungszusammenhänge. Hierzu gehört auch die Verknüpfung von Balanced Scorecard und Customer Equity, von Value- und Risikomanagement. Der Mitarbeiter muss wissen, wie er für den von ihm verantworteten Bereich eine Strategie entwickeln und auf der Basis dieses Wirksystems umsetzen kann.

Lernfähigkeit

Unter Lernfähigkeit im Rahmen der Fachkompetenz verstehen wir die kontinuierliche Aktualisierung des Wissens, da sich auch das CE-Modell in den kommenden Jahren weiterentwickeln wird.

Darüber hinaus gehört in diese letzte Entwicklungsstufe aber auch die Fähigkeit, Informationen und neu gewonnene Erkenntnisse aus dem Markt an andere Unternehmensbereiche weiterzugeben und notwendige Veränderungen zu initiieren. Somit ist also mit Lernfähigkeit im weiteren Sinne gemeint, dass der Vertrieb und seine Mitarbeiter zu einem Motor der Unternehmensentwicklung werden.

Anstöße zu geben für von Kunden geforderte Produktentwicklungen, hartnäckig für verbesserte Services und Prozesse zu sorgen, wird in dieser höchsten Excellence-Stufe Zeichen eines neuen Selbstverständnisses und -bewusstseins im Vertrieb sein. Dies praktizieren zu können bedarf einer fundierten Ausbildung der Mitarbeiter. Nur dann lassen sich die notwendigen Prozesse und Abläufe verstehen und beherrschen.

6.4.2 Methodenkompetenz

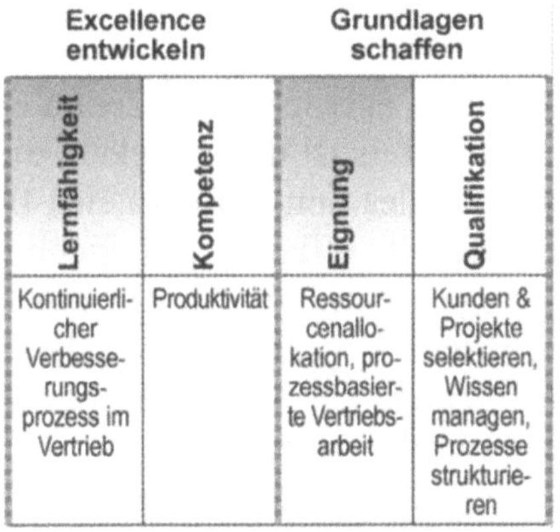

Excellence entwickeln		Grundlagen schaffen	
Lernfähigkeit	Kompetenz	Eignung	Qualifikation
Kontinuierlicher Verbesserungsprozess im Vertrieb	Produktivität	Ressourcenallokation, prozessbasierte Vertriebsarbeit	Kunden & Projekte selektieren, Wissen managen, Prozesse strukturieren

Abb. 6.12 Die Methodenkompetenz: Von der Qualifikation zur Excellence

Qualifikation

Im Zusammenhang mit den Tools und den Prozessen, die wir in der Organisationsentwicklung vorgestellt haben, benötigt der Mitarbeiter die Qualifikation, um beides nutzen zu können. Die Fähigkeit, Kunden und Projekte anhand eines Bewertungstools zu selektieren, Kunden- und Projektwissen systematisch zu erheben und zu dokumentieren sowie Vertriebsprozesse zu strukturieren, ist Ergebnis einer entsprechenden Grundausbildung.

Eignung

Kunden- und Projektselektion sowie Wissensmanagement sind allerdings kein Selbstzweck, sondern verfolgen eine bestimmte Zielsetzung. Vor allem geht es um die Allokation und Konzentration der eigenen Ressourcen. Die richtigen Kunden richtig zu betreuen, setzt voraus, die „Richtigen" auch vorher ausgewählt zu haben.

In der Stufe Eignung kann ein Vertriebsmitarbeiter mit Hilfe der von ihm benutzten Tools selbständig seine Ressourcenauslastung und -verwendung bewerten und verbessern.

Vertriebsprozesse in einzelnen Teilzielen zu planen und in Etappen zu bearbeiten, ist ein weiterer Teil dieser Ausbildungsstufe. Hierzu zählen die Meilensteine ebenso, wie die einzelnen Aktivitäten in jeder Prozessphase.

Kompetenz

Die sich aus der Eignung entwickelnde, zentrale Methodenkompetenz des Vertriebsmitarbeiters ist die Fähigkeit, die Produktivität der eigenen Arbeit sowie die des ihm zugeordneten Bereiches zu managen. Produktivität bedeutet, effizient (die richtigen Dinge zu tun) und effektiv (die Dinge richtig zu tun) zu arbeiten. Die richtigen Dinge sind in diesem Fall Projekte und Kunden, sie richtig zu tun, beschreibt die Beherrschung des Vertriebsprozesses und die Durchführung geplanter, sinnvoller Aktivitäten.

Nachdem Produktivitätssteigerungen in unterschiedlichen Unternehmensbereichen wie Logistik, Fertigung etc. größtenteils bereits realisiert wurden, richtet sich das Augenmerk mehr und mehr auf mögliche Produktivitätssteigerungen im Vertriebsbereich. Der Mitarbeiter, der die hierfür benötigte Produktivitäts-Kompetenz besitzt, wird zukünftig gefragter denn je sein.

Lernfähigkeit

Beherrscht der Mitarbeiter das Produktivitätsmanagement, ist es nur noch ein kleiner Schritt zur wirklichen Excellence – dem Streben nach „Total Sales Quality". Das systematische Suchen und Finden von Fehlern, Leistungseinbußen und Hemmnissen sowie der Wille zur kontinuierlichen Verbesserung sind Merkmale eines Mitarbeiters, der für sich die Chancen der Lernfähigkeit erkannt hat. Notwendig sind allerdings systematische und kontinuierliche Auswertungen der Kennzahlen und Analysen der CE-Pyramide. Wir sind uns sehr bewusst, dass hierzu zukünftig noch viele Methoden und Instrumente entwickelt werden, die den Mitarbeitern helfen, situativ und flexibel Lern- und Verbesserungschancen zu erkennen und durch geeignete Maßnahmen zu realisieren.

6.4.3 Sozialkompetenz

Die Sozialkompetenz ist fürwahr ein weites Feld und lässt sich aus vielerlei Perspektiven betrachten. Wir haben uns in dem Vertriebs- und Kundenkontext auf zwei wesentliche Aspekte beschränkt: Die Kommunikationsfähigkeit und das partnerschaftliche, integre Verhalten.

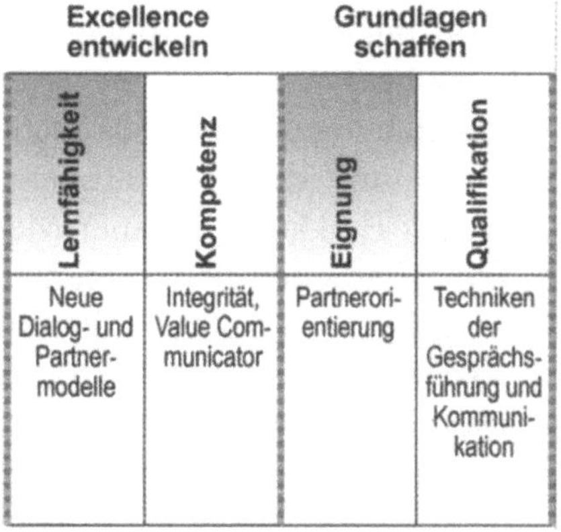

Excellence entwickeln		Grundlagen schaffen	
Lernfähigkeit	Kompetenz	Eignung	Qualifikation
Neue Dialog- und Partnermodelle	Integrität, Value Communicator	Partnerorientierung	Techniken der Gesprächsführung und Kommunikation

Abb. 6.13 Die Sozialkompetenz: Von der Qualifikation zur Excellence

Qualifikation

Ein typisches Einsteigerthema für die Qualifikation von Mitarbeitern ist das Training von grundlegenden Techniken der Gesprächsführung und Kommunikation. Es gibt wohl kaum einen Verkäufer, der nicht im Rahmen seiner „Grundausbildung" ein derart oder ähnlich betiteltes Seminar besucht hat. Nicht ohne Grund, denn die Erkenntnis, dass gegenseitiges Verständnis, was ja soviel bedeutet wie „sich gegenseitig zu verstehen", die Eingangsbedingung ist, um sich überhaupt mit einem anderen Menschen austauschen zu können, ist dazu notwendig.

In vielen Werbebroschüren findet sich die Formulierung: „Im Dialog mit unseren Kunden". Sie weist darauf hin, dass Geschäftsbeziehungen durch eine dialogorientierte Kommunikation entstehen, sich entwickeln und gefestigt werden. Trotz moderner IT-Technologie („Internet" etc.) wird auch heute noch dieser Dialog im Wesentlichen von Personen geführt, die ihr Unternehmen repräsentieren und die Verantwortung für das Gelingen der Kommunikation übernehmen. So tauschen beispielsweise Ein- und Verkäufer im persönlichen Gespräch das Anforderungsprofil des Kunden wie auch das Leistungsprofil des Lieferanten aus. Sie entwickeln gemeinsam Lösungsansätze für Problemstellungen, verhandeln Preise und Konditionen, meistern Reklamations- oder Engpasssituationen und sorgen letztendlich für einen fairen Leistungsaustausch zwischen den Unternehmen. Wie gesagt, all dies in Form von persönlich geführten Gesprächen.

Um so wichtiger, dass die Verantwortlichen ihr „Handwerk", die Kommunikation, beherrschen!

Leider belegen Untersuchungen, dass dies nicht der Fall ist. Nach der kommunikativen Leistung der sie betreuenden Verkäufer befragt, antworteten Europas Einkäufer in einer Mercuri-Studie mehrheitlich (65%), dass die Mitarbeiter ihrer Lieferanten schlecht vorbereitet ins Gespräch gehen, bemüht sind, dem Einkäufer zu schmeicheln, viel zu sehr auf ihr eigenes Produkt fokussieren und die eigentliche Situation des Kundenunternehmens und die daraus resultierende Aufgabenstellung nicht ausreichend wahrnehmen.

Eine weitere Studie der GfK in der Pharmabranche wies jüngst nach, dass nur 30% der wesentlichen Informationen, die Ärzte den Pharmareferenten mitteilen, von diesen behalten und ins eigene Unternehmen weitergeleitet werden. Auch hier das gleiche Erleben der Kunden: „Der Verkäufer hört mir gar nicht richtig zu, interessiert sich nicht wirklich für mich."

Erkenntnisse mit großer Wirkung. Denn wenn Einkäufer weiterhin ihre Partner so erleben, werden sie über kurz oder lang den Dialog beenden, um entweder zu einem professionelleren Anbieter zu wechseln oder die Vorteile des „elektronischen" Dialogs („eCommerce") für sich zu nutzen.

Wichtige „Überlebenschance" für Verkäufer ist also die Professionalisierung der Kommunikation und des Dialogmanagements. Einerseits, um sich vom Wettbewerb differenzieren zu können und andererseits, um beim Kunden die Überzeugung zu schaffen, dass die persönliche Beziehung zu „seinem" Verkäufer einen Wert darstellt, den er nicht missen möchte.

Eignung

Partnerorientierung als wesentliche Qualität in der Entwicklungsstufe der Eignung hat eine klare, kommunikative Aufgabenstellung:

Nämlich aktiv und dauerhaft **Wellenlänge** herzustellen! Wellenlänge heißt, Gefühls- und Denkverwandtschaft zu erzeugen.

Gefühlsverwandtschaft entsteht durch eine Angleichung von
1. Körperhaltung und Körpersprache
2. Sprache und Sprechweise
3. Kleidung und Habitus

Denkverwandtschaft lässt sich beschreiben als eine Übereinstimmung von
1. Überzeugungen und Werten,
2. Denk- und Metastrategien (die Art und Weise, wie ich Gedanken und Entscheidungen innerlich organisiere und strukturiere) und
3. Wahrnehmungsfiltern (die Art und Weise, wie ich äußere Reize selektiere, bevor ich sie innerlich verarbeite).

Ergebnis gelungenen Aufbaus von Wellenlänge ist die Erzeugung eines Gefühls der inneren Übereinstimmung zwischen den Partnern.

Partnerorientierung setzt voraus, seinen Gesprächspartner in seinen Gewohnheiten und Verhaltensweisen dort abzuholen, wo er steht, ihn hierbei durch den Aufbau von Gefühls- und Denkverwandtschaft zu begleiten, um ihn schließlich im Dialog zu führen. Gelingt dies nicht, wird man auch nicht die Bereitschaft bei seinem Gesprächspartner auslösen, sich führen zu lassen! Daher spricht man auch vom **Abholen - Begleiten - Führen.**

Kompetenz

Die dritte Excellenz-Stufe vervollständigt das Fähigkeits-Repertoire der ersten beiden Stepps. Der Vertriebsmitarbeiter wird zum „Value Communicator", der in der Lage ist, den Wert, den der Lieferant dem Kunden bietet (den Customer Value), geeignet darzustellen und allen Beteiligten in der für sie adäquaten Weise zu kommunizieren. Umgekehrt muss ein Value Communicator aber auch die Fähigkeit besitzen, den Wert, den der Kunde für den Lieferanten hat (den Customer Equity), im eigenen Unternehmen so zu kommunizieren, dass jeder Bereich und jeder Mitarbeiter den Wert des Kunden „begreifen" kann und seine bestmögliche Leistung zur Realisierung des Customer Value erbringt.

Die Partnerorientierung ist die Eingangsgröße für den Aufbau der Kompetenz „Integrität". Integrität geht über die Partnerorientierung hinaus. Sie beschreibt nämlich ein grundsätzliches Verhalten, eine Grundeinstellung des Vertriebsmitarbeiters. Integer zu sein bedeutet, langfristig nach transparenten Werten wie Glaubwürdigkeit, Verlässlichkeit, Loyalität und Ehrlichkeit nicht nur zu streben, sondern sie auch zu leben.

Lernfähigkeit

In der Lernfähigkeit sollte besondere Aufmerksamkeit darauf gelegt werden, sich im Laufe der Zeit nicht auf einen besonderen „Typ" von Partner oder eine bestimmte Art von Dialog- und Kommunikationsprozess festzulegen. Nichts ist schlimmer im Vertrieb als die Feststellung „der kann nur mit ganz bestimmten Kunden". Deshalb verlangt die Excellence ein hohes Maß an Lernbereitschaft und -fähigkeit, sich immer wieder auf neue Situationen einzulassen und sich in jedem Prozess die Frage zu stellen, ob man das Ganze kommunikativ nicht auch anders angehen könnte.

6.4.4 Kontinuität

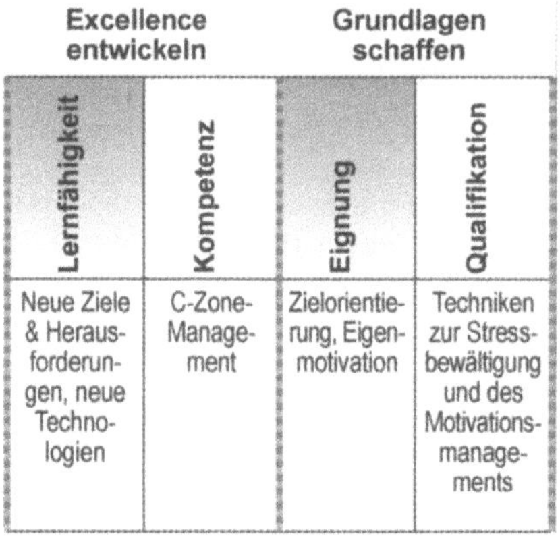

Excellence entwickeln		Grundlagen schaffen	
Lernfähigkeit	Kompetenz	Eignung	Qualifikation
Neue Ziele & Herausforderungen, neue Technologien	C-Zone-Management	Zielorientierung, Eigenmotivation	Techniken zur Stressbewältigung und des Motivationsmanagements

Abb. 6.14 Die Kontinuität: Von der Qualifikation zur Excellence

Qualifikation

In der Qualifizierung der Mitarbeiter sollte mit einer Basisveranstaltung zum Thema Stressbewältigung und Motivationsmanagement begonnen werden, denn interessanterweise kreisen die Gedanken der Mitarbeiter weniger um die Frage: „Wie motiviere ich mich?" als vielmehr darum, wie „man den immer stärker empfundenen Stress bewältigt". Im Vordergrund einer Qualifizierungsmaßnahme stehen Entspannungs- und Self-Arousal-Techniken – womit die Steuerung des eigenen Erregungslevels gemeint ist – sowie Grundlagen der Zielfindung und Eigenmotivation.

Gerade die letzten beiden Begriffe haben für das Customer Equity-Modell eine hohe Bedeutung, denn das CE-Modell ermöglicht vom Grundsatz her den Mitarbeitern ein sehr eigenverantwortliches Arbeiten und Handeln. Die Verfügbarkeit von aussagekräftigen Daten und Kennzahlen schafft dem Mitarbeiter die Voraussetzung, sich und sein Geschäft selbst steuern zu können. Aber, wie gesagt, eben nur die Voraussetzung. Wer die Grundprinzipien der Eigensteuerung nicht kennt, kann mit der theoretisch verfügbaren Freiheit praktisch nichts anfangen.

Eignung

Die Eignung des Mitarbeiters, die Techniken der Zielorientierung und der Eigenmotivation zu praktizieren und zu beherrschen ist eine notwendige Bedingung, um das in der Organisationsentwicklung unter Führung beschriebene Zielvereinbarungssystem einführen und mit Leben füllen zu können.

Kompetenz

Die vollständige Kompetenz erlangt der Mitarbeiter jedoch erst, wenn er sein eigenes C-Zonen-Management beherrscht. Wesentliches Charakteristikum ist das Pendeln innerhalb der C-Zone zwischen Können und Herausforderung, die Vermeidung von Über- wie von Unterforderung. Beherrscht ein Mitarbeiter das C-Zonen-Management, wird er im Rahmen der Zielvereinbarung nicht so sehr in Kategorien wie „Schaffe ich" oder „Ich kann leisten, was man von mir fordert" denken und handeln, sondern sich vielmehr Ziele suchen und vereinbaren, die nicht nur der Unternehmens- sondern auch der eigenen Persönlichkeitsentwicklung förderlich sind.

Lernfähigkeit

Dieser scheinbare Egoismus im Bereich Kompetenz ist letztlich langfristig für das Unternehmen lebensnotwendig, denn nur so kann sich die letzte Stufe der Excellence, die Annahme neuer Ziele, Herausforderungen und auch neuer Technologien sowie das kontinuierliche Lernen im Unternehmen ausbilden. Wenn Sie im Unternehmen den Satz „das haben wir aber noch nie so gemacht" oder „das hat doch bis jetzt auch so geklappt" des öfteren hören, können Sie sicher sein, dass diese Mitarbeiter nicht die höchste Stufe der Excellence erreicht haben.

6.4.5 Kollaboration

Abb. 6.15 Die Kollaboration: Von der Qualifikation zur Excellence

Qualifikation

Projektbezogen zusammenarbeiten zu können, wird in vielen Unternehmen bereits beherrscht, schließlich hat ja die Projektorganisation mittlerweile Einzug in den Unternehmensalltag gehalten. Interessanterweise haben wir Projektteams getroffen, die zwar gut zusammengearbeitet haben, sich allerdings nicht explizit auf ein gemeinsames Zielverständnis geeinigt haben. Dies ist ein Beispiel dafür, wie eine Fähigkeit unseres Excellence-Modells eine andere Fähigkeit beeinflusst. Trotz dieses Mankos ist diese Qualifikationsstufe heutzutage nicht der große Engpass.

Eignung

Da sieht es auf der nächsten Entwicklungsstufe schon ganz anders aus. Die im Vertrieb geforderte Eignung zum Team-Selling ist weit weniger verbreitet. Denn beim Team-Selling handelt es sich um eine besondere Form der projektbezogenen Zusammenarbeit, in der es um die Erlangung von Aufträgen und nicht, wie es häufiger anzutreffen ist, um Auftragsabwicklungsprojekte, geht.

Worin sind aber die auftretenden Schwierigkeiten in der vertrieblichen Projektarbeit, im Team-Selling, begründet? Zunächst einmal müssen vertriebliche Ziele so beschrieben und präzisiert werden, dass jeder im Team das Ziel und vor allem die Art und Weise der Zielerreichung bejahen und für sich akzeptieren kann. Hierfür werden wiederum aus der Organisationsentwicklung, Entwicklungsstufe Prozesse/Leistung, die Prozessphasen sowie die einzelnen geplanten Aktivitäten benötigt. Sie liefern Teilziele und Teilaufgaben für die Zieldefinition und Zielvereinbarung im Selling-Team.

Auch hier erkennen Sie die Vernetzung innerhalb der einzelnen Faktoren des Excellence-Modells und die Notwendigkeit, in allen Kategorien Organisation und Personal gleichmäßig in die gleichen Entwicklungsstufen hinein zu entwickeln.

Des Weiteren mangelt es vielen Team-Sellern an einer gleichartigen Ausbildung in bezug auf anzuwendende Methoden und Tools. Wenn beides bei Mitarbeitern und im Unternehmen nicht synchronisiert und standardisiert vorhanden ist, werden unterschiedliche Auffassungen und Methoden auf dem Rücken der Projekteffizienz und Teamorientierung ausgetragen.

Ein letzter, häufig im Unternehmen nicht rechtzeitig angesprochener und klar geregelter Punkt beim Team-Selling ist die Frage, wem eigentlich Ruhm und Ehre des erfolgreichen Abschlusses zufällt. Haben mehrere Mitarbeiter an der Projekteroberung mit Sachverstand und Engagement gearbeitet und wird dann nur derjenige, der den „Verkäuferhut" trägt, belobigt, werden die anderen Teammitglieder diese Erfahrung sicher nicht noch einmal machen wollen.

Auch an dieser Stelle der Querverweis zur Fähigkeit der Eigenmotivation, die so sicherlich nicht gefördert wird.

Kompetenz

Auf der Kompetenzebene wird der Mitarbeiter das Netzwerk des eigenen Selling-Teams um externe Partner und Netzwerke erweitern. In diesen Strukturen zu surfen und sich damit ein vielfältiges, umfangreiches virtuelles Selling-Team zu schaffen, nennen wir Networking. Dies ist eine ausgesprochen erstrebenswerte Kompetenz eines Marktmanagers.

Lernfähigkeit

Das letztendliche Ziel für das Unternehmen ist es, kontinuierlich und auf Dauer immer wieder neue Kunden und Partner zu gewinnen und in das eigene Netzwerk zu integrieren. Ein Mitarbeiter, der dieses Ziel bedienen will, muss selber erfolgreich neue Partner, Kunden und andere Marktkräfte kontakten und geeignete Beziehungen zu ihnen aufbauen.

Vertriebsmitarbeiter, die vor Jahrzehnten begonnen haben, sich einen Kundenstamm aufzubauen, den sie bereits seit vielen Jahren erfolgreich betreuen, verhalten sich oft genau konträr zu den Anforderungen der vierten und höchsten Excellence-Stufe. Sie haben typischerweise die Eigenschaft, sich nahezu ausschließlich in den bekannten Netzwerken aufzuhalten und bekannte Gesichter in bekannten Unternehmen mit bekannten Vorgehensweisen zu betreuen. Sie entwickeln teilweise eine fast phobische Abneigung gegen neue Kunden und die damit verbundenen Akquisitionsanstrengungen.

Mit der Pensionierung der alten Ansprechpartner beim Kunden sinkt dann auch über kurz oder lang die Produktivität dieser Vertriebsmitarbeiter, womit wiederum die Wahrscheinlichkeit ihres absehbaren Ausscheidens aus dem Unternehmen steigt. So geht wertvolles Know-how dem Unternehmen unnötig verloren, und der Mitarbeiter wird ohne ein letztes wirkliches Erfolgserlebnis seinen Abschied nehmen müssen.

Zu verhindern wäre dies durch die frühzeitige Erhaltung der Lernfähigkeit, durch immer neue Erfahrungen mit neuen Partnern und
Kunden. Auch dies ist, wie fast alles im Leben und wie unser Ent-
wicklungsmodell zeigt, eine Frage des Trainings, welches wiederum
eine Funktion des Wollens und Könnens ist.

6.4.6 Kreativität

Excellence entwickeln		Grundlagen schaffen	
Lernfähigkeit	Kompetenz	Eignung	Qualifikation
Neue Wert-schöpfungs-lösungen	Value Crea-tor	Lösungs-orientierung	Grundlagen der Kreativitäts-techniken, -ebenen & -hemm-nisse

Abb. 6.16 Die Kreativität: Von der Qualifikation zur Excellence

Qualifikation

In der Grundstufe der Kreativitätsentwicklung ist zunächst die Erkenntnis zu vermitteln, dass auch Markt-Management kreative E-
nergie benötigt. Des weiteren ist herauszuarbeiten, dass Kreativität
ein methodisch angelegter „Arbeits"-Prozess ist.

Inhaltlich ist in der Stufe der Qualifikation vor allem die Ausbildung der Ausdruck-Kreativität von Bedeutung. Eine komplexe und
abstrakte Produktinformation dem Kunden so zu vermitteln, dass der
Kunde sich wiederfindet und ein Bezug zu der Kundenwelt hergestellt wird, ist eine Anwendung für diese Form der Kreativität.

Die Ausdruck-Kreativität in der Entwicklungsstufe der Qualifikation passt wiederum zu den im Bereich der sozialen Kompetenz trai-
nierten Techniken der Gesprächsführung.

Eignung

Produktive Kreativität ist Ausbildungsinhalt der zweiten Excellence-Stufe und streng genommen eine eher reproduktive Tätigkeit. Sie ist gekennzeichnet durch unser Vermögen, bekannte Dinge zu kopieren. Sie schafft zwar nichts wirklich Neues, ist aber dennoch eine kreative Fähigkeit, zur Problemlösung beizutragen. Indem wir uns an Vorhandenes erinnern und dieses in einen konkreten Kontext projizieren können, helfen wir uns und anderen, eine praktikable Lösung zu finden. Damit dient die produktive Kreativität der Eignung des Vertriebsmitarbeiters zur lösungsorientierten Handlungsweise. Zusammen mit der Partnerorientierung ist die Lösungsorientierung eines der beiden wesentlichen Elemente der Kundenorientierung.

Kompetenz

Ziel ist es, Mitarbeiter, die für sich in Anspruch nehmen, Marktmanager zu sein, zu befähigen, erfinderische Kreativität zu entwickeln und zu praktizieren. Erfinderische Kreativität geht, wie bereits ausgeführt, über die ersten beiden Entwicklungsstufen hinaus. Um erfinderisch kreativ zu sein, bedarf es der Fähigkeit, eine Art-Verwandtschaft zwischen zwei scheinbar völlig verschiedenen Sachverhalten oder Dingen herzustellen und aus dieser neuen Betrachtung heraus z.B. eine neue Anwendung zu erschließen.

Mit dieser Fähigkeit erlangt der Marktmanager seine volle Kompetenz und wird für seine Partner und Kunden zu einem echten „Value Creator".

Unsere feste Überzeugung ist, dass nur Vertriebsmitarbeiter, die sich auf der Stufe des Value Creators befinden, also für Partner, Unternehmen und Kunden Wert schaffen, auch in der Welt des digitalen Marketings eine sichere und aussichtsreiche Zukunft haben werden.

Lernfähigkeit

Um Lernfähigkeit und damit die höchste Stufe der Excellence-Entwicklung zu erreichen, bedarf es der innovativen Kreativität. Hierunter verstehen wir die wirkliche Weiterentwicklung vorhandener Technologien und Verfahren.

Innovative Kreativität wird im Vertrieb vor allem dann gebraucht wenn Kundenanforderungen an das Unternehmen herangetrager werden, für die es momentan noch keine Lösungen gibt. Hier sinc nicht nur technische, sondern auch kommunikative oder prozessuale Anforderungen gemeint.

Die Lernfähigkeit des einzelnen Mitarbeiters führt dazu, dass da: Unternehmen tatsächlich neue Wertschöpfungskonzepte und -lösungen entwickeln und sich damit vom Wettbewerb differenzierer kann.

6.5 Ablauf eines CE-Umsetzungsprojekts

„Ein Plan ist ein Plan ist ein Plan ist ... "

... nur so gut wie sein Inhalt und die Menschen die ihn umsetzen Dennoch erscheint es richtig und notwendig, wie in den meisten Pro jekten, auch in einem CE-Projekt eine sorgfältige Planung des Pro jektablaufes vorzunehmen. Änderungen werden jedoch, und desser sollte man sich zur Sensibilisierung für die notwendige eigene Fle xibilität immer bewusst sein, meist im Verlauf des Projektes nocl früh genug notwendig.

In der Praxis hat sich ein vierstufiges Umsetzungsmodell zur Ein führung des Customer Equity-Modells bewährt. Wir hatten es Ihner bereits in unserem Praxisbeispiel zur Balanced Scorecard vorge stellt. Es basiert auf eigenen sowie den Erfahrungen der Unterneh mensberatung Horvath & Partner in der Umsetzung von Transfor mationsprojekten.

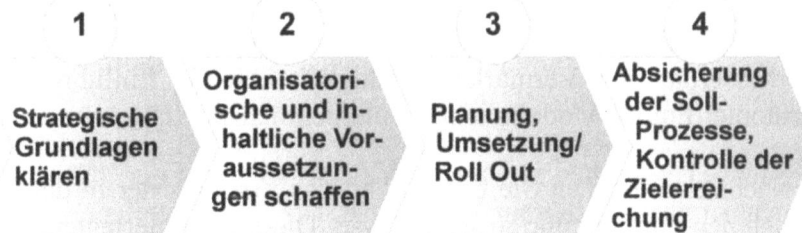

Abb. 6.17 Die vier Phasen der Projektentwicklung

Dieses Modell lässt sich, wie in der Grafik veranschaulicht, in Verbindung bringen mit den drei Flugphasen des Transformationsprozesses.

Die Inhalte der vier Phasen ergeben sich aus den formulierten strategischen Zielen einerseits und dem in der Ist-Analyse ermittelten Status der Organisations- und Personalentwicklung im Unternehmensbereich „Markt-Management".

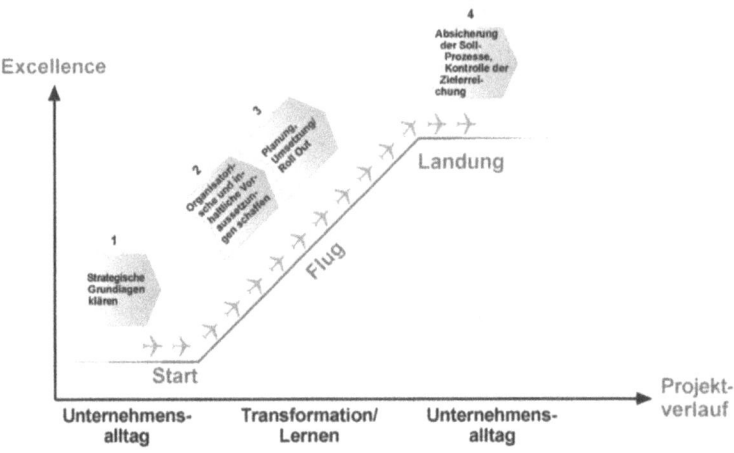

Abb. 6.18 Die vier Phasen der Projektentwicklung im Transformationsprozess

Die Marktstrategie des in unserem Fallbeispiel vorgestellten Unternehmens zielt auf die Veränderung des Unternehmensprofils von einem klassischen Anlagenbauer hin zu einem Systemdienstleister. Diese Transformation hat eine hohe Bedeutung für das Unternehmen und soll mittelfristig abgeschlossen sein. Ein wichtiges Ziel ist die Verbesserung der Vermarktungsfähigkeit und die Einführung des Customer Equity-Modells in die Unternehmenspraxis.

Nachstehend sehen Sie beispielhaft das Ergebnis der in dem Unternehmen durchgeführten Ist-Analyse. Die grau hinterlegten Felder entsprechen dem vorhandenen aktuellen Entwicklungsstand, nur halb mit grau hinterlegte Felder deuten an, dass diese Fähigkeiten und Fertigkeiten nur teilweise geschult und etabliert sind.

	Fachkompetenz	Methodenkompetenz	Sozialkompetenz	Kontinuität	Kollaboration	Kreativität
Lernfähigkeit	Spin-off andere Bereiche	KVP im Vertrieb	Neue Dialogmodelle	Neue Ziele, Herausforderungen	Neue Partner, Marktkräfte	Neue Wertschöpfungslösung
Kompetenz	CE-Optimierung	Produktivität	Integrität, Value Communicator	C-Zone-Management	Networking	Value Creator
Eignung	Analyse CE-Cockpit	Ressourcenallokation	Partnerorientierung	Zielorientierung, Motivation	Team-Selling	Lösungsorientierung
Qualifikation	Grundlagen CE-Modell	Prozesse strukturieren	Kommunikationstechniken	Motivationstechniken	Zusammenarbeit im Projekt	Kreativitätstechniken
MA	Fachkompetenz	Methodenkompetenz	Sozialkompetenz	Kontinuität	Kollaboration	Kreativität

(Excellence entwickeln / Grundlagen schaffen; Anpassungsfähigkeit, Potenziale, Leistung, Aufgabenerfüllung, Orga)

	Potenziale	Leistung	Aufgabenerfüllung	
Neue Kundenprozesse	Vernetzung Marktplätze/Partner	Systematische Bearbeitung VPs	Modellieren VPs	**Prozesse**
Neue Wissensinhalte, Prioritäten	Ereignisprofile & Maßnahmen	Kunden-/Projektselektion & Know-how	Wissen/Bewertung	**Tools**
Neue Strategien	Erweiterung um BSC, VM, RM-Rep.	Risikofrühwarnsystem	CE-Kennzahlen	**Kennzahlen**
Vernetzung Einkauf/Verkauf	Vernetzung On-/Offline Vertrieb	Unternehmensweite Transparenz	Techn. Abbildung Tools etc.	**IT**
Das virtuelle Unternehmen	Führung ist "Marktplatz betreiben"	Führungssitzung, Zielvereinbarungssystem	Optimieren Führungsprozess	**Führung**

Abb. 6.19 Ergebnis der Ist-Analyse PE-/OE-Entwicklung

Dieses Bild spiegelt eine typische Ausgangssituation für Implementierungsprojekte wider. Wir sehen vor uns ein Unternehmen, das sich vornehmlich in zwei Bereichen entwickelt hat.

Zum einen in der Führungssystematik, in die ein Zielvereinbarungssystem integriert wurde. Die Aufmerksamkeit der Personalentwicklungs-Abteilung richtete sich dabei insbesondere auf die Umsetzung dieses Systems.

Darüber hinaus bot das Weiterbildungsprogramm Seminare an, die die Persönlichkeitsentwicklung des Einzelnen unterstützen sollten. Pflicht war für jeden Vertriebsmitarbeiter der Besuch der Kommunikations-Seminare „Verkaufstraining I und II" sowie des Seminars „Grundlagen der Motivation und Zielklarheit". Optional wurden auch Seminare zu den Themen „Teamwork im Projekt" und „Kreativitätstechniken" angeboten, die aber nicht auf den Vertrieb zugeschnitten waren und von Vertriebsmitarbeitern auch nicht mehrheitlich besucht wurden.

Wie wurde dieses Projekt in der Folge gestaltet?

6.5.1 Stepp I: Strategische Grundlagen

Im Stepp I wurden zunächst die strategischen Grundlagen auf ihre Sinnhaftigkeit und ihre Konsistenz hinsichtlich der BSC-Perspektiven und der „Flughöhe" im CE-Modell überprüft. Anschließend wurde untersucht, ob die Ausgangsthese, dass die Veränderung vom Anlagenbauer zum Systemdienstleister eine sinnvolle Transformation sein wird, stichhaltig war.

Die „strategische Identität und Positionierung" wurde im Markt überprüft. Die Beurteilung viel positiv aus, es wurden wichtige zusätzliche Erkenntnisse und Daten gewonnen. Das Projektteam bestand in dieser Phase nur aus einer kleinen, vierköpfigen Kernmannschaft.

Aus der angestrebten Position und Zielsetzung heraus ergab sich die Notwendigkeit, ein auf drei Jahre angelegtes Entwicklungsprogramm zu initiieren und umzusetzen, das Organisation und Personal auf die dritte Stufe des Excellence-Modells heben sollte. Die der dritten Entwicklungsphase entsprechende Potenzial- und Kompetenzverstärkung erschien allen Beteiligten eine notwendige Voraussetzung zu sein, um dem zukünftigen, hohen Anspruch eines modernen Systemdienstleisters gerecht zu werden.

Ferner sollte in der Umsetzung dem Umstand Rechnung getragen werden, dass sich bestimmte Lernfelder miteinander kombinieren lassen.

6.5.2 Stepp II: Inhaltliche und organisatorische Voraussetzungen schaffen

Daraufhin wurden für die zweite Projektphase „organisatorische und inhaltliche Voraussetzungen schaffen" Teilprojekte zu folgenden Themenblöcken gebildet:

Prozesse/Tools/Methodenkompetenz
- Modellierung und Optimierung der Vertriebsprozesse
- Entwicklung der Wissens-, Bewertungs- und Entscheidungstools
- Grundlagen des Wissensmanagements, der Selektion und der Prozessorientierung im Markt-Management

Kennzahlen/IT/Fachkompetenz
- Grundlagen des CE-Modells
- Modellierung der qualitativen und quantitativen CE-Kennzahlen
- Technische Abbildung und Beschaffung der Kennzahlen
- Technische Abbildung der Tools und Prozesse
- Analyse und Interpretation des CE-Cockpits
- Risikofrühwarnsystem und Kundenbeziehungs-Controlling
- Unternehmensweite Transparenz und Datenkonsolidierung

Führung/Kontinuität
- Zielvereinbarung im CE-Modell
- Modellierung einer erweiterten Ziel- und Führungssystematik
- Entwicklung eines CE-orientierten Incentivekonzepts

Die Besetzung der drei Teilprojekte wurde unter dem Gesichtspunkt vorgenommen, wichtige Promotoren und Experten in die Arbeit zu integrieren und die Mehrheit der Vertriebsmitarbeiter unmittelbar und direkt, mindestens aber über enge Arbeitskollegen, mit den Zielen und Inhalten der anstehenden Veränderung vertraut zu machen und diese positiv erleben zu lassen.

Ergebnis der Teilprojekte war die inhaltliche Konkretisierung der Prozesse, Tools und Kennzahlen, zugeschnitten auf die Spezifika des Unternehmens, sowie ein auf dieser Basis erstelltes IT-Pflichtenheft.

6.5.3 Stepp III: Umsetzung und Roll-Out

In der dritten Phase, der Umsetzungsphase, wurden erneut Teilprojekte gebildet.

Das eine Projektteam, im wesentlichen aus internen und externen IT-Experten bestehend, kümmerte sich um die Realisierung des IT-Pflichtenheftes. Dabei mussten die grundsätzliche IT-Strategie, die vorhandenen Hard- und Softwarekomponenten des Unternehmens sowie die perspektivischen Erfordernisse der dritten und vierten IT-Excellence-Stufe (Marktplatzlösung) berücksichtigt werden.

Die zweite Projektgruppe hatte die Aufgabe, das erforderliche Weiterbildungskonzept für alle von der Veränderung betroffenen Mitarbeiter auf die Beine zu bringen. Entsprechend der Aufgabenstellung wurde dieses Projektteam aus Personalentwicklern sowie Mitarbeitern der betroffenen Bereiche zusammengestellt.

Es entstand ein praxisorientiertes Schulungskonzept, bei dem sich die Mitarbeiter zunächst on the job, das heißt anhand ihrer tatsächlichen Projekte und Kunden, die ersten beiden Grundlagenstufen des Excellence-Modells erschließen konnten. Dabei liegt der Schwerpunkt in dieser Phase auf den Bereichen Fachkompetenz, Methodenkompetenz und Kreativität, da die anderen Felder bereits durch das existierende Schulungsangebot abgedeckt wurden.

Zwei wesentliche Erfolgsfaktoren bei der Umsetzung des Weiterbildungskonzeptes bildeten sich heraus. Zum einen erlebten die Mitarbeiter, dass hier keine theoretischen, seminaristischen Exkurse abgehalten werden, sondern dass das CE-Modell ihnen handfeste, persönliche Vorteile in der täglichen Arbeit bringt.

Zum anderen sind die Führungskräfte in das Weiterbildungskonzept so eingebunden, dass sie den Mitarbeitern als Gesprächspartner in der Vor- und Nachbereitung der einzelnen Schulungseinheiten zur Verfügung stehen und deutlich machen können, dass sie Ziele und Inhalte des Projektes rückhaltlos unterstützen.

Gegen Ende dieser ersten Phase des Stepps III erfolgte die Implementierung der IT-Unterstützung.

Nach ca. 12 Monaten, in denen das Neue und Gelernte erprobt, verinnerlicht und, wo nötig, optimiert werden soll, wird in einem parallel vorbereiteten Verfahren die dritte Stufe des Excellence-Modells, die Zielstufe in diesem Projekt, in Angriff genommen.

Diese Projektphase beinhaltet das größte Momentum, denn hier entscheidet sich, welchen Nutzen das Unternehmen letztendlich aus der Einführung des CE-Modells ziehen wird. Die in dieser Phase angestrebten wesentlichen Kompetenzen sind

- die Produktivitätssteigerung,
- die Fähigkeit, als Value Creator zusätzlichen Wert für Kunden und Unternehmen zu kreieren,
- die Einbindung der CE-Kennzahlen in ein Unternehmenscontrolling auf der Basis des Value- und Risikomanagements,
- die Vernetzung von Online- und Offline-Vertrieb.

Die Maßnahmen zur Zielerreichung:

- Einführung eines kontinuierlichen Verbesserungsprozesses im Markt-Management, wobei das Unternehmen sich der eigenen Fachleute aus der Qualitätssicherung bedienen wird.
- Beginnende Vermarktung der neuen System-Produkte, die es erfordern, neue Lösungen für bestehende Kunden zu entwickeln. Zur Absicherung des Value Creating werden im Coaching-Verfahren über ein halbes Jahr aktuelle Kundenprojekte begleitet.
- Erweiterung der IT-Funktionalitäten zur Integration der CE-Kennzahlen in das Value- und Risikomanagement sowie die Integration von Online-Vertrieb (Internet-Marktplätze) und Offline-Marktbearbeitung.

6.5.4 Stepp IV: Absicherung des Prozesses

Zur Absicherung des Erreichten wird sich das Unternehmen einer vierteljährlichen, externen Überprüfung der Prozesse und inhaltlichen Qualität des CE-orientierten Markt-Managements unterziehen. Diese Vertriebs-Audits sollen nach einer Übergangsphase von der eigenen Qualitätssicherung übernommen und weitergeführt werden.

Das Weiterbildungsprogramm des Unternehmens wird um die Inhalte des Excellence-Modells ergänzt, so dass alte wie neue Mitarbeiter auch zukünftig die Möglichkeit haben, durch das Unternehmen gefördert zu werden und sich zu „Wertschöpfungspartnern", zu Market-Ings., entwickeln können.

Innerhalb der gesetzten Ziele wird die Customer Equity-Optimierung zum zentralen Unternehmensziel.

7 Die fünf Thesen des Customer Equity

Am Anfang eines Buches steht das Vorwort, am Ende meist eine Zusammenfassung oder ein Ausblick. Wir möchten zum Schluss fünf Thesen formulieren, die die Bedeutung des Customer Equity-Modells für die wertbasierte Unternehmensführung schlaglichtartig beleuchten.

1. Die parallele Optimierung von Customer Equity und Customer Value schafft eine Win/Win-Situation und ist Voraussetzung für die zukunftsfähige Kunden-Lieferantenpartnerschaft.

2. Nur wer das CE-Modell zur Grundlage der Scorecard „Kunden-perspektive„ macht, wird in der Einführung und Umsetzung von Value- bzw. risikoorientierten Managementansätzen mit der Balanced Scorecard erfolgreich sein.

3. Vom Cockpit bis zum Prozess und zurück – im CE-Modell werden Arbeits- und Führungsebene lückenlos miteinander verknüpft und damit ein prozessbasiertes Controlling möglich.

4. Transaktionsmanagement reicht nicht aus, um Kundenbeziehungen aufzubauen. CE-basiertes Beziehungsmanagement wird Unternehmen befähigen, Investitionen in Kunden und Märkte besser abzusichern und auszuschöpfen

5. Wer Excellence in der Lern- und Anpassungsfähigkeit von Mitarbeitern und Organisation zum konkreten Ziel des Transformationsprozesses macht, wird Marktentwicklungen initiativ steuern und gestalten können.

Der Brennpunkt Kundenwert bleibt, solange Unternehmen ihre Zielsetzung mit Kunden zu realisieren haben.

Wir sind der Überzeugung, dass dazu das Customer Equity-Modell eine wesentliche Voraussetzung sein wird, mit der das wertbasierte Management von Kundenbeziehung, -prozess und -potenzial erfolgreich gestaltet werden kann.

Literaturverzeichnis

Autor	Titel	Verlag
Frederic Vester	Leitmotiv Vernetztes Denken	Heyne Verlag
Robert Kriegel, Marilyn Harris Kriegel	The C-Zone	Fawcett Columbine
Heinz Hoffmann	Kreativitätstechniken für Manager	mi-Paperbacks
Frederick F. Reichheld	Der Loyalitätseffekt	Campus Verlag
Robert F. Schmidt, Gerhard Thews (Hrsg.)	Physiologie des Menschen	Springer Verlag
Sieghard H. Marzian, Wolfhart Smidt	Vom Vertriebsingenieur zum Market-Ing.	Springer Verlag
Alfred Rappaport	Shareholder Value	Schäffer-Poeschel Ve
Manfred Bruhn (Hrsg.)	Wertorientierte Unternehmensführung	Gabler Verlag
Markus Hofmann/Markus Mertiens (Hrsg.)	Customer-Lifetime-Value-Management	Gabler Verlag
Horvath & Partner (Hrsg.)	Balanced Scorecard umsetzen	Schäffer-Poeschel Ve
Dieter Maiworm	Risikomanagement	Unveröffentlichtes M skript
Manfred Krafft	Kundenbindung und Kundenwert	WHU Vallendar
Klaus Barth, Kai Wille	Customer Equity: Ein prozeß-orientierter Ansatz zur Kundenbe-wertung	Gerhard-Mercator-Universität, Duisburg
Günther Berndt (Hrsg.)	Personalentwicklung	Carl Heymanns Verla
E. Merz	Lernen - das gegenwärtige Ereignis für die Zukunft	Springer Verlag
Wigand F. Große-Oetringhaus	Strategische Identität – Orientie-rung im Wandel	Springer Verlag
Hartmut Kainer, Manfred Krafft, Sieghard H. Marzian, Peter Schwarz	Ergebnisbericht VIP 2000	VIP, Koblenz
Alex F. Osborn	Applied Imagination: Principles and Procedures of Creative Thinking	Charles Scribner's So
John Arnold, Stuart Turley	Accounting for Management Deci-sions	Pearson Education
Robert S. Kaplan, David P. Norton	The Balanced Scorecard: Transla-ting Strategy into Action	Harvard Business Sch Press

Autor	Titel	Verlag
Mercuri-Studie	Einkäufer '98: Verkäufer im Urteil der Einkaufsleiter	mercuri international GmbH
Christian Homburg	Kundennähe und Industriegüterunternehmen: Konzeption - Erfolgswirkungen – Determinanten	Gabler Verlag
Berger, Charles et al.	Kano's Methods for Understanding Customer-defined Quality	Center for Quality Management Journal, Heft Herbst 1993, S. 3 - 36

Sachverzeichnis

Abbildungsverzeichnis